EDITORA DO CONHECIMENTO

Auxiliando a humanidade a encontrar a Verdade

O Espinheiro em Flor

Tetralogia: O Sândalo e o Jasmim

livro 2

O Espinheiro em Flor

Sarah Goldman

Ditado pelo Espírito

Kabhir

Todos os direitos desta edição reservados a
CONHECIMENTO EDITORIAL LTDA.
Rua Prof. Paulo Chaves, 276 – Vila Teixeira
Marques CEP 13485-150 — Limeira — SP
Fone: 19 3451-5440
www.edconhecimento.com.br
vendas@edconhecimento.com.br

Projeto gráfico: **Sérgio Carvalho**
Ilustração da Capa: **Banco de imagens**
Ilustrações do miolo: **Sarah Goldman**
Revisão: **Gerson Ferracini**

ISBN 978-65-5727-147-6 — 1ª Edição – 2023

• Impresso no Brasil • *Presita en Brazilo*

Produzido no departamento editorial da
CONHECIMENTO EDITORIAL LTDA

Impresso na

a gráfica digital da **EDITORA DO CONHECIMENTO**
grafica@edconhecimento.com.br

Dados Internacionais de Catalogação na Publicação (CIP)
(Angélica Ilacqua CRB-8 / 7057)

Kabhir (Espírito)
O Espinheiro em Flor / pelo espírito Kabhir ; psicografado pela médium Sarah Goldman – Limeira, SP: Editora do Conhecimento, 2023.
272 p.

ISBN: 978-65-5727-147-6

1. Literatura espírita 2. Espiritismo - Mensagens 3. Obra psicografada I. Título II. Godman, Sarah

23-1386 CDD – 133.9

Índices para catálogo sistemático:
1. Literatura espírita

Sarah Goldman

Tetralogia:
O Sândalo e o Jasmim
Livro 2

O Espinheiro em Flor

Ditado pelo espírito Kabhir

1ª edição – 2023

EDITORA DO CONHECIMENTO

Sumário

Saudações, queridos leitores

A cada história vivida por estes protagonistas, nossos irmãos, mais vamos a eles nos afeiçoando. À medida que acompanhamos o esforço que cada um realiza para emancipar a alma das algemas nebulosas do "eu", superando os velhos hábitos de sentir-pensar-agir voltados a si próprios, torcemos para que saiam vitoriosos de seus conflitos e lutas íntimas.

Observamos atentos, com a leitura, que nossa evolução não se faz em linha reta, sem percalços. Quantas vezes não caminhamos com os pés lacerados, em dolorosos círculos, rodeando os mesmos vícios e defeitos...

Nosso processo evolutivo compõe-se de muitas quedas e reerguimentos, conquistas e reincidências nos mesmos erros que há milênios nos acompanham.

O fato é que damos a essas falhas morais um abrigo contínuo em nossa alma refratária ao bem. Superá-las significa movimentar as energias da vontade, do esforço pessoal e da persistência para a transformação de valores, e a maioria de nós ainda prefere repousar sobre a cama ilusória do ócio. Muitas destas falhas estão mais que presentes em nós, grande parte das vezes apenas camufladas pelo lustro dos bons modos e escondidas pelas convenções sociais de nosso século, que nos impedem de dar vazão a elas.

No entanto, verdade seja dita, também observamos a Sabedoria e o Amor Divinos presentes na condução de nossa vida, organizando experiências e oportunidades para reajustarmos a bússola do coração na direção do Amor Universal.

É sempre muito cômodo falarmos das próprias dores, das próprias inquietações, e assim criarmos justificativas atenuantes para nossos erros. A humanidade acostumou-se a falar de si valendo-se seguidamente da cartilha da autoindulgência, acreditando com isso justificar plenamente a negligência com que cada um trata sua jornada evolutiva.

Sempre difícil, porém, foi praticarmos a mesma indulgência para as dores e quedas alheias, preferindo, em vez disso, fazer largo uso da habilidade de julgar, com precipitação, severidade e impiedade.

Mestre Jesus nos trouxe um "novo" mandamento, de amarmos ao próximo como a nós mesmos, de não fazermos a este aquilo que não desejamos para nós.

Talvez seja este nosso maior desafio: o de saber nos colocar no lugar do outro, de nos sentirmos apiedados pelos tropeços de nossos irmãos de caminhada, com a mesma consideração que desejamos para nós mesmos.

Quanto às quedas vivenciadas pelos espíritos que aqui abriram seu coração para que este livro pudesse ser escrito, não nos cabe vê-las com a severidade dos impiedosos, mas sim com benevolência e empatia. Somos todos, de certa forma, orgulhosos como Gaius, voluntariosos como Lélia e belicosos como Augustus! Se pudéssemos compreender as motivações de cada um, talvez conseguíssemos entender a nós mesmos, considerando o grau evolutivo e o âmbito histórico em que cada um se encontra.

Que Jesus abençoe a leitura destas páginas, inspirando a todos no melhor proveito das lições nelas contidas.

Recebam nosso fraterno abraço.

Paz e Bem.

Guias espirituais da obra **O Sândalo e o Jasmim**

1. Abundância

O período imperial foi, segundo nos contam os relatos históricos, o de maior fulgor da gema preciosa conhecida como Roma, sendo o imperador sua figura mais proeminente.

No período em que Chandan, Nalini e Nimit reencarnavam, o poder situava-se ao redor de Trajano, imperador que registrou em uma coluna marmórea de trinta metros as batalhas sangrentas por ele vencidas, marca indelével da fase que ficaria conhecida como Pax Romana[1].

O domínio romano se estendera por fronteiras antes inimagináveis e o império ostentava imensas possessões, não só na Europa, mas também na África e na Ásia.

Segundo os dominadores romanos, as nações conquistadas estavam finalmente apaziguadas e deveriam ser gratas pela subjugação de uma nação superior. Eles acreditavam, enfim, que os diversos povos aceitariam pacificamente esse domínio, sem imaginar que as cabeças temporariamente curvadas sob o peso de suas grossas sandálias um dia se rebelariam.

A Pax Romana teria profundo impacto sobre as terras conquistadas, marcando espiritualmente os habitantes dessas paragens por muitas existências vindouras.

Para garantir a continuidade da paz nesses territórios,

[1] *Pax* (em português, 'paz') *Romana* é a denominação, em latim, de um período de relativa harmonia nos territórios conquistados e de consequente prosperidade no Império Romano.

Roma precisava se expandir, conquistar e espoliar cada vez mais. Esse descomunal crescimento pode ter sido a corda apertada que a enforcaria no Ocidente alguns séculos depois.

Eram muitas as bocas a serem alimentadas no império: não só o imperador e sua corte, os senadores e os legionários, mas também os comerciantes, o povo comum e os escravos, bem como os próprios povos conquistados. Todos tinham a necessidade básica de alimentar-se, ainda que em quantidades e gêneros diferentes. A fome iguala os seres vivos.

Todos contavam com os preciosos grãos brotados da terra e, para tanto, extraía-se o que se podia das terras conquistadas, nem sempre ali deixando o que produziam de melhor. Nessas regiões, o ressentimento contra a dominação era frequente e os exércitos estavam sempre em prontidão.

Muitos acreditavam serem privilegiados dos deuses e que, por isso, tudo lhes era permitido: conquistar, explorar, usurpar, exterminar. Esta foi uma chancela daqueles tempos e marcaria quase que a totalidade dos espíritos que então reencarnavam, permanecendo como memória ativa, ainda que inconsciente, naqueles que, ainda hoje, insistem em crer-se superiores e merecedores de eternos créditos da vida.

A compreensão deste contexto auxiliará no entendimento das virtudes que Nalini, Chandan e Nimit deveriam desenvolver na existência que usufruiriam nesse período, bem como dos embates espirituais e físicos que os aguardavam.

A espiritualidade acolhe os tempos históricos e nossa evolução gradativa, evitando impor condições impossíveis de vencer em determinado prazo ou cenário. O mal é sempre o mal e o bem é sempre o bem, mas o grau de responsabilização pelos atos é proporcional ao despertar de cada um. Nada, porém, permanece impune perante a Lei Divina.

O período em que um espírito encarna, o contexto ético, moral e social, as leis e os costumes – tudo isso, e muito mais, é sempre considerado antes de cada uma de nossas encarnações, a fim de que os cenários que melhor promovam nossa evolução se apresentem.

No âmbito em que ocorreu o retorno à carne desses três espíritos, muitas técnicas agrícolas foram aprimoradas, conseguindo-se, ainda que de forma precária, garantir estômagos felizes, evitando assim os temidos levantes suscitados pela fome. Em Roma, pão e circo se tornaram indissociáveis e sua simultânea disponibilidade cumpriu eficazmente o papel de satisfazer os súditos que viviam na metrópole.

Era considerável, porém, a importância que se dava aos que se dedicavam à produção, moagem e distribuição de grãos, concedendo-lhes, se estrangeiros, a cidadania romana, além de *status* político especial.

Embora a agricultura e o culto aos deuses que a protegiam fossem práticas cotidianas, o comércio também era importante e Mercúrio, o deus dos comerciantes, nunca era esquecido.

Na época, crer em inúmeras deidades já era, para alguns, o princípio de um processo de retorno ao Criador, um ponto de partida para que adorassem algo além de si mesmos. Era um ensaio para a futura adoração sincera do Deus verdadeiro, de cujo amor infinito Jesus nos lembraria ao aqui estar.

Um dia, os habitantes daqueles tempos iriam se exaurir de mercadejar a piedade de ídolos de barro ou de ouro. Com o passar do tempo, se cansariam dos sacrifícios que ofereciam a estes, bem como dos regateios que faziam por temor à vingança e impiedade que a eles atribuíam.

Os romanos, em grande parte, provinham do exílio espiritual ocorrido dezenas de séculos antes da história que aqui será narrada[2]. Orgulhosos e ambiciosos ao extremo, os exilados da Constelação do Cocheiro trouxeram como patrimônio coletivo imensos débitos, que seriam saldados a duríssimas penas. Vieram ao exílio planetário terrestre com a tarefa de trazer o progresso a todos. No entanto, desviaram-se desse alvo grosseiramente, tornando-se ávidos por conquistas e poder, apesar dos inúmeros avanços proporcionados pelas inteligências de lá oriundas.

Dentre as muitas conquistas territoriais romanas, voltemos nossos olhos a uma delas, no norte da África, mais precisamente onde hoje se situa a Argélia: a localidade chamada Timgad.

Nesse território, onde boa parte desta história se pas-

---

[2] A história dos povos exilados pode ser mais bem conhecida por meio do livro *A caminho da Luz*, psicografado por Francisco Cândido Xavier e de autoria do espírito Emmanuel, publicado pela Federação Espírita Brasileira (FEB).

sa, havia extensas áreas cultiváveis, além de eficientes meios de irrigação e de transporte para escoamento da produção. Metais preciosos eram extraídos por escravos trazidos das nações conquistadas, sendo tudo minuciosamente calculado para a manutenção da ordem, da obediência e da paz.

Vastas quantidades de grãos, azeitonas, vinho, tâmaras e outros bens agrícolas eram distribuídos aos que podiam pagar e, é claro, aos soldados, que também precisavam ser mantidos satisfeitos.

Da Palestina, terra em que Jesus caminhara tempos antes, só interessava aos romanos o fluxo ininterrupto de peixe seco, azeite e vinho para o império. As legiões romanas para lá marchavam sempre que fosse preciso para sufocar rebeliões, que periodicamente ameaçavam desequilibrar o império. Aos poucos, os cristãos também acabariam por tornar-se um problema a ser resolvido, já que parte da desobediência era atribuída a seu modo de vida, visto como ameaçador.

Tais relações entre esses povos da antiguidade proporcionaram significativo desenvolvimento das sociedades, que gradualmente transformaram-se em nações, muitas vezes unindo-se através do ódio comum ao domínio estrangeiro. Talvez tenha sido esta a grande tarefa espiritual desse povo desbravador e destemido, os romanos, que, embora movidos quase sempre pelo orgulho, pela violência e pela prepotência, também deixaram uma herança de aperfeiçoamentos em diferentes campos do progresso humano[3].

A seu tempo, esses homens endurecidos que ostentavam a temida águia romana em seus estandartes, viriam a ser espezinhados pelos povos bárbaros que dominariam a Europa, vivenciando assim, mais uma vez, o duro aprendizado pela lei de ação e reação.

No período em questão, assim como naquele relatado no livro primeiro desta tetralogia – *A Flor de Lótus* –, a vida humana valia bem pouco. A infância, a vetustez e a condição da mulher eram particularmente negligenciadas, embora avanços sutis, ainda que morosos, pudessem ser percebidos. A escravidão vivia dentro dos lares dos mesmos senadores que alegavam ser liberais e defender a de-

[3] O livro *A caminho da Luz* discorre mais claramente sobre as características espirituais dos romanos, situando-os como almas que, caídas da Luz, afeiçoaram-se preferencialmente pela conquista expansionista e pelo poder.

mocracia. A corrupção nada devia aos períodos posteriores da humanidade.

As relações entre as pessoas se baseavam principalmente na necessidade de perpetuação de família, *status*, interesses pessoais, manutenção de propriedades e subsistência.

Nesse cenário ocorreu o reencontro de Nalini, Chandan e Nimit, agora como Lélia, Gaius e Augustus.

A proximidade destes três espíritos continuaria neste novo período, no qual teriam a oportunidade de criar outro vínculo entre si, pautado agora por um amor mais fraternal e menos exclusivista. Contariam para isso com almas amigas que viriam em seu auxílio.

Estes três, que de alguma forma já haviam despertado para a crença no Deus único, encarnariam propensos a se converterem ao cristianismo, podendo dar um verdadeiro testemunho de fé e caridade àqueles que lhes fariam companhia nessa encarnação.

Viriam, para a prova destes três espíritos, a firme Kalanthara, agora como Prisca, e o generoso Udesh, como Linus. Pavit, depois de ter sido Esahu, agora auxiliaria o grupo como Artemus. Janaka reencarnaria como Maximus, senador amigo de Gaius.

Harit, que fora noivo de Kalanthara na Ásia, reencarnaria como Clódia, amiga fiel e conciliadora, mostrando que experiências reencarnatórias como homem e como mulher são necessárias a todos, em um ou mais momentos da trajetória universal, conforme as qualidades que precisem ser retrabalhadas.

Raavil, após haver sido Dalbir, não disporia de condições de encarar uma prova redentora, permanecendo ainda nas sombras, observando os movimentos de seus antigos contemporâneos, embora não menos amparado, inclusive por Kabhir.

Rahela nasceria como Astarte, na condição de escrava que seria acolhida na casa de Gaius.

Kabhir e Kanti permaneceriam ainda no mundo espiritual, após expressivas experiências no seio da África.

2. Gaius

O período do Imperador Trajano representou para Roma uma época de prosperidade e expansão espetaculares. Tudo parecia resumir-se em "vir, ver e vencer", como supostamente teria dito Júlio Cesar quase um século e meio antes.

Finalmente se fortalecia novamente o império após a passagem de alguns imperadores inaptos, inconsequentes ou até mesmo vistos, na época ou depois, como loucos. A politicagem, o favoritismo e a traição entre famílias poderosas eram eventos corriqueiros. O poder e o dinheiro, como nos dias de hoje, ditavam regras de conduta, mesmo após a passagem do Cordeiro de Deus sobre a Terra.

A presente encarnação em terras romanas seria uma dura prova para Chandan, que logo após seu desencarne como Jamaludin, passara por breve período de reeducação de sentimentos, sendo reconduzido ao corpo físico como um abastado, porém pouco feliz, cidadão romano.

Lembremo-nos de que, como Jamaludin, este espírito assediara a esposa daquele que fora seu benfeitor em terras asiáticas. Sem remorso algum, fugiu com ela na calada da noite, acarretando profundos prejuízos ao reino abandonado.

O marido traído, que agora renasceria como seu filho Augustus, adoeceu em decorrência da traição sofrida, descuidando do reino sob sua responsabilidade e possibilitando assim invasões catastróficas. Muitos milhares padeceram nessas guerras.

Antes de seu nascimento, Gaius comprometera-se a jamais subtrair aquilo que não lhe pertencia, além de reajustar seus sentimentos em relação ao filho e a seu grande amor, que agora seria sua nora.

Muitos dos espíritos que foram prejudicados com sua fuga séculos antes renasceriam agora próximos a ele, a fim de poderem, de forma equilibrada, também reajustar seus sentimentos.

Gaius era o único membro vivo de uma prestigiada e riquíssima família romana cujos homens sempre ocuparam posições importantes junto ao governo. Em sua maioria, esses antepassados dedicaram-se ao comércio, às finanças e a aquisições de propriedades por todo o império.

A família de Gaius, de tão poderosa, chegara mesmo a doar somas vultosas ao império e aos senadores, que lhe garantiriam em contrapartida a exploração exclusiva de novas terras.

Gaius casou-se aos dezoito anos com Fúlvia, mulher de família tradicional, mais por imposição do próprio pai do que por algum afeto por ela.

Ela lhe deu um filho chamado Augustus, morrendo semanas depois por complicações decorrentes do parto, fato este corriqueiro naqueles tempos. Uma ama e um preceptor vieram então incumbir-se do menino, que passou a viver na casa dos avós maternos sob o olhar cuidadoso do avô Titus e do tio Lucius. Ambos eram respeitados militares romanos que haviam feito pequena fortuna após a invasão da Britânia[4].

Gaius não fora um marido presente, visto que estava prestes a partir para a África quando a esposa lhe disse que esperava um filho. Fúlvia teve que lidar sozinha com uma gravidez repleta de percalços, contando apenas com suas escravas e um médico amigo da família, visto que ela vivia em uma mansão afastada de Roma. Faleceu antes mesmo de poder apresentar o filho a Gaius, que só retornou quando o menino tinha quase três anos.

Gaius, além de rico comerciante e influente no governo, era um homem culto e extremamente perspicaz. De porte atlético e equilibrado, era mais alto que a maioria dos romanos e relativamente esguio, devido a seus hábitos

[4] Britânia é como os romanos denominavam a região que hoje constitui o centro-sul da Grã-Bretanha.

alimentares mais saudáveis, exceto pelo exagero no vinho. A vida na província o fortalecera, transformando-o rapidamente em um homem forte e bem proporcionado. Era um dos poucos a exibir barba e usar sua túnica à moda grega. A maioria o via apenas como extravagante e maliciosamente sedutor.

Tinha olhos azuis muito penetrantes e nariz tipicamente romano, compondo um rosto bastante atraente às mulheres do período. Os cabelos, anelados e de marcante loiro avermelhado, o faziam parecer uma estátua viva do deus Marte.

Depois de viúvo, não manifestou desejo de ter outra esposa, muito menos de se recolher a alguma de suas mansões nos arredores de Roma e criar uma família. A ideia de viver apenas comendo, bebendo e procriando o insatisfazia. A vida de intrigas e fartura dos senadores o revoltava. No âmbito particular, e somente para seu bom amigo Maximus, costumava referir-se aos membros do senado como águias obesas de asas cortadas.

Desejava viajar, conhecer novas paragens, interagir com novas culturas e, acima de tudo, adquirir terras e riquezas, aumentando assim uma fortuna já imensa.

Mulheres não lhe faltavam, pois onde quer que fosse, seja pela aparência invulgar ou pela fortuna e poder que possuía, as companhias femininas lhe eram muitas.

Assim que soube da morte de Fúlvia, encaminhou valioso dote aos familiares da esposa, que imediatamente deixaram de questionar sua ausência.

Desde cedo, o avô e tio passaram a incutir no menino a ideia da glória nos campos de batalha. Augustus, porém, já muito mais redimido pela doença que lhe corroera o fígado em vidas passadas, mostrava-se bastante diferente do que havia sido quando nascera como Arjun. A raiva fora substituída por energia para a luta; a revolta, pelo desejo de conquistar e superar seus próprios limites.

Gaius e seu filho Augustus – ou seja, Chandan e Nimit – disporiam de alguns anos para se prepararem às provas que se apresentariam, unidos agora por amor filial, cujo propósito era sanar em definitivo toda nódoa que houvesse restado do passado.

3. Augustus

Augustus era a reencarnação de Nimit-Arjun e, por misericórdia divina, renasceria filho de um grande desafeto de vidas passadas, agora encarnado como Gaius.

Sentimentos confusos pautariam a relação que se desenvolveria entre ambos, inimigos milenares que na presente existência teriam o mesmo sangue em suas veias: o orgulhoso sangue romano.

Augustus trazia as feições da família materna, sendo um jovem de estatura mediana, corpo volumoso como o de um soldado, cabelos espessos e escuros e os mesmos olhos da mãe.

Tendo vivido com os avós desde as primeiras semanas de vida, aprenderia ali a empolgar-se com o campo de batalha e a vida militar. Tal oportunidade fora planejada cautelosamente pela espiritualidade, visando aplacar – e por fim exaurir em seu coração – a belicosidade que ainda restava em seu orgulhoso espírito. Aprenderia assim o valor da vida regrada e da lealdade, criando poderosos vínculos de fraternidade junto de seus companheiros de campos de batalha.

Aos quinze anos já teria condições de entrar em alguma legião, pois fora bem treinado, a pedido do avô, no uso de armas, nas táticas de batalha e na montaria. Seu nome e a riqueza da família seriam também fundamentais para que conseguisse privilégios na vida militar.

Ouvia maravilhado o avô relatar sobre os feitos das

antigas legiões, sobre as batalhas romanas e a história do glorioso império em que vivia – narrativas que remontavam até os tempos de Rômulo.

A organização e solidariedade entre os militares causavam-lhe admiração desde pequeno, fazendo-o almejar, mais que tudo, fazer parte desse grupo de homens destemidos e unidos. Como Nimit, ele não criara vínculo algum com seus soldados e até mesmo negligenciara a vida da maioria deles, levando-os muitas vezes a arriscarem-se desnecessariamente. Decerto essa propensão viria a ser radicalmente transformada nesta singular oportunidade de renascimento.

Costumava se emocionar ao saber sobre os feitos da IV Legião Macedônica, criada por Júlio Cesar quase cento e cinquenta anos antes. Os símbolos daquela temida legião – ora o Touro, ora o signo de Capricórnio – dialogavam com a belicosidade que ele trazia dentro de si e que seria quase totalmente expurgada nesta existência através da atuação nos campos de batalha.

Seu avô, que só conhecera a vida militar, incentivava-o, afirmando à esposa Servília que o exército romano precisava de mais cidadãos legítimos, em vez de tantos mercenários cuja lealdade duvidosa era prestada unicamente aos generais e ao dinheiro, mas não ao império.

Augustus conheceu seu pai aos três anos de idade, quando este retornou da Numídia para breve temporada em Roma. Nessa visita, este supervisionaria as grandes propriedades e plantações de sua abastada família, além de visitar os estimados amigos Maximus, senador, e Domicius, que vivia com a esposa e a filhinha na Gália.

Vendo o jovem tão ligado aos avós, optou por deixá-lo junto deles, visitando-o poucas vezes nesse período e partindo meses depois para nova empreitada em terras africanas, onde a extração de ouro e prata para o império faria aumentar novamente suas riquezas e poder pessoais, além, é claro, de continuar recheando os bolsos dos já bem ricos senadores.

Augustus cresceu forte e voluntarioso, vivendo próximo de militares e políticos, todos amigos da família. Pouco se interessava por qualquer outra coisa que não tivesse relação com batalhas. Tal como o pai, falava, além do latim, ao menos mais dois idiomas, o que lhe seria de grande utilidade em suas futuras campanhas.

Tinha dezesseis anos quando o avô morreu. Partiu então para a África, mais especificamente a Timgad, cidade que se erguia majestosa pela vontade e glória de Trajano. Bibliotecas, mansões, mercados, banhos públicos, templos – nada ali deixava a desejar para um jovem cidadão romano, embora a cidade ainda estivesse em plena edificação.

A viagem não lhe foi nada maçante, visto que passou grande tempo junto aos companheiros que serviriam na legião designada para a África. Futuramente, esses soldados teriam direito a uma propriedade em Timgad, providencial oásis que, em sua plenitude, poderia acolher quase quinze mil moradores.

O reencontro com o pai foi bastante afetuoso e, com o tempo, passaram a desenvolver uma respeitosa e feliz amizade.

O trabalho dos espíritos de planos superiores na realocação de nossos sentimentos aos lugares certos é admirável. De inimigos, podemos fazer amigos, bastando para tanto nossa boa vontade e disposição para o perdão. Nem sempre tal processo traz resultados imediatos, ou em uma única existência, mas, quando as sementes são lançadas e o terreno já está fértil, relações complicadíssimas podem ser atenuadas. Era este o caso de Augustus e Gaius, que fortaleceram laços antes de ambos entrarem em contato com Lélia.

4. Lélia

Pouco tempo após o nascimento de Augustus, nascia na Gália, distante de Roma, Lélia. Filha única de Domicius e Justa, casal de romanos abastados que haviam escolhido a região, como lar. Eram produtores e comerciantes de vinho, sendo sua produção quase que totalmente voltada às nobres famílias patrícias da capital do império.

Domicius era dono de terras férteis, que também produziam grãos em abundância. Possuía inclusive, como herança da família de Justa, uma moenda de grande capacidade, que auxiliava significativamente no abastecimento de algumas cidades quando havia escassez de cereais vindos do Egito.

Moravam em uma aprazível propriedade, que fora levantada às pressas pelo pai de Justa para que a filha pudesse dar à luz a Lélia já em sua própria morada.

A mansão, embora bastante vistosa, apresentava diversos problemas estruturais, que os servos, porém, prontamente corrigiam sem chegarem a importunar os patrões com indagações. Uma rachadura aqui, um vazamento acolá: tudo era rapidamente remendado.

Durante a construção, arquitetos romanos haviam determinado as etapas da edificação e mestres de obras gregos comandavam escravos gauleses, hispânicos e germânicos, que pouco entendiam as ordens em latim e muito menos em grego. Trabalhavam dia e noite, um tanto quanto perdidos na execução da problemática obra. Era de esperar que a pressa, em algum tempo, mostrasse ser realmente inimiga da perfeição. A casa, embora bela, parecia uma torre de Babel.

Lélia foi alfabetizada muito cedo e aprendeu o latim, o grego – língua falada por sua aia que viera da Palestina – e também o idioma da própria Gália. Embora seus pais dessem importância aos estudos, tal apreço não se comparava ao desejo de ambos em ver a filha casar-se convenientemente com algum jovem patrício rico. Casá-la e vê-la mudar para Roma eram seus objetivos de vida.

A moça era falante, brincalhona, muito perspicaz. Podia imediatamente perceber um olhar diferente, uma fala irônica ou algum melindre que ela mesma houvesse causado em alguém. Atraía as pessoas como um imã, sem que se desse muita conta dessa capacidade natural. Todos apreciavam seu humor, sua simpatia e, acima de tudo, os atributos financeiros de sua família.

Não se podia dizer que fosse mais bela que as demais. Era, sim, bem proporcionada fisicamente, com traços firmes, cabelos sedosos e aloirados, dentes imaculados, porém nada a tornava diferente de outras jovens da mesma idade, todas bem cuidadas, vestidas e alimentadas – certamente por escravas que não usufruíam dos mesmos privilégios. Os olhos verdes, provavelmente de algum ancestral grego ou gaulês, sobressaíam, sendo este seu mais marcante traço distintivo.

Seus pais planejavam visitar em breve uma parente querida, de nome Clódia, que muito se apegara a Lélia por não ter filhos. Clódia, bondosa, mas severa, havia em vida pregressa sido Harit, o estudioso noivo de Kalanthara, o qual vivenciava agora uma existência em corpo feminino. Esta alma generosa vivia no palácio de Trajano e, diziam, tinha simpatias pelo cristianismo, o que não era ainda um elogio.

Preparavam-se para empreender uma viagem, mas um evento inesperado iria mudar os planos dessa família...

Em uma tarde bastante quente e luminosa, seus pais descansavam após o almoço nos jardins internos. Este era um hábito conhecido do casal, que costumava passar horas conversando sobre o futuro da filha, junto de espinheiros em flor, narcisos, limoeiros e ciprestes. Repentinamente, ouviu-se um breve ruído de estalar de rocha, seguido de outro, bem mais profundo e assustador.

Duas colunas que já apresentavam alguma inclinação

racharam ao meio e se desprenderam, tombando diretamente sobre o local em que o casal repousava, matando imediatamente a mãe e duas criadas e ferindo seriamente o pai, que faleceria pouco tempo depois, por ferimentos que infecionaram seriamente.

Antes de abandonar o corpo físico, Domicius escreveu a seu amigo Gaius pedindo-lhe que zelasse por suas propriedades e acolhesse Lélia, casando-a com seu primogênito quando estivesse em idade para tal. Domicius, no desespero de seus últimos dias de vida, e desejando deixar Lélia amparada, esquecera-se de que o filho de seu amigo almejava seguir a carreira militar, sendo-lhe vedado o casamento precoce – embora o poder e o dinheiro pudessem abrir algumas exceções.

Informou ainda ao amigo que deixava tudo para sua única herdeira e autorizava-o a administrar a herança como lhe conviesse.

Em seguida, libertou os escravos, com boa paga, exceto Linus e Prisca. Este bondoso casal, presente divino para Lélia, fugira da Palestina devido às perseguições ali sofridas. No caminho, haviam sido capturados por mercadores e vendidos na Gália, onde foram adquiridos por Domicius, já que eram de boas famílias da Palestina e sabiam falar o grego e o latim. Ambos ficaram responsáveis pela educação e cuidados de Lélia.

O casal amava realmente a família e se afeiçoara à menina, que muito os respeitava.

Ambos usufruíam, assim, de oportunidades árduas de evolução, principalmente Linus, ainda vitimado por sentimentos de apego. Nesta nova e complexa encarnação, o casal dispunha, além do apoio mútuo e da generosidade da família à qual ambos serviam, de profunda devoção aos ensinamentos do mestre Jesus, havendo se convertido ainda jovens.

Eles deveriam seguir com Lélia para a África e, para isso, receberam um lauto pagamento e uma propriedade na Gália para quando retornassem, o que, porém, só poderia ocorrer quando Lélia se casasse.

Antes de morrer, Domicius chamou a filha para se despedir. Sabia que Lélia sempre se mostrava firme em qualquer momento de adversidade e tinha alma destemida. Muitas vezes ela atenuara conflitivas questões domésticas com grande seriedade, bem como opinara em assuntos legais que seu pai lhe apresentava. Aprendera com a mãe a ser moderada – desde que não fosse provocada.

– Filha querida, ainda que coberta com este manto de luto, você consegue ser uma visão do céu. Escute seu pai com atenção. Sei que sofre com nossa partida repentina e creio que os deuses assim o desejam. De nada adiantaria procurar culpados agora. Meu funeral está sendo preparado e em breve serei enterrado em nossa tumba, junto de minha amada e de meus pais. Espero que um dia você também repouse a nosso lado, porém, neste momento, resta-lhe aceitar minhas ordens, que não deverão ser questionadas.

E instruiu:

– Assim que terminar seu luto, seguirá com Linus e Prisca para a África, onde encontrará meu amigo de infância Gaius, um nobre romano que a viu nascer e que cuidará de você como sua própria filha. Ele não se negará a casá-la com seu filho Augustus, que tem sua idade e certamente é um jovem valoroso. Tudo o que tenho pertence-lhe agora, filha. Linus e Prisca cuidarão de você até que se case, quando os libertarei desse compromisso. Sabe que ambos são cristãos e temem perseguições. Portanto, a ida para a África será pra eles um alento.

E concluiu:

– Seja forte e honre o nome de nossa *gens*[5]. Não permita que as frivolidades a levem ao caminho que as jovens romanas insistem em seguir, tendo amantes e exibindo-os pela cidade. Honre sua família, minha filha. Honre seu futuro marido.

Lélia, entre lágrimas, indagou então:

– Por que tamanha tragédia se abateu sobre nós, meu pai? Por que os deuses não se apiedaram de mim, agora sozinha no mundo?

O pai lhe sorriu sereno:

– Filha, talvez eles desejem um caminho diferente para você daqui para a frente. Quem sabe nossa querida serva Prisca tenha razão e só exista mesmo um único Deus e ele tenha se irritado por dividirmos a atenção devida a Ele com outros deuses menores. Quem o sabe?

– Não quero me casar, meu pai. Quero permanecer aqui, em nossa casa, em nosso jardim. Eu poderei cuidar de nossas terras...

---

[5] Termo que designava, entre a aristocracia da antiga Roma, o conjunto de membros de uma mesma família.

– Não, não pode, filha! Seria imprudente e perigoso. Nossa propriedade será reformada e será parte de sua herança. Nossos amigos, com exceção de Gaius, poderão se tornar inimigos rapidamente e lhe fazer mal. Não posso fazê-la correr esse risco. Gaius será para você um protetor.

Em alguns meses, quando Domicius já partira, chegava uma carta com a resposta de Gaius, aceitando a função de tutor da menina e de seus bens e comprometendo-se a casá-la futuramente com seu filho Augustus.

Um administrador designado por Domicius recebeu a carta e incumbiu-se dos preparativos para que Lélia e seus escravos empreendessem a longa viagem.

5. O paraíso

Em uma pequena região do Norte da África, na atual Argélia, erguia-se a bela cidadela de Tamugadi, ou Timgad, obra-prima que vinha sendo construída pelos conquistadores romanos em honra ao imperador Trajano.

Timgad abrigava, em grande parte, homens que foram em encarnações passadas soldados dos exércitos de Nimit e Chandan e haviam participado das batalhas travadas entre os reinos. Eles ali renasciam junto de seus antigos líderes. Era mais uma prova da bondade divina, ao lhes proporcionar um ambiente mais sereno, ameno e afastado dos grandes cenários belicosos daqueles tempos.

Os soldados, em sua maioria aposentados, usufruíam agora de um entorno propício a uma vida familiar simples, porém contando com todos os confortos que uma colônia romana poderia fornecer. Muitos se casaram e vivenciavam um cotidiano de paz e simplicidade, longe dos excessos e intrigas de Roma. Era o princípio da redenção de cada um desses antigos soldados, que aos poucos abandonariam o paganismo e abraçariam a nova religião do Deus único.

Logo atrás do mercado principal, uma rua estreita e arborizada terminava em uma estrada secundária pavimentada com pedras. Após meia hora de cavalgada, o caminho revelaria aos olhos dos visitantes uma extensa propriedade recém-construída que parecia imersa em um paradisíaco oásis.

Ali, grãos eram semeados e colhidos em abundância, sendo em grande parte encaminhados à metrópole. Vinho, mel, azeite, frutas, tudo era possível naquelas excelentes terras.

O dono da propriedade era Gaius, o romano, ou Gaius Marciano, como era conhecido, pela suposta semelhança com o deus Marte.

Ele, que no passado fora Chandan e posteriormente Jamaludin, era um espírito irrequieto e conquistador. Adquirira muitas qualidades empreendedoras e pioneiras que se exaltariam nesta passagem de sua vida. O espaço geográfico e o tempo histórico fazem ressurgir nos seres humanos as potencialidades adormecidas ou adormecer as que são desnecessárias.

Na presente existência, as conquistas espirituais de Gaius, reforçadas pelos estudos e dedicação no período entre vidas, aguardavam ocasião de se manifestarem. Ele teria oportunidades nessa existência para exercer o perdão e a generosidade e para acalmar o próprio ego e combater seu apego excessivo à criatura de seu afeto.

Além de ser conhecido como o "o Marciano", Gaius tinha a reputação, que já chegara inclusive a Roma, de cultivar o gosto pelo vinho e pelas inúmeras conquistas amorosas.

O vinho, em certa medida, arrefecia o sentimento de vazio afetivo que aquela alma voluntariosa sentia e que só era preenchido quando encontrava Nalini. No entanto, as experiências vividas com ela no passado comprometeram gravemente a evolução desse homem. Agora, como Gaius, novas situações se apresentariam. Deveria aprender a ceder, a compartilhar e a calar seu coração. Esta era sua prova.

À noite, ao repousar, sentia um incômodo vazio tomar-lhe o coração, independente de quantas taças de vinho ingerira ou de quantas mulheres houvesse em seu leito.

Na metrópole, nada do que se relatava sobre este romano causava qualquer espanto – muito pelo contrário. As mulheres de Roma, quando ele estava em rápida visita à cidade, costumavam apostar quem seria primeiramente chamada para passar uma temporada com "o Marciano" em suas terras africanas.

Além destas, servas e até mesmo esposas de outros cidadãos apreciavam usufruir da companhia lisonjeira de Gaius, que tinha o hábito de presenteá-las com tecidos, incensos exóticos, perfumes caros e mesmo ouro.

No dia em que recebeu a carta do amigo da Gália pedindo que cuidasse de suas propriedades e de sua filha, Gaius lamentou com sinceridade essa morte de um companheiro que fora seu amigo de infância e que se casara na mesma época que ele.

Prontificou-se a cuidar da jovem como se fosse sua filha, mas sabia que Augustus desejava uma carreira militar e o casamento lhe seria inicialmente um estorvo. Entretanto, tão logo aceitou a proposta, já comunicou a Augustus que este desposaria a filha de Domicius.

Certo dia, pai e filho passeavam pelo frondoso pomar, quando Augustus perguntou:

– Você a conhece, meu pai? Conhece minha futura esposa?

– Não, Augustus, ainda não, mas a esposa de Domicius era uma bela patrícia e creio que a filha deve ter saído aos mesmos feitios. De qualquer modo, dei minha palavra que vocês se casarão e, em breve, você a conhecerá.

Frisou-lhe então:

– Lembre-se, Augustus: você terá que manter discrição sobre esta união. Infelizmente, o casamento é vetado a militares em serviço, mas Maximus está tratando de fazer arranjos para que você continue servindo mesmo depois de casado.

Mas ressalvou:

– Sei que sempre desejou conhecer as províncias do norte e servir por lá, meu filho, embora seja muito novo para estar nas legiões e, francamente, preferiria que você se dedicasse ao cuidado de nossas propriedades. Bem sei, no entanto, que cada um de nós tem uma dádiva e a sua é a luta pelo império que tanto veneramos.

Pensativo e respeitoso, o jovem respondeu:

– Pelo tempo que vivi em Roma, meu pai, imagino que minha futura esposa não deseje que eu permaneça no exército e que me queira como um marido em casa, apenas comendo e dormindo como um cabrito domesticado. Isto jamais poderei aceitar.

Gaius, rindo das palavras do filho, a quem aprendera a amar nos últimos meses de convívio, disse:

– Augustus, sua esposa fará o que lhe mandarmos. Sou o patriarca desta família. Ela se ocupará de administrar esta casa e não terá tempo para queixumes. Deverá viver aqui em Timgad sem fazer alarde desta união. Dê-lhe logo um filho e parta para onde desejar servir. Eu aqui estarei e zelarei por sua esposa e pelos netos que vierem.

– Já imagino, meu pai, que sua governanta Milla ficará bem irritada com a presença de outra mulher nesta casa.

Gaius balançou a cabeça e, assertivo, garantiu ao filho:

– Milla tornou-se uma amiga valorosa, mas não tem nenhuma opinião sobre nada nesta casa. Ela parece se contentar em dividir comigo, algumas noites, o leito macio. Milla nada exige além de minha atenção, principalmente a seus sonhos proféticos.

O jovem, que também aprendera a amar e respeitar o pai, indagou-lhe então:

– Meu pai, não deseja se casar de novo? Quem sabe, ter mais filhos para que eles cuidem destas propriedades e ajudem nesta tarefa trabalhosa. Sabe que só poderei abandonar as legiões bem tarde na vida.

– Não, meu filho, jamais me casarei. O homem sábio dá tal passo apenas uma vez na vida e segundo a escolha de seus pais, como foi meu caso e será o seu. Já dei meu fruto ao mundo. Agora quero usufruir do que tenho na companhia de meus amigos estimados, além, é claro, de belas mulheres.

Riram-se e saíram a caminhar entre os pomares férteis da propriedade.

– Precisamos voltar, pois necessito fazer chegar algumas ordens ao novo administrador da propriedade de meu finado amigo Domicius. Aquelas terras não podem ficar abandonadas, sob o risco de invasão daqueles míseros gauleses.

Voltaram satisfeitos e abraçados por entre os limoeiros, figueiras e tamareiras.

Os laços de sangue, quando o espírito é resignado e comprometido de alguma forma com a própria evolução, servem de bênçãos infinitas ao restabelecimento de vínculos lesados no passado. Assim seria com Gaius e Augustus. O destino destas almas seria a reconciliação, mas o caminho a ser escolhido para chegarem até esse virtuoso desfecho dependeria deles. A dor e o amor são metodologias de aprendizado e cabe somente a cada um de nós optar por uma ou outra.

6. O pesadelo

Milla, já nos seus vinte e oito anos, era uma mulher sensata, de certa beleza, inteligência significativa e uma devoção imensa a seu único amor: Gaius, a quem servia como governanta desde os vinte anos. Os pais de Milla haviam morrido em um naufrágio e desde os dezesseis anos ela passara a viver com o bondoso Nikos e sua família.

Foi por eles que ela conheceu Gaius, que a convidou para administrar sua moradia. Em pouco tempo, mudou-se para Timgad.

Ali, foi presenteada com uma pequena casa confortável, embora passasse a maior parte do tempo na mansão de Gaius, quando este não recebia outras mulheres.

Logo após presenciar a leitura da carta a Gaius, enviada pelos pais de Lélia, ela soube que o jovem Augustus se casaria. Pensou então que tal matrimônio poderia em breve estimular Gaius a se casar também – quem sabe com ela. Isto a alegrou, ao menos por algum tempo.

Em uma noite cálida, Milla decidiu pernoitar na propriedade e permaneceu nos aposentos de Gaius, sendo mais uma vez surpreendida por um de seus sonhos proféticos.

Sua capacidade de antever algo que sucederia era impressionante. Este era inclusive um dos motivos de Gaius mantê-la por perto: seu dom de ver o futuro.

Em seu agitado sonho, uma jovem de intrigante aparência abraçava Gaius, porém com um detalhe: aquele homem que ela via não lembrava Gaius em nada. Apresentava-se vestido como os homens da misteriosa Ásia, ostentando uma radiante coroa de ouro. Milla pôde sentir o grande amor que devotavam um ao outro e assustou-se quando surgiu Augustus, que também se vestia daquele modo, empunhando uma espada e ameaçando o casal.

Viu então Gaius, que agora se apresentava como Jamaludin, novamente abraçado a outra jovem, cujo olhar a fez perceber que era a mesma da primeira visão. Em meio às areias do deserto, ele a contemplava feliz, amoroso, como nunca fizera com ela mesma.

A cena novamente se desfez e viu seu amado Gaius sendo cruelmente assassinado em uma emboscada.

Rapidamente a cena se esvaneceu e passou a ver uma jovem de grande beleza em um barco romano, com olhar perdido na imensidão azul do oceano. Cobria-se com um manto claro e trazia nas mãos um colar com uma concha dourada.

Imediatamente tentou voltar a si, mas, ainda presa ao pesadelo, viu a bela jovem e Gaius em alto-mar, onde desapareciam nas ondas gigantescas.

Todas as imagens se misturavam e pareciam indecifráveis. De repente, viu a seu lado um soldado romano, que lembrava Augustus, com o peito coberto de sangue a pedir-lhe ajuda.

Milla acordou com o próprio grito, o que fez com que Gaius se assustasse e pegasse imediatamente a espada, que sempre mantinha ao lado do leito. O grito foi tão potente que despertou também o jovem Augustus, que arrombou a porta do quarto em que repousava o casal, acreditando que algum invasor conseguira ludibriar a segurança e ameaçava seu pai. Guardas da casa acorreram em seguida.

Vendo que tudo estava normal, Augustus apenas balançou a cabeça resmungando:

– Mulheres... Quem pode com elas? Não me faria nenhum mal a solteirice.

No quarto, Gaius olhava assustado para Milla, que chorava compulsivamente.

– Perdoe-me, Gaius... Sabe que sou perseguida desde pequena por pesadelos, mas para mim parecem muito reais. Vi seu filho Augustus ferido mortalmente, e você ameaçado por uma corja de perseguidores. O homem que eu via não se parecia com você, mas sei que era...

Gaius apenas sorria, fingindo não dar grande crédito àquela visão. Ele dizia ser imune a tais sortilégios. "Sonhos devem permanecer sonhos. As videntes do futuro são confusas e sensíveis demais para ficarmos muito tempo ao lado delas", ele pensava. E ordenou-lhe:

– Acalme-se já, Milla, ou a proibirei de passar a noite a meu lado. Preciso repousar. Amanhã será um dia de vastas ocupações. Muitas providências precisam ser tomadas antes da chegada da filha de meu amigo. Você também deveria descansar, pois tem que organizar os aposentos da jovem e de seus dois servos.

Gaius sabia em seu íntimo que os sonhos de Milla eram proféticos, mas deixou-se adormecer, pelo cansaço das tarefas do dia exaustivo.

Milla fechou os olhos e tentou dormir também, mas a noite prometia se tornar sua única companhia desperta. Pensamentos estranhos povoavam sua mente.

Milla era a reencarnação da dançarina Lakme, que desde séculos antes já era apaixonada por Chandan, agora Gaius, e o entretinha com suas apresentações na Casa Amarela. Naquelas noites esquecidas no tempo e na memória, ele e seu companheiro Janaka passaram inúmeros momentos de descontração.

Alguns dias antes do sonho de Milla, a jovem Lélia, acompanhada de batedores, além de Linus e Prisca, dirigiam-se a Roma para visitarem Clódia, a benfeitora amiga da família, e dela se despedirem.

Clódia, além de muito rica, era também conhecida por sua irrepreensível reputação. Era parente afastada do imperador Trajano e, caindo também nas boas graças de Plotina, a imperatriz, aceitara viver no palácio como sua dama de companhia.

Clódia recebeu Lélia afetuosamente e lamentou a morte de seus pais, amigos muito estimados, principalmente sua mãe.

A jovem senhora a presenteou com uma singular concha dourada, presa a um cordão.

– Use-a sempre, Lélia. Embora eu não acredite mais em tolices sobre deuses, nada nos custa portar um pequeno objeto como amuleto. Dizem que as conchas revestidas de ouro nos protegem nas viagens pelo mar.

E, despedindo-se, acrescentou:

– Não se esqueça de mandar minhas recomendações a seu futuro sogro, o nobre Gaius.

Lélia a abraçou carinhosa e, junto a seus tutores, dirigiu-se ao porto. Em poucos dias, já estariam em alto-mar, a caminho de seu destino, visto que o próprio senador Maximus havia negociado, a pedido de Gaius, que o transporte fosse feito em embarcação mais condizente a sua futura nora e seus acompanhantes.

7. A caminho

A experiência de viajar em embarcações romanas não era das mais confortáveis e Linus e Prisca tudo faziam para que a jovem se ocupasse. Jogos, música e até mesmo conversas sobre aquele que a tutora Prisca afirmava ser o Messias.

Sentada no convés e admirando o extenso mar a sua frente, Lélia perguntou, curiosa:

– Prisca, não acha muito triste e ao mesmo tempo aventureiro meu destino? Ontem eu brincava despreocupada em meu jardim, sob os limoeiros na Gália, e hoje estou aqui, neste mar sem fim, a caminho de uma cidade que nunca suspeitei existir. E além de tudo, noiva!

A tutora, que Lélia considerava tão sisuda quanto Clódia, respondeu:

– Triste é aquele que não aceita as belas surpresas que a vida traz. Veja como você nasceu: bela, em uma família tão rica e nobre. E ainda assim, como eu, que nem nasci com os mesmos dotes, segue para um destino que não pode comandar. Tentar controlar a vida é como querer segurar a água do oceano em nossas mãos: ela nos escapará.

Pronta para argumentar, Lélia retrucou:

– Então é errado a um servo buscar sua liberdade? A um animal tentar fugir da armadilha? Somos apenas joguetes nas mãos dos deuses? Devemos apenas nos resignar ao destino, sentados e inertes?

– Ora, Lélia, não brinque com tais coisas. Sabe que

acredito apenas em um Deus, o Pai de todos nós. Creio que Ele nos criou para alguma finalidade e que cada um de nós deverá cumprir uma tarefa na vida. Essa tarefa sempre deverá ser feita com amor e alegria, ainda que seja apenas a de servir, como é meu caso. Sabe que não aprecio a servidão, que acho injusta e contrária aos ensinamentos do mestre Jesus. No entanto, algum aprendizado devo tirar disso, não concorda?

Lélia achava intrigante a existência de um Deus único e imaginava um homem imenso, sentado em um grande trono, a dar ordens para o mundo, como Zeus. Imaginava-o com cabelos brancos e mãos poderosas das quais saíam raios fulminantes. Seu trono, sustentado no céu, resplandecia em ouro.

E pensava calada: "Se existe, por que não nos faz todos perfeitos e felizes? Por que criar homens para serem escravos e outros para serem senhores? Por que ceifou meus pais tão cedo?".

Ao mesmo tempo, observava que os homens decidiam por si, e somente por si, fazer o mal ou optar pelo bem. Ninguém os obrigava a matar, roubar e mentir, e ainda assim a maioria deles agia desse modo. Cada um poderia exercer um trabalho digno sem escravizar outros homens, mulheres e crianças. Por que alguém nascido livre precisa ser arrancado da terra natal para servir vinho a outro? Isso lhe parecia absurdo.

Se havia trabalho que requeresse muitos homens, por que não remunerá-los por isso? Por que aprisioná-los com correntes pesadas, separá-los de suas famílias e impor a eles condições de vida degradantes?

Eram muitas as dúvidas que se sucediam em sua cabeça juvenil. Na verdade, sobrevinham-lhe simplesmente reminiscências de seu passado, no qual ela também sofrera como escrava, experiência esta que lhe ensinara lições valiosas.

Tentando alegrar-se nessa tarde fresca, perguntou à acompanhante:

– Conhece meu noivo, Prisca? Clódia me disse que meu sogro é um homem devasso, mas que mesmo assim devo obediência a ele. Ela o chama de "Marciano". Não lhe parece um paradoxo, como dizia meu querido professor de Atenas? Obedecer a um devasso?

– Não, Lélia, não pense desta forma. Você deve respeitar a todos, não somente a seu sogro. Não acredite em tudo o que escuta sobre as pessoas, ainda mais sobre as que vivem no Palatino.

E relatou:

– Conheci seu sogro quando visitou seu pai anos atrás e me pareceu um homem bastante sensato. Naquela época, estavam ampliando a moenda e lembro que uma viga caiu sobre um escravo, ferindo-o nas pernas. O senhor Gaius ajudou a levantar a viga e retirou o pobre coitado, colocando sua própria vida em risco.

– Que notável gesto de coragem, Prisca. Será que meu noivo é corajoso como o pai?

– Muito mais, pelo que sei – disse Prisca sorrindo. – Parece-me que em breve ele se juntará a uma legião na Palestina. Disseram-me também que é um jovem muito belo e bem-educado.

– Será que eles gostarão de mim, Prisca? Nenhuma mulher cuida da casa? Não terei uma sogra?

Prisca riu e respondeu:

– Neste ponto, acredito que teve mais sorte ainda, minha jovem. Amo muito meu bom Linus, porém em minha juventude minha sogra me fazia passar maus bocados. Eu a chamava de Medusa, de tão medonha que era.

Lélia não conseguia parar de rir, só de imaginar Prisca tendo que se defender de tal figura.

– Sua nova família é muito benquista em Roma. Tanto o senhor Gaius como sua falecida esposa pertenciam a clãs influentes. Quando a mãe de seu noivo faleceu, deixou o pequeno Augustus aos cuidados dos avós, visto que o esposo tinha necessidade de permanecer em cidades conquistadas. Lembro bem que naquela época Roma enfrentava uma crise na produção de grãos. Houve fome e perda de muitas vidas, principalmente entre os mais pobres. O Egito passava por grande estiagem também e a Numídia se tornou um grande alento para as bocas famintas. Seu sogro era um dos responsáveis por tais plantações, mesmo sendo ainda um jovem de pouco mais de vinte anos. Os povos berberes sempre foram indomáveis, até que o senhor Gaius deles se aproximou e conseguiu firmar um acordo que foi bom para ambos os lados. Soube que ele é muito respeitado entre esse povo do deserto, do qual muitos agora habitam a cidade.

E calaram-se ambas, contemplando o horizonte marinho.

Da outra ponta do convés, dois homens, provavelmente antigos soldados, aproximaram-se de ambas e, acreditando que viver é conquistar, dirigiram-se à jovem Lélia de forma desrespeitosa. A moça se enfureceu e só não atacou os infelizes porque foi impedida por Prisca.

Rapidamente, Linus, que nunca as abandonava, se aproximou e colocou-se entre elas e os dois outros.

– Que desejam os senhores, além de importunar a noiva do nobre Augustus, filho de Gaius, senhor de muitas terras na Numídia?

– Cale-se, velho tolo. Somos soldados e não tememos ninguém. Afaste-se ou faremos do mar seu túmulo.

Um deles empurrou Linus e agarrou Lélia pelo braço:

– Fique você com a velha, meu caro Porphirius. Eu prefiro a moça.

Lélia arranhou o rosto do importunador e aguardou impassível o revide, cerrando os olhos com força. De repente, surgiu por trás dos dois homens um corpulento soldado, provavelmente mercenário, que sempre rondava os três viajantes: Lélia, Prisca e Linus.

– Os senhores desejam algo com estas mulheres? São seus maridos, pais ou alguém cuja condição lhes permita abordá-las?

Porphirius virou-se tímido para o súbito visitante, que já ajudava Linus a se erguer, e disse:

– Fique então com a jovem romana e nos deixe a velha mesmo.

O soldado, irado, em um veloz movimento, agarrou ambos pelo pescoço e os lançou ao mar.

Lélia, que nunca fora importunada, começou a chorar de raiva, enquanto Linus a abraçava e agradecia ao soldado.

– Obrigado, Petronius. Serei mais uma vez eternamente grato por sua ajuda.

Petronius bateu no ombro do amigo, desajeitadamente, esquecendo seu tamanho e força.

– Linus, sou pago para fazer a segurança da jovem noiva. Se algo acontecesse com ela, nem quero imaginar a ira que se apossaria do senhor Gaius.

Linus e Petronius eram amigos desde os tempos da Palestina, quando a filha do segundo, seriamente adoentada e prestes a morrer, foi levada por Linus à casa dos cristãos, tornando-se mais uma a ser curada por eles. A segurança oferecida aos viajantes por Petronius já estava acertada bem antes do início da jornada.

Petronius era um mercenário truculento que, quando estivera a serviço em terras palestinas, investigara mais sobre aqueles homens piedosos e que praticavam a caridade desinteressada. Em silêncio, converteu-se também ao cristianismo. Havia sido tocado na alma, que, após anos de sangrentas batalhas, necessitava do apaziguamento trazido pelas palavras confortadoras dos novos cristãos. Não demoraria até que também fosse tocado por Jesus.

– Fiquem em paz, pois vigiarei de perto a todos!

Petronius era reencarnação de Agrit, o soldado responsável por levar Nalini e Kanti até o palácio de Nimit, quando viveram na Ásia.

Naquela época, Nalini fora capturada por Agrit e seus homens, sendo maltratada por ele ao longo do trajeto. Ao apresentar-se ao rei, ferida e desgrenhada devido aos maus tratos de Agrit, e questionada por Nimit sobre quem a tratara dessa forma, Nalini afirmou ter sido apenas um incidente de percurso, poupando Agrit de severíssimo castigo. Ele, sem entender por que a prisioneira lhe demonstrara tanta piedade, tornou-se leal a ela. Hoje, reencarnada como Lélia, colhia os frutos daquele gesto.

E o restante da viagem seguiu em tranquilidade.

Com o passar dos dias, a água adquiria um tom verde mais escuro e alguns barcos já eram avistados nas proximidades. Ao longe, um porto se revelava.

8. A filha de Nereu

O dia estava claro e o sol, quase a pino, não dava trégua aos trabalhadores da movimentada cidade portuária, onde Gaius, Augustus e Milla aguardavam a chegada dos viajantes.

Lélia via o porto se aproximar cada vez mais, enquanto era penteada pela dedicada serva.

Em pouco tempo, a brisa do mar foi desaparecendo e a agitação portuária se mostrava. A chegada de uma nova embarcação sempre causava furor. Era mais um punhado de romanos que chegava, trazendo, além de Lélia, materiais os mais diversos para o embelezamento da nova cidade.

Por seu tamanho, e porque seguia à frente, Petronius foi prontamente reconhecido por Gaius, que já usara seus serviços de proteção anteriormente.

Olhando por trás dos ombros de Petronius, entre Prisca e Linus, o Marciano localizou Lélia. Por alguns segundos, parou no tempo ao pousar os olhos nela, que caminhava absorta no que via.

Lélia tinha o rosto semicoberto por um véu verde, que ressaltava seus olhos impressionantemente grandes e vivos. Tranças espessas caíam-lhe pelos ombros e carregava nas mãos apenas o colar que recebera da amiga.

Gaius sentiu as pernas fraquejarem e a respiração faltar-lhe. Imaginou que o calor era o responsável pelo repentino mal-estar. Lélia lhe lembrava uma das formosas filhas de Nereu[6], que vira nos belos mosaicos de Roma. Era, a seu ver, uma ninfa saída do mar.

Nesse instante, talvez pelas desastrosas experiências afetivas de outrora que lhe impuseram significativos retardos na evolução espiritual, voltou os olhos a seu filho, que embevecido contemplava a noiva se aproximar.

Sentiu-se então envergonhado e pousou a mão sobre o ombro do rapaz:

– Contemple sua noiva, Augustus! Veja que bela jovem o deus Netuno lhe trouxe! Não se esqueça de sacrificar algo em sua homenagem, em agradecimento pelo incomparável presente.

– Sim, eu o farei – disse Augustus emocionado e radiando uma felicidade que seu pai não conhecia. Tal sensação também trouxe a Gaius grande alegria. Afinal, a paternidade faria seu coração despertar para o sacrifício, e provavelmente para a dor.

– Bem-vinda, Lélia. Eu a saúdo! – exclamou Gaius com um sorriso que Milla nunca antes vira, como se a vida começasse a fazer algum sentido para ele.

E continuou:

– Hoje repousaremos em uma propriedade que possuo nas proximidades e amanhã seguiremos para Timgad. Espero que seja muito feliz aqui.

Apontando então para Augustus, disse:

– Venha, deixe-me apresentar-lhe Augustus, que deverá se tornar seu esposo em breve. Terão tempo de se conhecerem melhor durante a viagem.

Augustus, também sorridente, fez uma reverência respeitosa a Lélia, que retribuiu dizendo:

– Agradeço por sua bondade, senhor Gaius. Que generosa atitude acolher a filha desventurada de seu amigo. Que eu mereça sua gentileza e possa servi-lo com alegria.

Augustus estendeu-lhe o braço forte e disse-lhe:

– Venha, Lélia. Eu a acompanharei daqui para a frente.

E seguiram para a liteira que os levaria à casa em que todos pernoitariam.

Milla acalmara-se vendo que os jovens estavam se entendendo e convidou Prisca para que a acompanhasse, enquanto os demais seguiriam em seus transportes.

Chegaram então a uma das propriedades de Gaius,

[6] Na mitologia grega, um deus marinho que foi pai de cinquenta filhas: as Nereidas.

que se erguia próxima dali, onde servos os aguardavam com refrescos.

– Que linda casa! – comentou Lélia.

Augustus riu e lhe explicou:

– Esta é apenas uma casa de passagem, Lélia. Meu pai a mantém para o repouso de autoridades que o visitam antes de seguirem viagem. A casa em que moramos é muito maior e lá encontrará aposentos bem mais confortáveis para si e para seus servos.

– Descansem – instruiu Gaius –, pois amanhã sairemos cedo! A viagem não é tão longa, mas o calor causará estranhamento a quem não esteja acostumado. Além dos servos que trouxe, Lélia terá a partir de agora Petronius como seu guarda-costas. Estas terras são diferentes de Roma e da Gália e não convém a uma jovem permanecer aqui sem proteção.

Lélia então retirou-se para refrescar-se.

Milla, sorridente, dirigiu-se a Augustus e perguntou:

– O que achou de sua futura esposa, Augustus? É bela, não?

Augustus sorria, mantendo o olhar em um dos muitos mosaicos, que retratava uma ninfa saindo do mar azul.

– Sim, ela tem uma peculiar beleza. Sinto que Lélia me fará feliz. Sei que foi muito bem-educada e tem uma inteligência perspicaz. Ela é muito diferente das jovens que conheci em Roma. No trajeto para cá, viemos conversando e percebi que temos muito em comum.

Virou-se a seu pai, que, a poucos passos, também mantinha o olhar perdido no belo mosaico, feito por um artesão de Naxos[7].

– Obrigado, meu pai, por ter aceito este venturoso compromisso.

Gaius nada respondeu. Apenas prosseguiu em seu olhar perdido, pensativo e misterioso.

Um frio repentino percorreu a espinha de Milla. A dúvida se instaurava novamente. Em Gaius, uma batalha interior iria começar.

---

[7] Ilha grega situada no mar Egeu.

9. Novas oportunidades

Lélia entusiasmava-se com cada passo da viagem até seu novo lar. Já se recordava de seus pais menos saudosa e uma alegria invadia seu coração. Tornara-se novamente esperançosa.

Mesmo sob o sol forte, ela se manteve animada e interagiu com Augustus durante todo o trajeto. Decidiram que criariam uma sala apenas para jogos, onde se entreteriam em amigáveis desafios.

Ao chegarem a Timgad, Lélia não poderia ter se admirado mais com a beleza da cidade, que era uma pequena réplica de Roma, porém muito mais limpa e organizada, ainda que em plena fase de melhorias e expansão.

– Que belo lugar, Augustus! Como as palavras de meu pai eram verdadeiras. Esta cidade em nada deve a Roma. Apenas não tem ainda prédios públicos tão monumentais.

– Espere até ver a propriedade de meu pai. Ficará boquiaberta com sua beleza e imponência. Roma foi criada por homens fortes. Meu maior sonho, como lhe disse, é me juntar às legiões e lutar pela grandeza deste império glorioso, para que tenhamos cidades como esta espalhadas por todas as províncias!

Então, voltando seus olhos aos dela, disse-lhe:

– Sabe que deveremos aguardar permissão para nos casarmos, não sabe?

– Sei, sim. Nosso imperador tem trazido muitas glórias a nossa Roma, mas não imaginava que nosso casamento precisaria de uma permissão dele.

– Não tenho dúvida que a posição de meu pai e a influência do senador Maximus facilitarão as coisas – respondeu Augustus.

A mansão de Gaius se aproximava e Lélia a contemplava ansiosa, surpreendendo-se com sua beleza arquitetônica à medida que a distância se reduzia. Colunas, mosaicos, pomares, tudo era grata surpresa. A propriedade majestosa não poderia ter causado maior espanto em Linus e Prisca, que jamais haveriam imaginado um recanto tão aprazível em terra tão distante.

Os novos moradores foram saudados pelos servos responsáveis pela casa, sendo alguns designados para os novos aposentos de Lélia.

Ela estava extasiada com seu novo jardim, repleto de plantas aromáticas e diferentes variedades de narcisos, além de uma sala de banhos e até mesmo uma pequena biblioteca.

Ele então a chamou para mais uma surpresa:

– Venha. Queremos lhe dar um presente de boas-vindas. – E, em meio a essas palavras, conduziu-a ao jardim, onde um altivo cavalo castanho-avermelhado a esperava.

– Este é Ulisses, um presente de nossa família para alegrar seus dias aqui. Assim que Petronius acabar de adestrá-lo, você poderá montá-lo.

Lélia mal respirava de alegria. Seu pai jamais permitira que ela cavalgasse, por temor que se ferisse e adquirisse alguma cicatriz irreversível.

– Senhor Gaius, estou imensamente feliz! Que surpresa maravilhosa. E veja, Augustus: poderemos montar juntos e, quem sabe, eu me sairei melhor que você na corrida.

Novamente Augustus sorriu e consentiu, com a cabeça e o coração. Ele sentia que nunca poderia negar nada a Lélia e não se incomodaria em deixá-la vencer todas as corridas, jogos e mesmo todas as discussões. Seu único anseio era o de agradá-la.

À noite, receberam autoridades da cidade, que desejavam conhecer a noiva recém-chegada.

A casa estava iluminada com tocheiros e perfumada com o aroma do alecrim e dos limões, profusos naqueles jardins.

Lélia parecia atrair a atenção de todos e se mostrava uma jovem alegre, sem superficialidades ou afetações, típicas das romanas de sua idade. Ela apenas sorria aos convidados e lhes dispensava atenção educada, pousando neles seus olhos verdes e profundos, deixando-os à vontade para se expressarem e acolhendo todas as palavras com simpatia.

Os convidados se dirigiam a Gaius, elogiando em unanimidade a futura nora e ressaltando suas boas maneiras, jovialidade e perspicácia.

– Sim! – concordava ele. – Foi um acerto oportuno. Infelizmente, meus queridos amigos Domicius e Justa, pais da jovem, não verão o belo enlace.

À noite, já em seus aposentos, Milla observava seu querido Gaius, que, desde o dia em que vira Lélia pela primeira vez, mantinha o olhar continuamente perdido.

– Gaius, vejo que, apesar de ter sido um anfitrião perfeito, algo pode tê-lo aborrecido.

– Pare com isso, Milla. Não busque problemas onde não existem. Estou muito satisfeito com o rumo em que as coisas seguem. – E mudou prontamente de assunto, sabendo que a intuição de Milla era fortíssima. Ela já havia previsto inúmeros fatos que em pouco tempo haviam se concretizado.

Evitava olhar para ela e, ainda mais, evitava escutar a si mesmo, temeroso do que poderia descobrir.

– Em breve, meu amigo Maximus chegará de Roma para uma temporada nestas terras e creio que você terá muito com que se preocupar. Precisamos recebê-lo com a pompa que um senador romano merece.

E ordenou, desta vez mais secamente:

– Vá dormir e não me espere. Tenho documentos para analisar e preciso o quanto antes enviar a Roma relatórios importantes.

– Tem certeza – insistiu Milla – de que nada o aborrece? Nunca o vi assim pensativo e ao mesmo tempo distraído.

– Tenho preocupações, e muitas, Milla! Não sabe que um carregamento de azeite foi recentemente roubado e que andam a escrever obscenidades nas paredes dos banhos públicos, como fazem em Roma? O prefeito reunirá amanhã os cidadãos romanos nobres que aqui vivem para que possamos frear tais comportamentos, antes que nos tornemos uma terra de ninguém, como a Palestina.

Milla tocou de leve no braço de Gaius e um arrepio

percorreu-lhe a espinha. Algo estava para acontecer; só não sabia o quê. A chegada de Lélia certamente tivera alguma influência no humor de seu senhor.

10. Os ventos de Roma

As semanas passavam felizes e ligeiras. A cidade crescia e novos habitantes vindos de Roma lá se instalavam, misturando-se com os moradores locais. Os passeios de carruagem pelas ruas encantavam Lélia, que muito se divertia no mercado, adquirindo objetos exóticos trazidos por mercadores berberes e asiáticos.

Nada lhe faltava na casa em que vivia, mas percebia que aos poucos seu futuro sogro começava a lhe evitar companhia, principalmente se estavam a sós. Quando comentava tal fato com Prisca, esta se limitava a dizer que Lélia falava demais, exigindo de seus interlocutores uma atenção que nem sempre podiam retribuir, principalmente um homem ocupado como Gaius.

Lélia passava horas com Augustus, que estava verdadeiramente apaixonado e preocupava-se com a data em que deveria se apresentar na legião que lhe fora designada. Pela primeira vez, ele sentia alguma dúvida sobre os rumos de sua vida. Cogitara até mesmo em abandonar os planos de carreira militar e dedicar-se a uma vida calma ao lado da futura esposa. O destino, porém, se revelaria diferente, menos controlável e mais caprichoso.

Os noivos permaneciam longo tempo na biblioteca, jogando e conversando sobre o futuro.

– Acho que você está me deixando ganhar de propósito, não? – indagou ela.

– De forma nenhuma, querida. Você é que é muito

mais esperta que eu. Consegue me encurralar em jogadas que nem imaginava existirem. Terá que ensinar esses jogos a meu pai quando eu me for, pois vejo que lhe faltarão parceiros à altura.

– Fico triste em saber que irá partir em breve, Augustus. Sentirei tanto sua falta...

– Não se entristeça. Eu a amo aqui e a amarei onde estiver. Mesmo lutando pela glória de Roma, jamais deixarei de pensar em você e nos momentos que aqui passamos juntos.

– Ficarei muito sozinha. Ainda bem que em breve o senador Maximus virá em visita a seu pai e trará novidades de Roma. Parece que suas filhas também virão e poderei me distrair com elas. Você as conhece?

– Sim, conheci Cecília e Verena. São muito gentis, se me permite dizer, embora as veja como caladas demais e avessas às diversões.

E completou:

– Na verdade, Lélia, confesso que nos tempos em que morava com meu avô nunca presenciei uma frase inteligente saindo dos lábios de qualquer jovem romana. Temo que você irá se desapontar com a companhia das duas.

– Bem... – ela respondeu pensativa. – Meu pai sempre dizia que as jovens romanas são criadas para o casamento e que as famílias pouco investem em seus estudos. Tive muita sorte de aprender a ler, escrever, fazer cálculos e tocar alguns instrumentos. Se dependesse de minha saudosa mãe, saberia apenas o latim e fiar, que ela dizia serem mais que suficientes para uma mulher se casar com um cidadão de Roma.

– Pois teve muita sorte, querida Lélia. Todos concordam que hoje é uma jovem que contrasta com as demais. Eu poderia conversar com você por semanas sem me aborrecer, mas em Roma qualquer festejo me enfastiava.

– Fale-me de Maximus – pediu ela, curiosa. – Ele é amigo de nossos pais. Quero saber mais sobre o senador.

– Maximus é muito estimado por meu pai. Pertence a uma nobre família patrícia, mas nunca se envolveu nos habituais escândalos e morticínios que bem conhecemos. Sempre foi muito ponderado e benquisto e, tal qual meu pai, perdeu a esposa logo após o nascimento da segunda filha. Casou-se em segundas núpcias com uma mulher gentil chamada Lúcia, que, acreditamos, simpatiza com os cristãos.

– Minha querida Prisca e Linus também o são, Augustus. Tenho certeza. Fugiram da Palestina por essa razão. Eles são diferentes na forma de encararem a vida, não acha? Sempre os considerei mais sensatos, moderados e compreensivos.

– Sim, Lélia. Sabe que meu pai simpatiza com eles, não sabe?

– É verdade? Nunca imaginei que meu futuro sogro apreciasse os cristãos.

– Sim, é verdade, Lélia. Ele até ajudou muitos a fugirem de perseguições e, sempre que pode, acolhe nesta cidade famílias inteiras que fogem da Palestina, embora declare ao prefeito da cidade que está apenas ajudando esta região a ser povoada. Como eles não perturbam a paz, são produtores dedicados e estão sempre orando a seu próprio Deus, as autoridades não se importam.

– Que intrigantes são os cristãos... – ela comentou.

Mas logo indagou:

– E quando pretende partir, Augustus?

– Quando Maximus chegar, trará as ordens para que me apresente, além da permissão especial para nosso casamento, alegando que meu pai será para você o tutor neste período e que suas propriedades na Gália serão administradas por ele. É provável que inicialmente me una aos soldados da Palestina, mas assim que voltar, tenho certeza de que poderemos nos casar, Lélia. O que acha?

– Ficarei esperando-o ansiosa e prometo pensar em você todos os dias. Quem sabe poderemos ir ao templo levar uma oferenda para que os deuses o protejam, embora deva confessar, Augustus, que não mais creio tanto neles. Na verdade, me interessei muito pelo Deus em que Prisca acredita e que ela afirma tudo comandar. Seus ensinamentos me parecem fazer tanto sentido.

– Minha pequena inocente Lélia... – disse ele, olhando compreensivo em seus olhos. – Em seu coração, pode acreditar em quem desejar, mas – completou com olhar mais sério – guarde silêncio sobre tais preferências. Elas poderiam lhe trazer problemas aqui e em Roma. Saiba que, mesmo longe da metrópole, as notícias circulam como o vento. Sendo assim, para não levantar suspeitas, vá eventualmente ao templo, como faz meu pai, e ofereça vinho e incenso aos deuses. Isto manterá os faladores afastados.

– Tem razão, Augustus. Farei isso – concordou ela, resignada. – Mas também buscarei entender mais sobre esse Deus que os cristãos veneram. Não sei por que, mas algo me intriga nos cristãos e gostaria de conhecê-los melhor.

Alguns dias depois, uma comitiva chegava à propriedade de Gaius. Era Maximus, acompanhado da esposa Lúcia e de suas filhas, além de servos e batedores que guardavam sua viagem.

Um abraço apertado entre Gaius e Maximus marcou o reencontro dos dois amigos. À noite, um lauto jantar com a presença de muitos convidados se tornaria o grande assunto de Timgad por semanas a fio, embora a festividade maior estivesse ainda por acontecer.

11. O desabafo

A casa não poderia estar mais convidativa e perfumada. Flores, frutas e muitos tocheiros foram primorosamente dispostos sob o comando de Milla, que organizava um banquete em homenagem ao senador Maximus, em que não faltavam também músicos para animar o cenário.

Lélia de pronto tornou-se amiga de Verena e Cecília e deixou o senador impressionado com sua agudeza de raciocínio.

Na tarde fresca e aprazível, Gaius e Maximus caminhavam por entre jardins e fontes, onde predominavam narcisos[8], ajudando-os a se recordarem do triste mito do caçador grego que se apaixonara pela própria imagem, desperdiçando assim sua juventude a contemplar a própria beleza.

Concordaram que muitos romanos haviam perdido a medida da ética, da moral e da civilidade, vivendo apenas de aparências, tão valorizadas naquela sociedade. Ambos sentiam a amada pátria irremediavelmente corrompida e Maximus chegou a confessar certo enfastiamento no convívio com pessoas tão fúteis e desprovidas de generosidade.

Tais assuntos, principalmente por se tratarem de críticas, não deveriam ser ouvidos por ninguém.

Passaram então a trocar ideias sobre os planos de Trajano de eleger seu sucessor, adotando como seu próprio

[8] Narciso, segundo a mitologia grega era um caçador que, por sua excepcional beleza, apaixonou-se por seu próprio reflexo na água.

filho um parente mais jovem[9].

Esgotadas as questões sobre Roma e o Palatino, Maximus disse:

– Fico feliz em ver que você e seu filho vivem sob o mesmo teto, Gaius. Com que homem bravo e soldado destemido nossos exércitos contarão em breve!

– É verdade – concordou Gaius. – Meu filho me traz grande alegria. Desculpe-me por não ter firmado o noivado dele com uma de suas filhas. Você sabe que eu não poderia negar o pedido do falecido amigo Domicius.

– Não se preocupe com isso, Gaius. Cecília e Verena já têm casamentos arranjados com filhos de senadores e creio que Augustus não iria tolerar a vida em Roma, muito menos a carreira política que espero de um genro. Creio que Augustus, pelo talento natural e pelo nome que carrega, em breve se tornará um tribuno militar[10]. Eu mesmo levarei seu nome ao senado quando for o momento.

– Acredito que isto se realizará, Maximus. Se depender de sua afeição por Augustus, teremos em breve um general de legião – disse Gaius, sorrindo forçadamente.

– Assim que cheguei, Gaius, ele me disse que em breve desposará Lélia. Que jovem intrigante é sua futura nora, caro amigo! Ela me lembra alguém, mas não consigo dizer ao certo...

– A jovem Lélia é uma brisa fresca nesta imensa casa da qual já começo a me enfastiar. Penso em construir outra maior e mais suntuosa, quem sabe mais ao norte.

– Ora, Gaius, sua propriedade é magnífica. Eu diria que é mais notável e bem servida que a de muitos senadores, inclusive melhor que a minha.

E reduzindo um pouco o tom da voz, prosseguiu:

– Mas algo me intriga. Desde que cheguei, percebo que está pensativo e tristonho ao mesmo tempo, esforçando-se em mostrar alguma alegria. O que lhe ocorre, meu amigo? Seria a breve partida de seu filho à Palestina?

– Vejo que nada consigo esconder de você, não é, Maximus? Sim: algo me corrói a alma e tenho lutado dia e noite contra este mal.

– Diga-me o que é, caro amigo. Há alguém aqui tramando algo contra você ou sua família? Sabe que posso ti-

[9] Adotar como filho um homem já adulto para garantir sucessão no governo foi um recurso muitas vezes utilizado por imperadores romanos que não tinham descendentes.

[10] Tribuno era uma patente militar superior.

rar qualquer obstáculo de seu caminho. Você é um cidadão respeitado no império e nada deve temer.

Gaius olhou no fundo dos olhos do amigo e o fez com tamanho pesar que este, que já o conhecera por milhares de anos, desde muito antes de reencarnarem como Chandan e Janaka, sentiu de algum modo saber em seu íntimo o que lhe seria revelado.

– Desde que a filha de nosso falecido amigo aqui chegou, perdi minha paz, Maximus.

O senador, respeitoso, suspirou e inquiriu-o:

– Ama sua futura nora, não?

Gaius baixou a fronte envergonhado e controlou-se para não ruborizar ali mesmo, tamanho o constrangimento que sentia. No entanto, confessar ao amigo trouxe-lhe incomparável alívio.

– Sim, Maximus, esta maldição tomou conta de mim desde o dia em que a vi chegar. Meu coração não sente outra coisa além de dor. Nada me traz alegria nem satisfação. Tantos barcos naufragaram, Maximus... Tantos. Por que não esse, que trouxe minha desolação? Por que os deuses me infligem tamanha dor? Queria nunca ter pousado os olhos naquela jovem, mas percebo que só vivo por ela.

E prosseguiu, com voz agora embargada:

– Algo inesperado despertou em mim e tento de toda forma esconder de todos essa deslealdade. Milla talvez o perceba, mas nem Lélia nem Augustus desconfiam de tamanho infortúnio. Tenho que arrancar essa chaga de meu coração antes que meu filho parta, ou temo não conseguir responder por mim na ausência dele.

Respirou, circunspecto, algumas vezes e então conclui:

– Nunca havia sentido isto em meu peito, meu amigo. Uma dor que não cessa, um pesar que aumenta cada vez que a vislumbro. Não pense que se trata apenas de um desejo da carne, pois sei muito bem diferenciar essas sensações. É algo inexplicável, que me faz sofrer dolorosamente.

Maximus, penalizado frente ao sentimento do amigo, pousou a mão em seu ombro e disse:

– Meu irmão, sabe quanto o estimo e devo dizer-lhe que tal comportamento causaria mínima ou nenhuma comoção em Roma, cidade tão acostumada a traições e mentiras. Mas estou certo de que o sofrimento que causaria a seu filho seria irreparável.

E aconselhou-o com vigor:

– Preste atenção, Gaius: você precisa casar os jovens o quanto antes e tentar de todas as formas pedir aos deuses que o ajudem a expelir tais sentimentos de seu coração. Já tem a permissão. Case-os sem tardar.

– Sim, Maximus. Somente o afeto por Augustus me mantém firme, mas tenho que admitir que, cada vez que a vejo e ela me sorri, sinto-me fraquejar. Tenho evitado qualquer contato, sendo até ríspido às vezes, mas o sentimento não diminui, muito pelo contrário. Prefiro tirar minha própria vida antes de cometer qualquer desatino que possa magoar meu filho ou comprometer nossa família e a palavra dada aos familiares de Lélia.

Solidário, Maximus sugeriu então:

– Por que não se casa com uma bela romana? Quem sabe uma boa companhia feminina o ajudaria a suportar esse peso, mesmo que a união dure pouco. Não lhe faltarão excelentes propostas e eu mesmo poderei intermediar esses acertos.

– Não, Maximus. Sou grato por sua atenção e generosidade, mas sei que ninguém jamais a substituirá em meu coração. Guardarei este sentimento nos infernos mais profundos de minha alma e me dedicarei apenas ao trabalho e à grandeza de Roma. Tenho que sufocar este amor até que ele se extinga definitivamente.

– Lamento por seu pesar, Gaius. Mais que tudo, desejo vê-lo feliz, irmão.

E colocando a mão no ombro do amigo, quase em tom de desabafo disse:

– Minha esposa Lúcia, apesar de pertencer a uma família bem situada, é mulher bem simples, o que me tem trazido serenidade, depois de tantos anos em que tenho presenciado traições, hipocrisias e lutas pelo poder em Roma.

Sugeriu então:

– Quem sabe a jovem Milla não o faria feliz? Não pensa em trazê-la de vez para perto de si e retribuir-lhe o visível afeto?

Gaius suspirou:

– Não faria diferença. Seja como for, contar-lhe este segredo que me oprimia trouxe-me alívio. Mais uma vez na vida, devo-lhe gratidão. Obrigado por me ajudar a manter-me no firme propósito de tornar meu filho um homem feliz. Isto terá que me bastar.

Gaius, diferente de outros espíritos que apenas obedecem aos costumes, resignava-se[11]. Ao fazê-lo, abria mão voluntariamente de seus desejos pessoais, ainda que isto lhe custasse o amor da companheira de muitas vidas.

A felicidade do filho era, porém, uma de suas tarefas mais preciosas na atual encarnação. Escolhera sofrer em silêncio para que Augustus fosse feliz.

[11] Obediência e resignação não são meros sinônimos, como elucida concisamente o espírito Lázaro (Paris, 1863), no *Evangelho segundo o espiritismo*, ao expor: "A obediência é o consentimento da razão" (ainda que o coração discorde); "a resignação é o consentimento do coração" (isto é, baseia-se no entendimento, pelo espírito, das Leis Morais). Complementa explicando que são "forças ativas ambas, porquanto carregam o fardo das provações que a revolta insensata deixa cair", ou seja, ambas são ferramentas para a evolução humana, uma vez que simplesmente nos revoltarmos contra uma ou outra nos priva de oportunidades de aprimoramento, tanto individual quanto coletivo. (Trechos entre aspas extraídos do capítulo 9, "Bem-aventurados os mansos e pacíficos", seção "Instruções dos espíritos: obediência e resignação". *O Evangelho segundo o espiritismo* – Allan Kardec, Editora do Conhecimento.)

12. O banquete

Que festas magníficas Timgad vivenciou naqueles dias. Músicos, dança e comida em abundância animavam até altas horas os convidados que vieram saudar o respeitado Maximus e sua família.

Tudo na cidade era motivo para reunir figuras proeminentes, que habitualmente não passavam de pequenos proprietários, soldados aposentados e novos-ricos. Uma festa destas seria evento muito mais memorável.

Lélia estava radiosa naqueles dias, como se desabrochasse com a vida em Timgad. Sob os olhares de Prisca, naquela noite ela vestira-se com trajes que ressaltavam seus traços naturais.

Ao vê-la, Gaius respirou tão fundo e fixou os olhos na jovem de tal modo, que Maximus chamou-lhe atenção com olhar reprovador. Envergonhado, proibiu a si mesmo de, no restante da noite, olhar para Lélia, que cada vez mais acreditava ser detestada pelo futuro sogro.

Em contrapartida, Augustus passou todas as horas cortejando a noiva, jovialmente empenhado em vê-la feliz.

Um grupo animado se formou e Augustus, inteligente, alegre e vigoroso, era o centro das atenções. Ele contava sobre as batalhas que ouvira de seu avô, dando a elas um toque mais heroico e mítico.

A noite correra esplendidamente bem e Lélia, cansada, dirigiu-se a seus aposentos, onde a aguardavam seus servos, sempre acompanhada por Petronius. Na sala que antecedia os aposentos, viu Prisca e Linus compenetrados em fervorosa oração.

Ambos pediam bênçãos para as famílias ali presentes e rogavam que, oportunamente, todos ali pudessem usufruir da graça de conhecerem a palavra do Messias através de seus discípulos, com isso encontrando paz em seus corações sempre agitados e voluntariosos.

Vendo que Lélia entrava acompanhada por Petronius, interromperam a oração, um pouco constrangidos.

– Linus, que belas palavras as suas. Não, não pare. Prossiga-as.

Linus então deu sequência a sua prece simples, pedindo forças para que não esmorecesse em sua luta contra as próprias fraquezas. Rogava que o enviado divino que morrera na cruz o sustentasse nos momentos de inconformismo e revolta.

Petronius, sensibilizado ao novamente ouvir o amigo em prece, pediu que Linus intercedesse por ele, para que pudesse viver seus últimos anos no mundo servindo ao Messias:

– Linus, peça ao Messias por mim. Peça-lhe que meu coração conheça um pouco de paz e se esqueça das atrocidades vivenciadas nos infames campos de batalha.

– Petronius, você também é cristão? – indagou Lélia, curiosa.

– Sim, senhora Lélia. Sou um pecador que hoje pede perdão por seus atos do passado. Não sei se poderei ser reconhecido como cristão. Procuro apenas seguir as orientações do amigo Linus e da senhora Prisca, que me tratam como um irmão, embora conheçam meus pecados.

Linus tomou então a palavra:

– Lélia, perdoe-nos por nunca lhe havermos falado sobre nossa conversão, que se deu muito antes de sermos levados à Gália. Você era ainda muito nova para entender os sofrimentos por que passamos. Seu pai sabia de nossa crença, mas nunca nos proibiu o louvor a Deus. Ele mesmo, eventualmente, ouvia nossas palavras e se emocionava quando rogávamos a proteção do mestre Jesus para seu antigo lar.

– Querido Linus, sinto-me grata em contar com seu cuidado constante, além do amor de Prisca, a quem considero minha segunda mãe. Saber que Petronius se junta a vocês só me torna mais feliz. São todos bem-vindos para orarem em meus aposentos sempre que desejarem.

E confessou-lhes:

– Saibam que eu mesma tenho sentido um imenso vazio quando cultuo algum dos deuses venerados pelos romanos, mas sinto paz verdadeira quando ouço falar do Deus dos cristãos e do homem chamado Jesus. Quem sabe se vocês não orariam para que meu sogro não tivesse contra mim tamanha animosidade. Desejo amá-lo como a um pai, mas ele sempre se esquiva de meus gestos de afeto.

Os três cristãos se entreolharam algo constrangidos e baixaram a cabeça, como se entendessem que os sentimentos de Gaius eram diferentes daqueles que Lélia relatava.

– Lélia querida – disse-lhe Prisca –, sabe que todos nós a amamos e sempre oraremos por seu bem-estar. Saiba que cada um de nós deve desenvolver no coração, e depois nos próprios lábios, a prece que alivia. Desde pequena eu a ensinei a orar e você o fazia de bom grado, lembra-se? Repentinamente, você parece ter esquecido a bem-aventurança da oração, como acontece com muitos jovens quando chegam a certa idade.

E continuou:

– Recupere em seu coração a beleza das palavras aprendidas e ore por seu futuro esposo, por seu sogro e por todos aqueles que sofrem e não percebem em si a força da fé. Nosso mestre Jesus sempre dizia que, quando uma ou mais de suas ovelhas estivessem reunidas em seu nome, ele lá estaria. Ele está conosco aqui, neste momento, Lélia. Junte-se a nós e peça-lhe que abençoe o coração de seu sogro e a livre de pensamentos equivocados.

Mesmo sem entender por completo as palavras de Prisca, Lélia achegou-se a eles e orou, no que poderia ser entendido como uma singela conversa entre uma alma antiga e seu Criador.

Verena e Cecília, que estavam em aposentos próximos, ao ouvirem a prece que reconheceram como cristã, chamaram a madrasta Lúcia, cristã fervorosa que ajudara na conversão de ambas sem que Maximus soubesse.

As três se dirigiram ao recinto de Lélia e, colocando-se ao lado de Prisca, oraram, guiadas por Linus.

Na porta dos aposentos da noiva, Augustus contemplava a cena sem entender muito bem o que acontecia, e pensava:

– Que estranha toda esta rogativa fora dos templos.

Os cristãos me parecem muito inocentes e sem propósito. Hábitos assim nada têm a ver com o poder de Roma, que se fez majestosa por meio dos rituais de adoração aos deuses, que nos protegem dos adversários.

No dia seguinte, já quase ao meio-dia, Augustus encontrava seu pai.

– Salve, meu pai!

– Entre, meu filho. Você é sempre bem-vindo.

– Fiquei muito intrigado com o que vi ontem nos aposentos de minha noiva. Fui me assegurar de que ela repousava em paz, quando deparei com uma cena estranha. Os servos de Lélia, Petronius e também a esposa e as filhas de Maximus estavam todos reunidos e oravam compenetrados ao Deus deles, pedindo não pelo sucesso de Roma, mas por nossa paz. Mas que paz pode haver sem luta e sem vitória sobre o inimigo? Não lhe parecem inocentes?

– Sim, Augustus, muitos cristãos estão entre nós e tenho por eles certa simpatia, não apenas pela coragem em enfrentarem as feras e a espada no meio da garganta, mas por pedirem a seu Deus que nos perdoe as faltas contra eles cometidas. De certa forma, meu filho, isso me traz algum alento. Passei a sentir que existe esperança para aqueles que, como eu, cometem desatinos em nome de Roma.

E completou:

– Percebo nos cristãos atitudes de uma dignidade incomum, que não vejo em nossos amigos patrícios.

– É verdade, pai. Experimentei alguma paz ao ver aquele simples grupo reunido, mas não penso em me tornar cristão. Apenas os admiro e não me oporei se Lélia quiser adorar esse novo Deus, desde que em seu coração tenha espaço para mim.

– Sim, Augustus. Devemos respeitar as diferentes formas de buscar a paz, e Roma, de fato, nunca se opôs às religiões dos povos conquistados. O que me espanta é ver como eles, mesmo sendo ferozmente perseguidos, aumentam em número.

E, retornando a assuntos de família, perguntou:

– Diga-me, filho: quando partirá para a Palestina? Quero me certificar de que vá com as melhores recomendações e que eu tenha tempo de enviar aos banqueiros de lá uma boa quantia para que nada lhe falte.

– Irei em duas semanas, o que me alegra pela aventura e me entristece pelas saudades que terei de Lélia.

– Vá em paz, sabendo que Lélia estará protegida por todos nós. Não se preocupe. Assim que retornar, vocês se casarão. Dê-lhe tempo de preparar seu enxoval e os aposentos que irão recebê-los futuramente como esposos.

13. A partida

Os últimos acertos para o casamento, marcado para logo que Augustus retornasse da Palestina, foram completados. Dotes, presentes, a casa em que viveriam, com quantos criados contariam: tudo foi minuciosamente detalhado por Gaius e seus administradores, a fim de que o casal desfrutasse de uma vida farta e segura.

Gaius sabia que, enquanto os jovens permanecessem solteiros, os impostos seriam mais altos, insistindo por isso para que se casassem o quanto antes. Ao menos era uma desculpa plausível para a pressa nessa união. Entretanto, seu desejo era de que o casamento definitivamente enterrasse seu amor pela futura nora.

Suas intenções, embora louváveis, não encontravam eco dentro de si. Sua afeição por Lélia não se abatia e ela começava a perceber algo de estranho no comportamento arredio do sogro. O próprio Augustus achava incomum que o pai, antes gentil com a nora, evitasse-lhe a presença, mas atribuiu tal atitude à falta de paciência paterna com jovens, ou mesmo para não despertar ciúmes em Milla.

No dia da partida, Lélia acompanhou o noivo até o porto e suplicou-lhe muita prudência.

— Augustus, meu amado, controle seu ímpeto de falar o que lhe vem à cabeça. Sei que está muito bem recomendado por seu pai e por Maximus. E sei também que usufrui de posição privilegiada junto à legião, mas seja cauteloso para não melindrar seus companheiros ou superiores com sua sinceridade.

Augustus a abraçou e sorriu carinhoso.

– Não se preocupe comigo. Estarei bem. O campo de batalha me suscita força e estimo a solidariedade dos soldados. Saberei lidar com meus companheiros com a dignidade que meu avô, tio e pai me ensinaram. Em breve estarei de volta e nos casaremos.

– Sei disso, Augustus, e pedirei a Prisca que me ensine a oração dos cristãos para que eu peça sua proteção.

– Ainda não entendo por que verter palavras a um único Deus, Lélia, quando temos tantos outros a nossa disposição, mas se isso a faz feliz, aceito-o como parte de seu amor. Só peço que estenda sua oração pedindo que eu enfrente adversários à altura de minha espada.

– Peço-lhe todo cuidado, Augustus. Sempre. E pense em mim de vez em quando. Sei que as estrangeiras são belas e têm costumes diferentes das jovens da Gália.

Sorrindo também, ele a abraçou mais uma vez, beijando-a ternamente.

Silencioso, seu pai observava a despedida, quando uma raiva até então desconhecida tomou conta de si. Nunca vira o filho aproximar-se tão intensamente de Lélia e, não podendo externar sua ira contra ele, pôs-se a esbravejar com alguns carregadores próximos, que simplesmente descansavam.

Augustus então se aproximou do pai e pediu-lhe:

– Acalme-se, meu pai. O momento é de alegria, pois defenderei nossa amada Roma. Cuide de Lélia com carinho, eu lhe rogo. E, se possível, faça-lhe eventualmente alguma companhia. Amo-a sinceramente e prometo desposá-la assim que retornar.

Cada vez que ouvia Augustus revelar seu amor por Lélia, Gaius sentia uma pontada de vergonha em seu peito, como sentem os traidores prestes a serem descobertos em sua farsa.

– Prometo protegê-la, meu filho, contra tudo e contra todos. Lélia será sua esposa e ambos me darão bela descendência.

Ao mesmo tempo que alegravam o coração de Augustus, tais palavras amargaram a boca de Gaius, que lutava para não fraquejar.

Nesse momento, a relação conturbada entre os espíritos de Chandan e Nimit passou a um novo patamar, em que a solidariedade e o afeto poderiam ser trabalhados pela espiritualidade superior de forma a transmutar antigos sentimentos que ainda restavam. Basta sempre nossa boa vontade e a constante vigilância dos próprios sentimentos. Ninguém jamais garantiu que seria fácil!

A paternidade, como estratégia amorosa, sempre foi um precioso remédio para a reconstrução de vínculos afetivos entre antigos rivais. Da mesma forma, a maternidade constitui um sagrado elixir para despertar sentimentos altruístas e desinteressados. Onde vicejavam o ódio e o ciúme, muitas vezes passa a brotar o amor dedicado. Nem sempre tal recurso proporciona o efeito desejado, cabendo sempre ao livre arbítrio de cada um permitir que esses vínculos comecem a gerar saborosos frutos. Gaius aproveitaria ao máximo essa oportunidade.

Ao lado de ambos, porém visível apenas a Milla através de seus olhos espirituais, estava Agha, o filho de Nalini e Chandan em anterior encarnação. Comovido, Agha agradecia em forma de prece pela oportunidade de reconciliação e esforço que ambos aproveitavam.

As existências precedentes também moldaram o espírito de Nalini, que agora como Lélia ofuscaria qualquer avanço em direção ao sogro. Jamais cogitaria em incentivá-lo a afetos escusos, ainda que sentisse algo estranho em relação ao nobre romano.

Ela nutria verdadeiro afeto pelo noivo e esperaria por ele o tempo que fosse necessário para se tornar sua esposa. Infelizmente, as trevas também trabalham organizadas e estão constantemente espreitando uma fresta, por mínima que seja, na porta pouco vigiada de nossos sentimentos, para assaltar aqueles que se comprometem com o bem.

Olhar, vigiar e orar, como instruído por Jesus[12], ainda eram atitudes pouco praticadas pela humanidade de então.

Não somos meras vítimas desavisadas nas mãos de nossos algozes. Somos na verdade arquitetos de nossa própria felicidade ou infelicidade, e muitas de nossas dores e sofrimentos são exaustivamente cultivadas por nós mesmos, continuamente.

Quando estivermos comprometidos com nosso progresso espiritual e nos esforçarmos em nos alinhar à Lei Divina, alcançando aos poucos o equilíbrio perdido em

[12] "Olhai! Vigiai! Orai! Pois não sabeis quando será o tempo." Instruções de Jesus, em Marcos, 13:33. (*O Novo Testamento*. Tradução de Haroldo Dutra Dias. Federação Espírita do Brasil, 2020.)

eras imemoriais, nada nos deterá. Ainda que os ataques de almas infelizes se acirrem no silêncio de nosso coração e sugestões maléficas nos sejam constantemente encaminhadas, é importante sabermos que desamparados jamais estaremos e que a oração e a persistência no esforço são ferramentas preciosas da alma em elevação.

Assim seria com esses espíritos, que sentiriam na pele o retorno de obsessores do passado, cobradores vorazes ainda dos tempos da Lemúria, entre eles o soldado Dalbir.

14. A solidão como nova amiga

Os dias que se seguiram após a partida de Augustus foram amargos para Lélia, que não encontrava alegria em nada. Perder seu companheiro de jogos, conversas e montaria foi um forte abalo.

Mesmo com os constantes cuidados de Prisca e Linus, ela não deixava de sentir-se desventurada, tornando-se aos poucos amargurada e taciturna.

Maximus, a esposa e filhas já estavam a caminho de Roma, o que deixava a casa mais silenciosa ainda. Meses se passariam naquele marasmo.

Gaius pouco permanecia na propriedade e viajava com frequência, evitando ao máximo todo contato com Lélia. Milla ficava em sua própria casa e visitava Lélia de quando em quando.

Certa manhã, Lélia acordou disposta e disse:

– Petronius, vamos até a cidade. Quem sabe compro alguns fios e me distraio um pouco tecendo um manto para Augustus. Gostaria de vir também, Prisca?

– Claro! Não a deixaria sozinha pela cidade, mesmo na companhia de Petronius. Mais de uma vez você se perdeu e ficamos apavorados. Vou me vestir, para sairmos enquanto o sol não está alto. Ele promete castigar o chão, que em resposta cozinhará nossos pés!

Passear pelas avenidas movimentadas da cidade renovava as energias de Lélia. Vendedores, caminhantes, caravanas do deserto, o aroma dos assados e dos produtos comercializados se mesclavam às risadas dos moradores e dos artistas de rua. Até os soldados relaxavam sua autoridade nesta cidade tão peculiar e pacífica.

Lélia, seguida de perto por Petronius, caminhava sorridente e curiosa, quando de repente viu uma figura grotesca portando uma túnica púrpura que mal lhe cobria o torso. Em suas mãos, trazia um pedaço de ave assada que ia sendo devorado enquanto a gordura respingava em suas vestes. Maldosamente, ele passava o pedaço de ave assada próximo ao nariz de quatro escravos que ali estavam à venda, entre eles uma mulher de vinte e poucos anos, esquálida, que mal parava em pé.

Seja por piedade ou por identificação com o sofrimento da moça, Lélia paralisou-se frente a ela, que visivelmente sofria por fome, sede e maus tratos. Geralmente os escravos eram engordados antes de serem exibidos, mas, estranhamente, aquela mulher se apresentava em estado lastimável, como se seu proprietário não desejasse vendê-la, para poder torturá-la ainda mais.

Nesse momento, o comerciante sem escrúpulos, a troco de nada, chutou sem piedade a escrava, fazendo-a encolher-se em um canto e chorar em silêncio.

– Levante-se, mulher inútil, ou não conseguirei vendê-la hoje!

Quase que por impulso, Lélia acorreu, baixando-se para socorrê-la, quando o comerciante a ameaçou com um punhal que trazia preso ao cinto.

– Tire já as mãos, meretriz! Quem pensa que é para tocar minha mercadoria? Acaso vai comprá-la?

Lélia ergueu-se de pronto, transtornada. Sua presença, forjada em muitas encarnações junto à nobreza, a fez mirá-lo de forma tão espontaneamente altiva, que o fez desculpar-se de imediato, por reconhecê-la como uma romana.

Petronius, já prestes a aplicar um corretivo no insolente, deteve-se a mando da jovem, que o instruiu:

– Pegue esta escrava e leve-a a nossa liteira. Eu a pedirei a meu sogro Gaius como presente de casamento.

Ao ouvir o nome de Gaius, o homem mordeu suas palavras. Chamara de meretriz a futura nora do homem mais poderoso da cidade, e certamente isso lhe custaria caro.

– Como se chama, mercador?

– S-sou Amuteh, S-senhora. A seu d-dispor. Deseja adquirir esta escrava?

– É o que creio já haver dito. Ou disse acaso outra coisa? O senhor é um mercador ou um estúpido?

Amuteh sorriu com seus dentes amarelos, mas logo recuperando seu desdém.

– Infelizmente, devo alertá-la que ela é mulher rebelde e bem fraca de saúde. Não quero ludibriar os romanos, e seria melhor oferecer-lhe outra, pois esta morrerá em breve e não estarei na cidade para que possa reclamar.

Mas temendo não realizar negócio nenhum, adoçou mais uma vez seu discurso:

– Pensando bem, ela não lhe custará nada caro. Apenas metade do preço, contanto que me desfaça dela logo.

– Não lhe pedi avaliações nem opiniões. Quero comprar *esta* escrava. Vá até a propriedade do senhor Gaius e receba sua paga ao final do dia. O administrador se encarregará de entregar-lhe o montante.

E seguiram de volta para casa, onde Lélia pediu que chamassem um médico e expôs o ocorrido ao administrador, que tinha ordens expressas de fornecer o que Lélia demandasse.

O médico atendeu a enferma, que já voltava a si.

– O que acha, Senhor Heitor? Ela pode ficar boa?

– Sim, senhora Lélia – respondeu o médico, assertivo. – Está ainda muito fraca e deverão alimentá-la aos poucos. Qualquer excesso lhe faria mal. Evite dar-lhe trabalhos forçados por enquanto e aplique este unguento nestes ferimentos. São de ferros e chicotes.

E acrescentou:

– Mais uma coisa: a escrava estava grávida e perdeu a criança recentemente, creio que em decorrência das privações e maus tratos. Ela me relatou, bastante constrangida.

– Nunca entenderei – desabafou Lélia, contrariada – o motivo de tratarem mal os escravos.

Lélia nunca presenciara seus pais, ou mesmo Gaius, tratarem os servos daquele modo. Sempre que houvesse motivo para descontentamento, sua mãe, e também agora Milla, os resolvia de forma prática, sem recorrer a agressões ou humilhações.

O médico baixou a cabeça, lembrando que, de certo modo, os gregos que habitavam a cidade também eram cativos de Roma e lamentou em silêncio a condição aviltante da escravidão, imposta ao ser humano desde tempos imemoriais.

– Se precisar de mim, senhora, basta me chamar. A moça fala bem o latim, pois foi escravizada ainda pequena e serviu em uma família romana.

Inimaginável, pensava Lélia, tolerar o sofrimento daquela criatura abandonada no mundo, cujo estado precário lhe condoía o coração. Aproximando-se do leito da débil mulher, perguntou:

– Como é seu nome?

– Astarte – respondeu ela, em um fio de voz.

– Sou Lélia e esta é minha protetora Prisca. Seja bem-vinda a nossa casa. Cuidaremos de você para que se recupere. Mais tarde conversaremos sobre como poderá trabalhar aqui.

Astarte, acostumada desde cedo aos maus tratos, custava a acreditar que ouvia palavras tão gentis. Nunca estivera em uma cama macia, nunca recebera cuidados, nem quando muito doente. Sua vida, desde o nascimento, fora apenas dor, desprezo e sofrimento.

Nascera em uma pequena cidade do Egito, filha de um padeiro e uma escrava, sendo considerada bastarda e indesejada. Aos três anos, foi dada como escrava à estalagem de uma família de romanos, onde sofreu continuamente nas mãos de uma mulher invejosa e desconfiada.

Aos doze anos, um prostíbulo já a aguardava, mas a caravana que a levaria a esse destino foi saqueada e ela foi levada como escrava pelo mercador Amuteh, que a surrava com frequência.

Trabalhara durante os anos seguintes na casa deste, sendo maltratada também pela esposa e pelos dois filhos, que abusavam seguidamente da jovem. A gravidez indesejada que disso resultou a levou a ser surrada para que perdesse a criança. A esposa de Amuteh pediu que ele levasse a jovem à Numídia para ser vendida e render ao menos algum lucro à família, por mínimo que fosse.

Foi nessas condições que Lélia a conheceu.

15. Um veneno se transforma em remédio

Ao conhecerem a triste história de Astarte, Prisca e Lélia tornaram-se solidárias a ela, que por sua vez deixou brotarem em seu coração puros sentimentos por ambas, principalmente por Prisca, que passou a tratá-la como filha.

Lélia lhe disse:

– Fará apenas trabalhos leves em meus aposentos, Astarte. E assim que me casar, pedirei sua liberdade a meu esposo e poderá ir para onde desejar. Isto lhe parece bom?

– Senhora Lélia, não tenho nada nem ninguém neste mundo e a liberdade me seria apenas um estorvo.

– Mas Astarte, você não deseja ter sua família, seus filhos? Não lhe negarei ajuda financeira. Quanto a isso, não se preocupe.

– Não, senhora Lélia, não tenho esses sonhos de mulher. Toda ilusão que eu poderia ter foi-me arrancada ao nascer. Nenhuma dor, por mais aguda, poderia hoje me assustar. Se tenho algum desejo, seria o de permanecer aqui a seu lado e da querida Prisca, que tem me ensinado tantas coisas sobre Jesus, que ela afirma ser o Messias.

– Astarte, pode ficar conosco quanto tempo desejar. Aliás, percebo também que está se afeiçoando a Petronius, não?

Astarte corou e começou a chorar.

– Perdoe-me, senhora... Não desejo pedir mais nada além de sua acolhida. Acho errado desejar tal felicidade depois de tudo o que já me estão oferecendo.

– Não se envergonhe, Astarte. Petronius é um homem íntegro. E noto que ele a ama verdadeiramente. Não negue a seu coração tamanha felicidade. Não duvido que ele possa em breve se unir a você, assim que eu me desposar e meu sogro o liberar de seus serviços.

Mais aliviada, Astarte confessou que vinha conversando com Petronius, que lhe confidenciara a vida difícil e as atrocidades vivenciadas no campo de batalha. Ele mesmo reconhecia ter sido um soldado impiedoso e cruel.

– Somos ambos sofredores, senhora Lélia. Quem sabe eu possa lhe oferecer meu afeto e receber de volta um pouco também? Quero viver para esse Deus bondoso em quem ele acredita e que Prisca me ensinou a respeitar.

– Você será feliz ao lado de Petronius. Pedirei a meu sogro que lhe conceda uma casa próxima daqui, onde poderão criar uma amorosa família.

Viu então Astarte iluminar-se pela primeira vez e radiar algum brilho em seu olhar.

Naquela noite, conversando com Petronius, Lélia confirmou o amor que o soldado vinha cultivando por Astarte. Os meses que se passaram desde aquela manhã no mercado revelaram a beleza singela da egípcia, cujos olhos castanhos e tristes denunciavam uma vida de contínuo sofrimento.

– É verdade, senhora Lélia. Amo essa jovem e, se me permitirem, casarei com ela. Sou viúvo. Nada me impede, além, é claro, de sua condição de escrava, que, sei, durará pouco. O médico relatou que Astarte não poderá ter filhos, mas isso pouco importa, já que Roma, de qualquer modo, não os reconheceria como cidadãos. Já tive meus filhos, que deixei na Palestina. Apenas desejo uma vida de paz ao lado de Astarte, mas continuarei servindo a senhora até que o senhor Gaius me libere.

– Tranquilize-se, Petronius. Em breve garantirei a liberdade de Astarte e poderá ser feliz ao lado dela. Meu noivo logo voltará e sei que não me negará tal pedido.

Assim, depois de anos de sofrimento e solidão e após aqueles meses de acolhida junto a Lélia e Prisca, redimia-se o espírito que fora a governanta Rahela e a consorte Lali, personalidades que tantos infortúnios causaram a estes outros espíritos em vidas pregressas.

O ato de compaixão de Lélia, movido por seu coração e inspirado por espíritos de esferas superiores, somado aos ensinamentos de Prisca, teve sobre a vida de inenarráveis sofrimentos de Astarte o efeito de um bálsamo regenerador, transformando-a definitivamente.

Astarte recebia assim, como recompensa de sua vitoriosa encarnação, o amor sincero de Petronius, sustentação da família feliz que formariam.

Sabiamente, amigos espirituais daquele grupo de almas haviam retirado Gaius de casa, sobrecarregando-o com intermináveis e urgentes afazeres, bem como a Augustus. Os dois homens haviam sido gravemente prejudicados em vidas passadas pelas atitudes da agora recém-chegada e o perdão dificilmente ocorreria sem a intervenção inicial da gentil Prisca, que com sua amorosidade contribuiu para a transformação do temperamento arredio e sofrido de Astarte. Após tantos anos de terríveis sofrimentos, ela voltava a sorrir e a emanar uma aura de generosidade e serenidade.

Quando voltassem a Timgad, Astarte já seria um espírito diferente e nela jamais se reconheceria a feiticeira Rahela ou a perversa Lali.

16. O espinheiro

O exuberante pomar da mansão de Gaius se tornara o local preferido de Lélia. Na entrada daquele paraíso perfumado e regenerador, havia um imponente pórtico, que anunciava os aromas inebriantes das frutas que já estavam prontas a ser colhidas. O pórtico era encimado por um frondoso espinheiro que irrompia em flores rosadas, delicadas, compondo naquela entrada um cenário repousante, quase idílico, especialmente no final da tarde.

Bancos de pedra convidavam ao repouso e à contemplação. Pássaros, borboletas e abelhas sobejavam por lá.

Lélia passava longo tempo ali sentada, na companhia de Astarte ou mesmo sozinha, tocando seu instrumento favorito, sempre sob o olhar cuidadoso de Prisca e Petronius.

Certa manhã, estava sentada sob as floradas, usufruindo apenas da própria companhia, já que todos se ocupavam de afazeres. Quis então colher algumas flores para seu quarto e para isso escolheu justamente as que eram profusas no espinheiro.

A planta frondosa tinha espinhos camuflados por folhas em toda a sua extensão e Lélia, impetuosa que era, descuidou-se ao tentar afastar um dos muitos caules, ferindo a palma da mão em longos sulcos.

O sangue começou a escorrer-lhe por entre os dedos e uma dor lancinante a fez suar frio. Olhou à volta em busca de algo para limpar o ferimento, mas preferiu não chamar por Prisca, que acharia tal descuido infantil.

Tentou manter a mão afastada para evitar manchar a túnica, mas sentiu-se mal à visão do sangue que escorria sem cessar. Desorientada, acabou por perder o equilíbrio e apoiou-se outra vez no espinheiro, ferindo desta vez a outra mão.

Já ia gritar por socorro quando ouviu uma voz conhecida atrás de si:

– Por que chora, Lélia? Algo a aflige?

Era Gaius, que, havendo retornado das viagens, notara que Lélia estava sozinha no pomar.

Ela nada disse; apenas mostrou-lhe as palmas feridas e pôs-se a chorar. Gaius tomou-lhe as mãos, limpando-as na própria túnica. Levou-a em seguida até uma fonte próxima e lavou-lhe as palmas na água corrente, como orientava sempre seu médico, o grego Heitor. Retirou então parte do próprio manto e com ele cobriu as mãos da jovem.

– Sente-se aqui, Lélia. Deixe-me estancar este sangue. Não é nada demais; apenas uns pequenos ferimentos. Não precisa chorar por algo tão insignificante.

Ao ouvir estas últimas palavras, sentiu os meses de desprezo, que acreditava que o futuro sogro lhe impusera, virem todos à tona.

– O que sabe de minha dor, senhor Gaius? Nem sequer se dignou a me fazer companhia ou a se preocupar se estava viva ou morta. Sei que me odeia e que somente me aceitou em sua casa por piedade e por lealdade a meu falecido pai.

Nem Lélia entendia ao certo de onde lhe provinha tanta mágoa represada, que emergia agora como um furacão. Era certamente voluntariosa, mas jamais desrespeitaria assim alguém de sua família.

– Afaste-se de mim, por favor. Sei que me despreza. Vejo em seu olhar. – E chorou, ainda mais sentida.

Gaius tentou apaziguá-la:

– Acalme-se, Lélia. O que se passa em seu coração? Por que me diz que a odeio? Como pode saber o que sinto? Alguma vez a tratei com descortesia?

Ela soltou o tecido que lhe protegia as mãos e levou-as até os olhos. Lágrimas e sangue se mesclaram, indistintos.

Vendo-a com esse triste semblante, e tentando afastar-lhe as mãos do rosto, Gaius inadvertidamente, como por impulso, trouxe Lélia para perto de seu peito e a consolou, pedindo que se acalmasse.

Ela não lhe ofereceu resistência.

O choro agora se tornara um lamento triste e sincero.

– Não tenho ninguém... Todos me abandonaram. Sou como a pobre Astarte, que vive jogada de um lado a outro, contando apenas com a bondade de terceiros.

– Não pode estar falando sério, Lélia. Nunca lhe faltaram atenção e cuidados nesta casa. Saiba que é muito estimada por todos e que...

– Então *não* me odeia, senhor Gaius? Por que então me evita? Por que sempre me olha com ar de desaprovação?

Gaius pousou os olhos metálicos em Lélia, que lhe devolveu o mesmo olhar, porém algo acontecera ali naqueles segundos fatais. Reencontravam-se, sem saber, o Sândalo e o Jasmim. Era o reconhecimento profundo e verdadeiro trazido pela janela da alma: o olhar.

Prontamente, Gaius se recompôs, afastou-a delicadamente e disse-lhe:

– Todos a estimam, Lélia. Saiba que já a considero como membro desta família e tudo farei para que seja feliz ao lado de Augustus.

Ela se mantinha imóvel, bem à frente do homem que a amava intensamente. Estava mais próxima dele do que o recomendado pela cautela e mais longe do que ele desejava que ela estivesse. "Seria tão fácil beijá-la...", pensou Gaius, mas imediatamente se recompôs.

– Prometo que passarei mais tempo a seu lado. Isto lhe parece bem? – indagou, sem tirar seus olhos dos dela.

Lélia mal podia responder. Não sabia onde estava, nem entendia o que ele lhe dizia. Sentia-se como que hipnotizada pelo azul metálico dos olhos do Marciano. Algo despertara nela uma lembrança de proximidade e familiaridade nunca sentida, nem mesmo com seu noivo.

Em um gesto involuntário e impensado, pousou a mão que ainda sangrava no rosto de Gaius, que cerrou os olhos como a pedir forças para resistir ao toque de Lélia.

Felizmente, o bem dispõe de recursos imediatos quando necessários e Lélia foi acudida por Prisca, que em sua própria túnica já enrolava as mãos da jovem.

– Venha, Lélia. Vamos cuidar dessas feridas. Com licença, senhor Gaius.

Prisca nem se inteirou da conversa entre ambos. Apenas obedeceu a um impulso de retirar Lélia da presença do romano, como se desejasse protegê-la de algo desconhecido e preocupante.

No jardim, Milla, recém-chegada, olhava a cena sem se manifestar. Gaius desviou dela o olhar revelador e se recolheu em si mesmo.

De volta a seus aposentos, Prisca e Linus se ocuparam dos ferimentos de Lélia. Ela apenas mantinha o olhar perdido no elaborado mosaico em tons de azul que adornava a parede de seu quarto e retratava o deus Netuno. Nunca prestara atenção nele, mas agora percebia que o rosto no mosaico fora inspirado em Gaius e que aquele deus ali retratado a observara silencioso durante todos esses meses.

17. A confissão

Alguns dias se passaram.

– Gaius – anunciou Milla –, o nobre Livius deseja vê-lo. Disse que não marcou entrevista, mas como estava por estes lados resolveu saudá-lo.

– Mande-o entrar, Milla, e deixe-nos a sós. Peça que sirvam frutas e vinho. Livius aprecia essas pequenas demonstrações de amizade. É um corrupto, mas tem certa utilidade nesta cidade.

Livius não tinha mais que um metro e meio de altura e usava sandálias para fazer-se mais alto. Ainda assim, constrangia-se da própria estatura quando estava perto de Gaius. Este, bem conhecendo os melindres humanos, mantinha-se a maior parte do tempo sentado em uma cadeira mais baixa que a habitual. Permitir que Livius se sentisse superior facilitava qualquer negociação. Ele vinha requisitar algo, com toda certeza.

– Salve, grande amigo Gaius. Que bom vê-lo!

– Entre, Livius. A que devo sua feliz visita?

– Apenas de passagem, amigo. Roma pede que mantenhamos contatos assíduos entre os patrícios residentes em outras províncias e soube que, já faz algum tempo, a filha do falecido Domicius é sua hóspede. Como sabe, a nobre Clódia aprecia muito a jovem Lélia e por meio de um mensageiro me pede que verifique se ela está bem e feliz.

Imediatamente, Gaius percebeu do que se tratava. Clódia realmente se preocupava com Lélia e solicitara que alguém lhe mandasse notícias da jovem, mas Livius aproveitava a oportunidade para se beneficiar de algo, de ambos os lados.

– Ela está bem e você mesmo poderá vê-la. – E instruiu um servo a chamá-la.

Livius então, sem perder tempo indagou:

– Soube que ela se casará com seu filho, que hoje está na Palestina. Mesmo sabendo dos impedimentos para a realização desse compromisso, o casamento ocorrerá?

Gaius, mostrando que dava alguma importância à curiosidade de Livius, respondeu:

– Sim, meu caro, estamos informados de tais restrições. Trata-se, porém, de um caso diferente. Tivemos a aprovação de Roma, que muito deve ao pai de Lélia. Ela, como sabe, possui muitas propriedades e terá um marido que, embora ainda em campanha, se incumbirá de garantir proteção àquelas terras. Eu mesmo visitei a Gália tempos atrás e nomeei um administrador de nossa confiança até que se dê o casamento. O próprio imperador sabe desta união e a aprova, ainda que não o tenha feito por escrito. Você certamente sabe que patrícios bem-aventurados como nós usufruem de certos privilégios, não é?

– Sim, claro, meu prezado Gaius. Se o senado fará vistas grossas, por que deveria eu reportar algo? Apenas pensei, e me perdoe a ousadia..., mas por que você mesmo não se casou com Lélia, já que há tantas propriedades envolvidas e o interesse de Roma por elas é grande?

Gaius, fazendo grande esforço para ser visto como desinteressado, respondeu:

– Sabe que não me interesso pelo matrimônio e creio que, para Augustus, saber que uma esposa o espera em seu lar o fará ter mais cautela nos campos de batalha. Ele já é um oficial, como deve saber, e tem certos privilégios.

E habilmente mudou de assunto:

– Já provou o vinho recém-chegado da Palestina, Livius? Está soberbo. Eu mesmo mandarei entregar algumas ânforas em sua casa, além de alguns presentes chegados no último navio, apenas como gratidão por sua amizade. Sei como é difícil ficar longe de nossa amada Roma e gostaria de compensá-lo.

Livius prontamente mudou de fisionomia, passando de desconfiado a sorridente. Levantou-se e agradeceu. Tinha atingido seu objetivo, que era ser recompensado pela pretensa lealdade.

– Bem, Gaius, já vou indo. Agradeço pela acolhida.

– Mas não deseja ver como está a filha de Domicius?

– Não é preciso. Sei que deve estar bem. – E caminhou em direção à saída, onde deparou com Lélia, que aguardava ser chamada.

– Que bela jovem é Lélia! Certamente Augustus fará uma bela união – comentou. – Até breve, prezado amigo!

E retirou-se, sem nem olhar para trás, já pensando no excelente vinho com que em breve se refastelaria.

Gaius então dirigiu-se a Lélia e a convidou a seu escritório.

– Entre, Lélia. Creio que temos alguns acertos a fazer.

– Sim, senhor Gaius.

E, sem fitá-la, disse-lhe:

– Em breve, Augustus retornará da Palestina e creio que poderão se casar assim que ele chegar. Está certa de tal compromisso Lélia? Não devo obrigá-la a casar-se, mesmo sendo responsável por você. É importante que saiba que Augustus seguirá servindo junto a sua legião e não poderá permanecer em casa com você durante uns bons anos.

– Sei disso, senhor Gaius. Petronius me esclareceu sobre as regras do exército romano e a organização das legiões, mas nada mais me resta além de aceitar o que me foi ofertado como alternativa após a morte de meus pais. Sei que é um tutor honesto e jamais me enganaria sobre minha herança. Não tenho interesse em administrá-la, com o risco de pôr a perder, com minha inexperiência, tanto sacrifício de meu pai. Quanto ao casamento com Augustus...

E parou, fitando Gaius profundamente ao prosseguir:

– Eu o amava de todo o coração, mas agora me vejo confusa. Penso em Augustus com grande ternura... No entanto, creio amá-lo como a um irmão. Perdoe-me a sinceridade, Senhor, mas é a verdade.

Gaius sabia exatamente o que se passava. Ele amava Lélia e ela o amava. Milênios em mútua companhia haviam tornado estas almas vinculadas em extremo e incapazes de esconderem algo uma à outra.

– Lélia, não diga mais nada – ele preferiu responder. – Este sentimento que cultivamos em nosso coração é indevido e creio que sabe disso.

Lélia baixou a cabeça, acenando afirmativamente. Gaius então a abraçou e disse-lhe:

– Sim, Lélia, você é correspondida em seu amor. Apenas não sei se na mesma medida, já que sinto uma faca em brasa a me cortar o peito cada vez que a vejo. Não creio que possa haver amor mais intenso que o meu por você. Mas peço-lhe que entenda que a felicidade de Augustus é agora o que mais desejo.

– Sim, Senhor Gaius – concordou ela, desprendendo-se do abraço. – Sei que tem completa razão.

Os anos de desatinos e sofrimentos haviam transformado aqueles corações em almas um pouco mais resignadas. No entanto, ainda havia muito por vencer.

Lélia deveria dedicar-se ao futuro marido. Uma reconciliação entre ambos era fundamental para as experiências do porvir e isto lhe exigiria outras habilidades espirituais, que possivelmente naquele momento não estavam ainda maduras o bastante.

Gaius, por sua vez, veria o filho dedicar-se à única mulher a quem amara na vida. Uma prova dificílima para ambos se acercava.

– Lélia, você deverá se esforçar em ser uma boa esposa para Augustus e ele deverá, por sua vez, lhe retribuir a afeição com lealdade, atenção e afeto. Poderão ser felizes Lélia, acredite.

– Sim, Senhor. Sei que é o certo a fazer. – E olhou-o em profundidade, como se pedisse forças para suportar o sacrifício de viver longe dele.

– Nunca mais deveremos falar nisto, Lélia. Alimentar este amor só traria infelicidade para todos. Sacrificaremos vinho, incenso e mirra para todos os deuses e, se necessário, ao Deus dos cristãos, pedindo que nos traga forças para suportar a distância um do outro.

– Serei uma esposa digna e carinhosa para Augustus. Tenha certeza. Não decepcionarei a família que me acolhe. Jurei a meu pai que lhe obedeceria e assim o farei.

– Estarei sempre zelando por sua felicidade, Lélia. Saiba que nunca deixarei de amá-la, mas neste momento sinto que estamos tomando a decisão certa perante o dilema em que os deuses nos colocaram. Eu a protegerei com minha vida e farei com que Augustus a faça feliz, custe o que custar. É o que me cabe nesta vida.

E se despediram, envoltos em uma nuvem de tristeza inimaginável para aqueles que nunca amaram.

Em algumas semanas, Augustus aportaria vitorioso e

seria recebido por Lélia e Gaius.

Milla, que dificilmente se manifestava a respeito de Lélia, entendia que um sentimento como aquele não poderia ser facilmente domado.

– Sinto muito, meu querido Gaius – disse ela. – Eu sabia que Lélia traria sua infelicidade, mesmo sem desejar. Sei que é uma boa moça, mas não seria melhor se ela morasse longe daqui?

Gaius pegou Milla pelo braço e, olhando-a nos olhos, respondeu furioso:

– Ouça-me bem, Milla: jamais volte a pedir que me separe de Lélia. Ela ficará aqui, como esposa de meu filho, mas longe de mim seria demais!

– Sim, Gaius, mas você sofrerá muito vendo a felicidade de seu filho.

– Não, Milla. Eu sofreria muito mais vendo-a partir. Ela ficará aqui e será protegida por mim, entendeu?

Calaram-se então, cada qual com seu próprio temor e seu próprio desafio afetivo a ser enfrentado. Milla sabia que uma pesada nuvem se aproximava daquele lar e aos poucos seria percebida por todos.

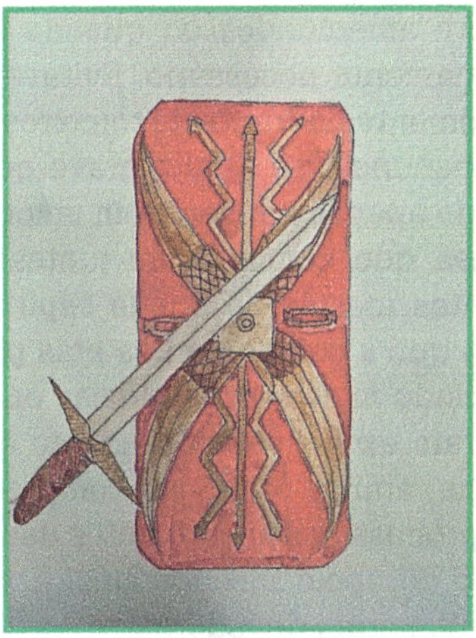

18. O retorno de Augustus

Augustus estava mudado. Não apenas seu físico se modificara sensivelmente, mas seu espírito sofrera alterações perceptíveis. Descobrira um talento pessoal no comando de soldados, e o campo de batalha lhe parecia absolutamente natural. Seu espírito se tornara mais independente, um pouco mais sábio e mais confiante.

No entanto, quando identificava medo nos olhos dos povos invadidos, algo o incomodava e parecia arrefecer seu ímpeto de lutar e conquistar. A crueldade agora o constrangia.

Quando findas as batalhas, um desconfortável vazio que não poderia ser preenchido com nada tomava conta de seu ânimo. Esta é talvez a sensação vivenciada por espíritos belicosos quando o despertar se inicia e o clamor da consciência ressoa impiedoso, fazendo-os perguntar a si mesmos: "Para quê? E para quem?".

Continuava amando as missões e campanhas militares, os cenários de batalha e o companheirismo entre os soldados, mas a conquista pela conquista não lhe falava mais ao coração. Muito do antigo rei Nimit morrera nos campos de guerra.

Amava Lélia, mas não queria privar-se da solidariedade de seus iguais, seus irmãos de legião.

Durante a ausência de Augustus, Gaius e Lélia mantiveram apenas uma convivência cordial, conversando eventualmente sobre amenidades ou quando algum assunto se fazia extremamente necessário. Evitavam olhar-se nos olhos, principalmente na frente de terceiros, com receio de que isso lhes denunciasse a falta grave que acreditavam estar cometendo apenas por sentirem amor mútuo.

Eram almas que caminhavam juntas desde épocas imemoriais, antes mesmo da queda espiritual sofrida há mais tempo do que a contagem das eras poderia estimar. Haviam vivenciado muitas experiências encarnatórias em que se dedicaram exclusivamente um ao outro e, na presente existência, ambos tentavam compreender a importância do compromisso assumido antes deste nascimento: o compromisso do apoio incondicional à recuperação de Augustus, a quem eram devedores.

Nem Prisca nem Linus tocavam no delicado assunto, embora soubessem internamente do sentimento de ambos. Milla permanecia resignada e algo apreensiva ao lado de Gaius, evitando ao máximo dirigir-se a Lélia. Sabia que esta, embora gentil, podia ser bastante geniosa quando confrontada. Embora afável, ainda não surgira no coração de Lélia o meio-termo da moderação. Tudo lhe era sempre intenso e profundo.

Ao ver a noiva, ainda mais bela do que se lembrava, Augustus sorriu afetuoso.

– Lélia, querida! Como está bela. Estes meses a fizeram desabrochar como uma radiosa flor no deserto.

Ela o abraçou ternamente.

– Augustus, está tão forte! Quase não consigo mais abraçá-lo. Está bem? Foi ferido alguma vez?

– Calma. Eu lhe contarei tudo assim que deixarmos este porto ruidoso.

E, voltando-se a Gaius:

– Meu pai! Que bom vê-lo. – E o abraçou saudoso.

Seguiram então para a propriedade intermediária, onde descansariam antes de seguirem viagem até Timgad. No caminho, Augustus percebeu que sua noiva também estava diferente. Lélia movia os dedos ao redor dos cachos e a todo o momento ajeitava o véu, em movimentos que denotavam algum incômodo.

Ele percebia nela certa tensão, anteriormente desconhecida, como se ela desejasse lhe evitar o olhar.

Indagada, Lélia negou qualquer alteração e limitou-se a mudar de assunto, perguntando sobre as aventuras do noivo na Palestina.

Augustus lhe relatou os inúmeros perigos que havia enfrentado, afirmando que aquelas terras estavam em pleno processo de revolta e que, se Roma não agisse de imediato, muitas vidas, de ambos os lados, se perderiam.

A conversa passou então aos preparativos do casamento, que agora seria um tanto mais reservado. Ambos davam pouca importância à cerimônia, que previam ser enfadonha.

Esse enfastiamento com a vida, principalmente frente a coisas ou situações já conquistadas, era típico de almas que iniciavam seu movimento de despertar, em que a própria consciência lhes exigia mais que a invasão de terras e a apropriação de bens.

A consciência lhes cobrava sincero empenho reflexivo, que incluía reconsiderarem a finalidade da própria existência. Esse procedimento, por ser doloroso, era evitado a todo custo pela grande maioria daquelas almas exiladas que viviam em Roma naqueles tempos. Elas buscariam preencher a vida com tudo o que lhes desviasse do verdadeiro caminho do despertar, entretendo-se com ouro, vinho, conquistas – tudo em excesso, a fim de não deixarem espaço para a inadiável evolução.

As palavras do Messias deixadas para o mundo como herança divina seriam o recurso precioso para que esses espíritos conquistadores avaliassem a própria consciência.

Infelizmente, muitos daqueles que se converteram oportunamente a esses benfazejos ensinamentos acabaram por transformar-se, com o passar dos séculos, em tenebrosos instrumentos de poder e domínio e se tornariam tão impiedosos quanto os próprios romanos, ou mais.

Ao cair da noite, sentaram-se pai e filho na ampla varanda perfumada por ervas aromáticas, que recebia graciosamente um pouco da refrescante brisa do mar.

– Algo aconteceu com Lélia em minha ausência, meu pai. Percebo-a tristonha e um pouco arredia. Será que ela esperava de minha parte alguma manifestação mais calorosa? Sinto que ainda não entendo bem as mulheres como o senhor, que sabe ler em suas almas o que está ali oculto.

Gaius suspirou e consolou o filho:

– Não se preocupe com Lélia. Ela deve estar ansiosa pelo casamento e um tanto entristecida porque seus pais não estarão presentes. Em todo caso, o que foi prometido se realizará em breve. Depois do casamento, creio que você voltará à Palestina, estou certo?

– Sim, os motivos de minha vinda para cá são conhecidos apenas pelos oficiais do alto escalão, que eram também amigos de meu avô e entendem que ela não pode ficar sem um marido que a proteja, frente às ameaças constantes na Gália.

– Não se preocupe, Augustus. Um bom administrador já foi designado e é da confiança de Maximus. Tudo está correndo bem.

Augustus manteve-se em silêncio por breve tempo. Então confidenciou ao pai.

– Senti o perigo a meu lado o tempo todo na Palestina. Mais de uma vez percebi que poderia perder a vida, mas o medo nunca me invadiu. O campo de batalha me é tão familiar, mas, estranhamente, não sinto o mesmo desejo de estar nele como antes. O que na verdade me preocupa, meu pai, é justamente essa completa ausência de receio da morte. Às vezes chego a pensar que ela me seria um alívio.

E completou:

– Inúmeras vezes atirei-me em batalhas em que sabia que morreria, mas lembrava-me de Lélia e de repente o medo da morte me assolava. Amar enfraquece os soldados, agora entendo.

– Você deve estar permanentemente atento à própria vida, Augustus, e à de seus companheiros. Os judeus não desejam mais pagar impostos. Aliás, nunca aceitaram pagar nada a Roma. Hoje, com cristãos surgindo por toda parte e questionando o modo como eles vivem, uma rebelião mais séria pode ser esperada para breve. Tome cuidado, meu filho.

– Não temo por minha vida, mas penso em Lélia. Tornar-se viúva tão cedo lhe seria bem triste. Se isso acontecer, prometa que cuidará dela, meu pai. De alguma forma eu a amo, mas sei que preciso seguir meu caminho junto de meus companheiros.

Gaius nunca pensara na possibilidade dessa tragédia. Perder o próprio filho seria um castigo muito grande dos deuses por lhe cobiçar a noiva.

– Não falemos em coisas tristes, filho. Venha, vamos beber um bom vinho e você poderá me contar mais sobre as belas estrangeiras que terá visto na Palestina.

Augustus sorriu e disse:

– Nunca me interessei pelas mulheres com a mesma ânsia de meus colegas. Meu coração pertence a Lélia, e somente a ela. Esta preciosa filha de Nereu me dominou a alma, mas temo que tal sentimento me debilite.

E lamentou:

– Não posso, meu pai, não posso fraquejar frente aos inimigos. Entendo agora por que Roma nos proíbe o casamento.

Uma batalha interna entre o amor, a devoção e o dever de soldado se deflagrava na alma de Augustus.

19. As núpcias

Nas manhãs que antecederam o casamento, Augustus e Lélia passaram longo tempo juntos. Ela quase se esquecia de Gaius, que por sua vez, como fazem aqueles que desejam adormecer o próprio coração, se ocupava com assuntos outros de toda espécie.

Os noivos recebiam inigualáveis presentes de Roma e um deles, enviado pela senhora Clódia, deixou Lélia encantada.

Era um rico traje, originário de terras longínquas, situadas muito além das terras orientais então conhecidas. O manto, confeccionado em seda azul, deveria ser usado pela noiva sobre a tradicional túnica de linho que vinha sendo cuidadosamente bordada por Lélia e Astarte com a ajuda de artesãs locais.

Outro presente também lhe prendeu a atenção. Era uma elaborada caixa de ouro, com inscrições nunca vistas por Lélia, provavelmente em sânscrito. Dentro da caixa, acondicionadas em seda vermelha, havia dezenas de pérolas azuladas, cada uma delas afixada a um delicado prendedor de ouro.

Era o presente de Maximus, que o adquirira de um rico comerciante vindo da Índia. Junto com o presente, um pergaminho explicava a origem do objeto, o que a deslumbrou ainda mais.

O mercador, chamado Abhin, ao apresentar a mercadoria a Maximus, lhe disse que as pérolas eram parte de um tesouro de joias que haviam sido recuperadas por seu pai em cidades esquecidas no tempo.

Abhin alegava que o alto preço da mercadoria se devia ao fato de que esse tesouro fazia parte do acervo de uma belíssima princesa que vivera naquelas paragens séculos antes. Dizia que a princesa era a favorita de um rei poderoso e que fora raptada por um monarca vizinho, que se apaixonara por ela quando o visitara.

O relato, rico em detalhes, indicava nitidamente que se tratava de Nalini, Chandan e Nimit, embora tais memórias estivessem resguardadas pela benevolente lei do esquecimento, que atua a cada nova encarnação.

Interessado pela história, Maximus olhava para as pérolas e sentia alguma familiaridade. Pensou que elas seriam um condigno presente aos noivos e valiam realmente o preço que o comerciante pedia.

No dia do casamento, Lélia não poderia estar mais radiante, embora a tristeza de seus olhos, principalmente ao cruzar com o olhar de Gaius, mostrasse que algo estava mudado em seu coração.

O casamento seguiu rigorosamente os preceitos romanos para famílias patrícias. As comemorações, que se estenderiam por dias, foram por recomendação de Maximus reduzidas, a fim de não gerarem intrigas na cidade.

– Está feliz, Gaius? Vejo que seu olhar continua distante.

– Sim, Milla, estou bastante satisfeito com esta união. Sei que os noivos serão felizes, sendo isto para mim motivo de alegria.

Dizendo isso, acenou para que um servo lhe enchesse a taça com mais vinho. Em seguida, chamou Petronius e lhe concedeu a merecida permissão para que vivesse com Astarte, desde que continuasse a proteger Lélia.

Prisca, Linus, Astarte e Petronius percebiam no olhar da noiva alguma enigmática insatisfação. Somente ela mesma conhecia os segredos de seu coração. Amava Gaius; não havia como esconder isto de si. O que sentia por Augustus era intenso afeto, colocando-o em seu coração muito mais na posição de irmão que de esposo.

Gaius, por sua vez, amava Lélia de uma forma que nem ele mesmo compreendia. Escondia seus sentimentos com tamanha força que eventualmente ainda se mostrava algo ríspido com a nora.

As experiências dolorosas de vidas passadas haviam educado os três em grau suficiente para evitarem as armadilhas do egoísmo. Nenhum deles desejava regredir ou aumentar débitos pessoais, embora a permissividade de Roma em nada condenasse ou estranhasse se Lélia e Gaius se tornassem amantes. Ambos, porém, estavam decididos a seguir firmes em seus ideais evolutivos, ainda que de forma inconsciente, sem que compreendessem de fato por que o faziam. Haviam se comprometido antes do nascimento a refrearem tais sentimentos ao máximo. Caminhariam boa parte desta existência juntos, mas não unidos. A recomposição espiritual de Augustus seria a meta de ambos.

De certa forma, as ideias cristãs também começavam a ressoar em seus corações ainda pagãos, causando mudanças em seus espíritos, de forma lenta, mas permanente. A crença em inúmeros deuses e os sacrifícios nos templos não mais lhes alimentavam o espírito. Algo mais se fazia necessário.

O tempo se encarregaria de curar todos os males e trazer lenitivo a todos os sofrimentos.

Após o casamento, Lélia e Augustus se aproximaram ainda mais, compartilhando atenções também em organizar a vida comum e completar o conforto dos aposentos da residência, recentemente ampliados para eles.

Augustus conseguia abrir-se plenamente em seus sentimentos, enquanto Lélia sabia que o maior segredo de sua vida deveria continuar submerso. Jamais conceberia que a pacífica relação existente entre pai e filho fosse afetada por sua invigilância.

Para Lélia, ao menos naquele momento de sua vida, era importante abrir mão de seus sentimentos pelo sogro, que ela via, de certa forma, como aviltantes. Prisca e Linus haviam dito que o reino dos céus é para os mansos e pacíficos e ela não desejava conhecer outro mundo após a morte além desse reino que eles afirmavam existir.

Desde pequena, Lélia tivera verdadeiro pavor daquele lugar horrendo que um escravo de seu pai lhe descrevera e que ele chamava de Hades, a região dos submundos, onde só havia dor e sofrimento.

Ela trazia em seu corpo mental a viva gravação dos anos em que sofrera ao lado de Nimit na cidade espiritual de Adharma. O pavor das profundezas criara nela um alerta constante contra ações que pudessem prejudicar o próximo. Este receio, aliado aos preceitos cristãos primitivos pregados pacientemente por Prisca, começavam a criar em Lélia uma identidade religiosa e espiritual poderosa. Prisca, além de pregadora, era exemplo vivo de dedicação, boa vontade e coragem moral, e isto seria mais forte que qualquer palavra.

Lélia se comprometia a manter-se firme em seus propósitos, embora ainda motivada pelo medo e não ainda por autêntica transformação pessoal. Séculos transcorreriam até que o mundo elaborasse a imagem de Deus como Criador Justo e Bom, que não condena, mas cria oportunidades salutares para que todos possamos Dele novamente nos aproximar.

Lélia ainda acreditava em um inferno criado por uma entidade vingativa e este pensamento permaneceria em sua base religiosa durante algumas vidas. As mudanças qualitativas ocorrem no espírito apenas quando a razão e o coração se sintonizam no Amor Divino. A fé é uma conquista trabalhosa, porém permanente, e cada um é o artífice das próprias crenças. Enquanto não chegasse esse momento, ela permaneceria crendo em um Deus punitivo e vingativo.

Os meses se sucederam rapidamente. O dia em que Augustus deveria partir se aproximava.

Ordens chegaram de Roma convocando todos os membros de sua legião a abafarem as crescentes revoltas que se sucediam violentamente na Palestina, frutos do descontentamento com a dominação romana.

O império não aceitaria que os povos conquistados reivindicassem liberdade e autonomia, muito menos que se eximissem do pagamento de abusivos impostos. O cenário para um sangrento confronto tomava corpo rapidamente.

– Não se preocupe, meu pai – dizia-lhe Augustus. – Nosso general é exímio estrategista e sufocará em breve todas as rebeliões.

Gaius sabia que o filho era valoroso e estava protegido em sua legião. Mesmo assim, prosseguia apreensivo.

20. Despedida

O dia da partida de Augustus não poderia ter sido mais desanimador. Todos na casa haviam se afeiçoado a ele e se acostumado com sua presença, ainda que frequentemente ruidosa.

Prisca e Linus particularmente o estimavam muito e, mesmo podendo usufruir da merecida liberdade prometida pelo pai de Lélia, decidiram permanecer ao lado dela, renunciando ao desejo de retornarem à Gália.

– Todos os dias sentirei sua falta, Lélia. Espere-me e em breve preencheremos este lar com herdeiros valorosos. Zele por meu pai, que ultimamente tem evitado até a companhia de Milla.

Corando, ela abraçou o esposo, em meio a votos de boa viagem e pedindo-lhe chorosa que não se esquecesse dela.

– Jamais, Lélia. Você causou em meu coração mudanças que ainda não consigo explicar. Sempre a terei em meu pensamento. Ore para os deuses e se quiser, para o Deus que os cristãos veneram, a fim de que tenhamos um rápido sucesso.

O barco já estava longe do porto e Lélia ainda vertia lágrimas de tristeza, sentindo-se mais uma vez abandonada.

Tão logo Augustus partiu, Gaius informou a todos que iria a Roma e posteriormente à Gália, a fim de resolver questões importantes.

Lélia sentiu verdadeiro alívio ao saber da viagem de

Gaius, visto que a ausência de Augustus o fizera novamente hostilizá-la.

No dia da partida do sogro, Lélia alegou indisposição e se manteve toda a manhã no pomar, sob o espinheiro florido, que tempos antes presenciara o primeiro olhar amoroso entre ela e Gaius.

Sua cabeça estava confusa. Não sabia identificar muito bem quais sentimentos tinha. Deveria amar seu sogro ou apenas ser-lhe cortês? Deveria afastá-lo ou cultivar sua amizade? Tanto a razão quanto o medo do inferno de Hades a convenciam a amar seu esposo, mas apesar disso uma aguda inquietude tomava-lhe o coração, dia após dia. Era Gaius que habitava seus sonhos.

Percebendo-a em tal estado, Prisca recomendou-lhe orar em silêncio, e Lélia mantinha-se horas inteiras no jardim pedindo ao Deus dos cristãos que a protegesse de sentimentos que desonrariam sua família.

– Lélia, vim me despedir – disse a voz que a despertou de sua compenetração.

Voltou-se e viu Gaius a lhe fitar com seus olhos metálicos.

– Sim, soube que irá visitar a Gália e rever seu amigo Maximus em Roma. Desejo que faça boa viagem, meu sogro!

– Não leve a mal minha partida, Lélia. Sabe que não terei forças de lutar contra o amor que sinto. Sua presença me torna fraco e não desejo causar-lhe dissabor. Esta partida é para mim muito dolorosa, pois aqui, ao menos, meus olhos podem vê-la todos os dias.

Pediu-lhe então:

– Perdoe-me. E, se puder, ore também como sei que sempre faz, e com fervor, por este homem triste que desejaria colocar-se a seus pés neste instante e jurar-lhe amor eterno.

Lélia manteve-se firme, pois não queria mostrar-se menos forte que o homem que a amava tão febrilmente.

– Vá em paz, Senhor Gaius – disse ela por fim. – Espero que a distância dissolva esta mácula que ocupa nosso coração e permita que em mim só habite o amor puro por meu esposo. Envie minhas lembranças à querida Clódia, caso a veja. Aqui, sua casa estará bem cuidada em sua ausência.

Olhando agora para o horizonte, Gaius a informou:

– Nomeei Linus, agora liberto, e Petronius como tutores temporários desta propriedade. Nosso prefeito estará também vigilante e temos tropas suficientes aqui em Timgad. Ninguém ousaria fazer-lhe mal, Lélia.

Ela pousou seus olhos verdes complacentes nos olhos de Gaius, talvez pela primeira vez em meses, e disse-lhe:

– Peço apenas que, tão logo obtenha notícias de meu esposo, as encaminhe a mim, para que eu possa manter em paz meu coração. Adeus, Senhor Gaius.

Não mais contendo a emoção e vendo Gaius se afastar, Lélia deixou cair tantas lágrimas que seus olhos mal se abririam no dia seguinte. O espinheiro em flor seria a única testemunha desse choro convulsivo e dolorido.

Nem Prisca nem Linus, Petronius ou Astarte comentaram nada sobre a infeliz partida de seu senhor. No fundo, sabiam o que se passava entre aqueles corações desventurados e oravam para que ambos tivessem forças para resistir ao sentimento indesejado que lhes percorria internamente.

Na manhã seguinte, Astarte abriu a janela dos aposentos de Lélia e, espantada, chamou prontamente sua senhora:

– Senhora Lélia! Veja o que aconteceu com a florada que enfeitava a entrada dos pomares!

Lélia ergueu-se e viu, surpresa, que da frondosa planta, testemunha de um amor irrealizável, só restavam ramos retorcidos e espinhos.

21. O fio do destino

Lélia passava boa parte do tempo nos jardins. Assim que chegara a Timgad, mandara buscar sementes de jasmim e sândalo, pois sentira o pungente aroma destas duas maravilhosas plantas e se encantara, desejando perfumar o próprio pomar e os jardins internos com espécies tão olorosas. Pedira ainda sementes dos belos narcisos, abundantes nos jardins romanos.

Um comerciante havia conseguido as sementes e, após meses de espera, as plantas estavam vingando. Aquele solo habilmente irrigado e o clima ensolarado pareciam haver promovido esse pequeno milagre. As acácias ao redor ajudavam as mudas a crescerem firmes. Além disso, eram vigiadas por Linus, que se revelara excelente jardineiro.

Prisca e Astarte permaneciam ao lado de Lélia no jardim, limpando hortaliças e frutas para serem preparados na ampla cozinha. Os grãos plantados na propriedade eram colhidos, moídos e distribuídos tanto aos mais ricos quanto aos menos abastados. Em Timgad, a população vivia muito bem, diferentemente de outras regiões conquistadas que eventualmente atravessavam períodos de fome.

Raras vezes chegavam cartas de Roma, da parte de Clódia e Maximus, este informando que Augustus estava bem e já havia sido promovido por mérito.

Milla visitava a propriedade com menos frequência, sabendo que Lélia era agora a responsável pela casa.

Uma noite, porém, tivera um pesadelo turbulento com Augustus e ao acordar viu-o a sua frente, imóvel, a pedir socorro. Sentiu naqueles breves momentos em que o vira um odor pungente de sangue e, assustada, resolveu procurar Lélia para saber se algo funesto havia ocorrido.

– Que bom vê-la, Milla – disse Lélia. – Como tem passado? Venha ao jardim e pedirei alguns refrescos.

Cabisbaixa, Milla relatou-lhe, serena, mas consternada:

– Não muito bem, Lélia. Meus sonhos têm se tornado mais frequentes e perturbadores e em quase todos vejo o senhor Augustus ferido. Dói-me dizer-lhe isto, quando sei que está sozinha aqui neste fim de mundo, mas faz muitas noites que mal durmo. Sinto a presença de alguém em meu quarto, tentando se comunicar comigo, e quando abro os olhos vejo Augustus.

Lélia sabia dos sonhos proféticos de Milla, que nunca errara nada: tempestades, crises em Roma, pessoas prestes a adoecer ou morrer.

– Tranquilize-se, Milla. Tenho certeza de que meu Augustus está bem. É um soldado bem treinado e foi recentemente promovido por bravura.

Mas com voz tateante, Milla prosseguiu:

– Lélia, temo que as notícias possam chegar aqui tarde demais. Estou muito aflita com seu esposo. Também preciso confessar que sinto muitas saudades de Gaius, que nunca passou tanto tempo longe.

Ao ouvir aquele nome, Lélia mudou suas feições, baixando a cabeça para ocultar seus sentimentos.

– Sei que ele a ama, Lélia. E, pelo que sinto, é correspondido. Você também o ama, não?

Lélia estava visivelmente constrangida.

– Não se envergonhe, Lélia. Sei que é uma jovem leal e honrada – disse Milla, sincera. Imagino o sacrifício de dois seres que se amam e se mantêm voluntariamente separados. Entendo que esse distanciamento é necessário. Gaius, embora liberal em muitas coisas, nunca agiu de forma incorreta e jamais comprometeria a felicidade do filho.

– Milla – disse-lhe Lélia, contemplando dentro de si –, jamais, creia-me, olhei ou desejei outro amor que não o de Augustus, até que fui como que despertada pelo senhor Gaius de algum torpor distante e profundo em que meu coração vivia mergulhado.

Mas recompondo-se, completou:

– Algo mudou dentro de mim e lutarei até minhas últimas forças para ser uma esposa digna, combatendo este sentimento que me corrói dia após dia.

Lélia já não controlava as lágrimas, talvez por vergonha de ter sido descoberta, ou quem sabe, pela saudade de Gaius. Permitia, mais uma vez, que a culpa lhe maculasse o coração.

– Sou uma pecadora. Temo o inferno mais que tudo!

– Lélia – explicou-lhe Milla com firmeza –, sei que o amor que você e Gaius sentem um pelo outro atravessou milênios, incólume e imutável. Saiba que vejo tais coisas desde menina e, não sei por que, o sentimento de ambos me compadece o coração.

E, percebendo que Lélia começava a simpatizar com sua narrativa tranquila e isenta de desaprovação, prosseguiu:

– Amo Gaius e sempre o amarei. Ele nunca escondeu de mim o fato de não me amar como eu desejava, mas também nunca me iludiu com falsas promessas. Tentei alertá-lo de que sua chegada traria pesar para sua alma, mas... quem pode mudar o destino? A teia das Moiras[13] é fiada no silêncio.

– Sou grata por sua compreensão, Milla. Poderia ter sido ríspida comigo e nunca o foi. Saiba que Gaius jamais me abordou de forma intempestiva e sei que ele nutre grande afeto por você. Sufocarei este sentimento para sempre e quando Gaius retornar me retirarei para a Gália. Creio que a distância será minha mais fiel amiga.

– Lélia, talvez não possamos controlar o destino como desejamos. Preocupa-me agora o estado de Augustus. As mulheres de minha família sempre tiveram o dom de conversar com os que se foram e sabe-se lá o que a revolta pode fazer a eles. Muitas vezes faço sacrifícios aos deuses por espíritos que me pedem ajuda, mas ultimamente tenho notado que tais sacrifícios os acalmam cada vez menos. É como se precisassem de algo mais, além de mirra, incenso e oferendas, para se libertarem de dores avassaladoras.

Decidiu então contar-lhe um fato curioso:

– Dias atrás, um sacerdote que morreu aqui em Timgad manifestou-se na noite e me pediu ajuda. Sentia-se

[13] Na mitologia grega, as Moiras eram três irmãs que fiavam o destino dos seres humanos.

perdido e sabia que eu podia vê-lo. Lembro-me de suas palavras, implorando que eu orasse com ele a fim de cessarem as perseguições que sofria sem entender o motivo. Orei para que os deuses o amparassem, mas ele continuava aflito a me pedir auxílio.

Milla prosseguiu, relatando o que sucedera no dia seguinte:

– Soube então da existência de um ancião que ajudava muitas pessoas a se curarem de males do espírito. Seu nome é Aristeus e vinha de uma das ilhas próximas de minha pátria. Ele vivera alguns anos na Palestina como comerciante de azeite e se convertera ao cristianismo, alegando que seu próprio filho fora curado por um cristão quando contraíra lepra. Convertido e batizado como cristão, Aristeus foi rejeitado pela família, que lhe subtraiu o próspero negócio. Viu-se então sozinho e buscou orientações dos seguidores do tal Messias, que lhe recomendaram o estudo e a pregação aos que necessitassem, dizendo-lhe que somente assim voltaria a sentir alguma paz e alegria de viver.

E concluiu:

– Ele então passou algum tempo junto dos seguidores, aprendendo mais sobre aquele a quem chamavam de Messias. Transformado em seu coração, Aristeus retirou-se para cá e costuma dar luminosos ensinamentos e testemunhos aos que aqui vivem.

– Sim – respondeu Lélia –, Prisca e Linus falam dele e sei que curou algumas pessoas de estranhos males do espírito, inclusive da doença dos deuses. Soube que se reúnem em singela assembleia todas as tardes para orarem ao Deus único.

Milla prosseguiu:

– Fui então até ele e pedi ajuda para o sacerdote aflito, que se fez presente ali mesmo, por estar imantado a mim, como me explicou Aristeus. Lembro-me de pouca coisa, já que o pobre sacerdote dominava meu corpo. Mas sei que Aristeus orou de forma tão tocante, que caí em lágrimas e senti sincero alívio. Depois disso, nunca mais o sacerdote reapareceu, mas sinto que ele está bem.

E propôs:

– Penso, Lélia, que talvez devêssemos procurá-lo para pedir que ore por Augustus. O que acha?

– Acalme-se, Milla. Sei que Augustus está bem. Não se

preocupe. Ele voltará em breve da Palestina. Em todo caso, agradeço por sua visita e quero que venha mais vezes, pois me sinto feliz a seu lado. Sei que me compreende e não condena meus sentimentos.

– Prometa-me, Lélia, que se mudar de ideia me avisará prontamente, para irmos até Aristeus.

– Sim, prometo.

E despediram-se, sem que Lélia se inquietasse. Acreditava que Augustus estava bem e logo retornaria para ela. Acreditava que ambos iriam, mais tarde, mudar-se para a Gália e cuidar das terras de seu pai.

Tolo o ser humano que acredita que o destino deixa pontas soltas. Em minutos, nada mais que minutos, uma fatalidade pode mudar todo o rumo de uma vida.

22. A sombra

A noite veio mais cedo, porque uma tempestade sem precedentes – evento raríssimo naquelas terras – formava-se de súbito, impondo coloração lúgubre aos aposentos de Lélia. Em um quarto contíguo estavam Astarte e Petronius. Não longe dali, Prisca e Linus repousavam também.

Lélia dormia um sono agitado e tinha a respiração ofegante, como se estivesse a inalar um ar corrompido. Prisca, intuitiva e sempre atenta à menor mudança no estado da jovem, foi até o quarto e abriu uma pequena janela para que o ar fresco adentrasse o ambiente.

Olhou para Lélia e estranhou vê-la tão agitada no sono. Sentou-se a seu lado e começou a orar para que ela se apaziguasse.

Assim compenetrada, Prisca em pouco tempo adormeceu também, o que se tornava mais frequente em sua idade já madura.

Foi então que Lélia passou a agitar-se ainda mais. Em seu conturbado sonho, via Augustus ferido a pedir-lhe ajuda:

– Lélia, amada esposa... Há dias que a chamo, mas não me ouve. Preciso de ajuda... Uma pérfida cilada foi armada para minha patrulha e fomos feridos. Alguns morreram, creio eu. Acorde, Lélia! Ajude-me...

Em seu sonho, Lélia desesperava-se ao ver a palidez cadavérica de Augustus, que sangrava profusamente. Procurava em vão abraçá-lo, sem conseguir alcançar o esposo ferido. Ela pedia desesperadamente por ajuda, mas uma nuvem espessa o envolvia, arrastando-o para longe, em meio a assustadoras gargalhadas e gritos.

– Matem o romano! – ela ouvia. – Mate-o mil vezes!

Inutilmente tentava identificar as vozes. Acordou soluçando e foi consolada por Prisca, que também ouvira estranhos ruídos no quarto. Os outros prontamente despertaram.

– O que aconteceu? Ouvi gritos vindos daqui – disse Petronius, alarmado. Lélia, assustada, cobria-se com o lençol de linho branco.

Prisca, apavorando-se, indagou-lhe:

– Lélia, está ferida? O que aconteceu? De onde vem este sangue?

Em desespero, ergueu o lençol que cobria Lélia. Não havia nenhum ferimento, mas as mãos tinham manchas de sangue que marcavam o tecido.

Chorando, Lélia relatava a seus protetores:

– Augustus morreu. Agora tenho certeza... Eu o vi em meu sonho. Senti sua presença desesperada, a pedir-me ajuda. Dizia que sua patrulha sofrera um ataque traiçoeiro e que alguns estavam mortos. Augustus está morto, eu sinto que está... – E chorava descontroladamente.

Astarte, para acalmá-la, preparou-lhe uma infusão que aos poucos a recompôs e a fez voltar a dormir, desta vez profundamente.

Não bastasse o ocorrido da noite, Astarte e Prisca assustaram-se ao verem, na manhã seguinte, que as manchas de sangue nos lençóis haviam coagulado e exalavam um aroma fétido, como se fossem de um cadáver morto há dias.

– Prisca – disse Linus ao saber –, precisamos orar com mais devotamento esta noite. Sinto que algo sinistro ocorre aqui.

Nesse instante, chegava Milla, que os encontrou preocupados em outra parte da moradia. Ela também tivera pesadelos, mas neles era Lélia que estava em perigo.

– Veja o que aconteceu esta noite – disse-lhe Prisca, preocupada. E lhe estendeu os lençóis manchados.

Ao vê-los, Milla ficou paralisada. Repentinamente, seus olhos se cerraram e ela começou a se contorcer, apoiando-se em um móvel, como se algo desejasse comandar seu corpo. Entrou em transe em seguida, caindo de joelhos ao chão e gritando convulsivamente de dor.

– Ajudem-me... Ajudem-me... Fui ferido! Fomos emboscados na escuridão... – Milla se retorcia, detendo-se apenas quando Petronius gritou:

– Quem é você? Afaste-se desta casa!

Ensandecida, Milla virou-se e ergueu-se com tal rapidez que Petronius mal conseguia desvencilhar-se. Ela agarrou-lhe o pescoço, quase o sufocando, ignorando-lhe o tamanho por completo.

– Inútil! Com quem pensa que fala? Sou Augustus, filho de Gaius e membro honorável da Ordem Equestre. Como ousa me interpelar? Vá buscar ajuda para seu senhor!

Petronius, que nada nunca temera, reconheceu a voz de Augustus e pôs-se a orar. Em segundos, juntaram-se a ele Linus, Prisca e Astarte.

Nunca haviam presenciado algo parecido. Trêmulos, as palavras mal lhes saíam dos lábios.

Milla então tombou desacordada. Aos poucos, sua túnica alva se tingia de sangue e, assim como ocorrera com Lélia, nenhum ferimento pôde ser encontrado.

– Prisca – instruiu Linus –, nenhuma palavra disto com Lélia. Ela já está demais assustada. Não precisamos agravar seu estado.

Milla, recobrando os sentidos, disse-lhes:

– Receio que algo terrível esteja prestes a acontecer. Precisaremos do auxílio do velho Aristeus. Somente ele poderá nos socorrer. Vou procurá-lo enquanto é tempo.

23. Na outra Roma

Era verdade: Augustus estava morto. Ele e parte de sua tropa haviam sido emboscados por rebeldes que lutavam pela liberdade.

O soldado despertou no mundo espiritual sentindo muito frio. Olhou ao redor, sem distinguir com clareza seu entorno. Sentia os olhos lhe pesarem e caiu em profundo sono novamente. Não conseguia estimar quanto tempo assim ficou, despertando, dormindo, redespertando...

Uma sede terrível o assolava e dores lancinantes intermitentes faziam o extenso corte em seu peito sangrar em profusão. Sentia-se imantado ao chão lodoso, sem quase conseguir se mover. Tentava em vão alcançar a espada à cintura ou chamar seus soldados.

Considerável tempo assim transcorreu, e ele, antes altivo e corajoso, agora rastejava no solo pegajoso a pedir ajuda e clamar por sua legião. Estava morto e, diferentemente do que esperava, os deuses não o receberam com uma coroa de louros. Não encontrara vinho e belas mulheres a aguardá-lo como herói tombado em combate.

Um homem de razoável porte e trajado como antigo soldado então se aproximou e ordenou, chutando-o:

– Levante-se! Os que despertam devem me seguir. Não vejo halo nenhum de luz em sua fronte. Você, portanto, não é um dos eleitos.

Enquanto Augustus tentava extrair algum sentido do que ocorria, o homem se apresentou:

– Sou Rômulo, soldado desta cidade. Venha comigo se quiser melhor planejar sua *vindicta*[14]. Nosso general lhe dará oportunidades de desforrar-se de seus inimigos.

Crendo que aquele soldado, apesar da rispidez, lhe tivesse algum companheirismo, Augusto estendeu-lhe a mão, pedindo ajuda.

– É o que me faltava! Eu, soldado romano, estender minhas mãos a você, um mísero vitimado pela própria imprevidência. Rasteje, animal, como fará daqui em diante!

Inconformado com a insolência, embora acostumado à rudeza da vida militar, Augustus calou seu orgulho ferido e, ainda cambaleando, seguiu o soldado.

No caminho, viram outros, a quem Rômulo saudava:

– Vingança e Glória, Rômulo! Vida longa ao Imperador das Sombras!

E os demais respondiam:

– Vingança e Glória, Rômulo!

– Mas... – perguntou Augustus, atônito – todos aqui se chamam Rômulo?

Rômulo riu-se e disse apenas:

– Tem muito a aprender aqui, infeliz. Sim, somos todos Rômulos. Aqui o nome do fundador de Roma reveste-se de pompa e é atribuído a todos os servidores do Imperador das Sombras. Cale-se e me siga!

Confuso e assustado, Augustus ainda comentou:

– Esta cidade me lembra Roma, nossa pátria maravilhosa, mas vejo monumentos corroídos, como se o tempo os tivesse dilapidado. E esse vento gelado incessante... Nunca o senti em Roma.

– Com o tempo, irá entender, infeliz. Saiba que está morto e a partir de agora você servirá a nosso imperador!

– Morto, eu? Impossível. A qual legião você pertence?

Mas calou-se de súbito, ao avistar a silhueta de um imponente palácio, que lhe evocava uma cópia tosca do Palatino, a soerguer-se em meio a espessa penumbra. Ao lado dessa construção, outras edificações desarmônicas se mesclavam à neblina cinzenta, como que corroídas pelo tempo.

Aquela não podia ser sua esplendorosa Roma, com certeza.

Caminharam algum tempo ainda entre ruas escuras e vielas malcheirosas, como que moldadas por um estranho

[14] 'Vingança', em latim.

lodo. Desta vez, preferiu manter-se calado. "Só posso estar em um pesadelo... Ou algum encantamento maléfico me arrastou a estas terras", pensou, tentando ainda situar-se.

Chegaram às portas do que aparentava ser um palácio imperial, mas que, como tudo ali, parecia estar ruindo pouco a pouco. Caminharam até um pátio sombrio iluminado por tochas de luz avermelhada. Rômulo apontou para um banco de pedra e ordenou que Augustus ali sentasse.

Naqueles bancos gelados, que mais eram rochas brutas escorregadias, Augustus viu outros tantos soldados, ainda atordoados pelo brusco desencarne recente, que aguardavam o momento de serem ouvidos pelo governante supremo daquela cidade obscura.

Augustus sentou-se, fatigado pela caminhada. O ar era irrespirável e o corpo lhe doía. A sua frente, viu então um soldado atarracado, de aspecto repulsivo, vestindo uma pele de lobo sobre o uniforme. Este o encarou agressivo e disse:

– Mais um maldito equestre recém-chegado. Saiba que aqui somos todos iguais. Não há patentes para nos diferenciar. Somos almas caídas e pleiteamos vingança contra os que nos prejudicaram. Por isso desejamos que nossos inimigos nos façam companhia nestes infernos, para que os possamos torturar.

E continuou:

– Eu mesmo morri na campanha da Gália faz alguns dias e espero ansioso o momento de poder me vingar dos que se apoderaram de meus bens. Desejo vingança contra minha esposa e meu genro, que são adúlteros e me caluniam.

Apesar do desconforto frente àquela presença, Augustus teve sua curiosidade despertada:

– Alguns dias? Fala da campanha da Gália, da qual Júlio César saiu vitorioso?

– Claro que sim! – desferiu o soldado em resposta. – Qual mais haveria de ser?

E caiu em sarcástica gargalhada, em meio à qual Augustus comentou:

– Essa campanha militar, soldado, ocorreu há mais de cem anos. Está aqui desde então? Não entendo nada... Onde estou então? Que lugar insensato é este?

Uma bofetada desse Rômulo calou-o imediatamente. Os olhos vermelhos do agressor o constrangeram novamente ao silêncio. Desejava estar sonhando, mas tudo lhe parecia vívido demais.

– Cale-se, morto infeliz. Aguarde sua vez para receber a graça de nosso imperador!

Ainda desorientado, Augustus aquiesceu, acabando por adormecer ali sentado, na escuridão. A seu lado, soldados às centenas, a perder de vista, também aguardavam, alguns ainda com uniformes e estandartes de tempos muito antigos. Na maioria, traziam algum ferimento repugnante e acreditavam que o imperador iria lhes garantir a oportunidade de vingança ou de retorno à batalha.

Enquanto isso, em Timgad, Astarte dirigia-se a Lélia, informando que um mensageiro a aguardava no salão principal e que vinha em nome de Gaius.

Toda vez que Lélia ouvia este nome, a felicidade lhe invadia o coração. Que sortilégio seria este, ela pensava, que resiste ao tempo e à distância de forma tão misteriosa?

Os eventos de dias atrás estavam adormecidos em sua mente e ela continuava sua rotina sem mais pensar no que ocorrera, atribuindo o pesadelo a algum alimento indigesto.

– Sou Lélia. O que deseja? – indagou ao mensageiro.

– Venho em nome do senhor Gaius informar que ele chegará no final da tarde. Pede que preparem seus aposentos.

– Só isto? É apenas esta a mensagem?

– Tenho outra também, mas recebi ordens para dá-la apenas a Petronius.

Supondo tratar-se de ordens sobre a propriedade, Lélia mandou chamar o guardião. Enquanto isso, dirigiu-se ao jardim, para pedir ao Deus dos cristãos que a ajudasse a desenvolver um amor verdadeiramente filial por Gaius ou então que conseguisse esquecê-lo de vez.

Ao longo da manhã, Lélia notou que Petronius se transformara, de alegre e loquaz, em taciturno. Não entendendo o motivo de tal contrariedade, preferiu ocupar-se da casa, dando ordens para que tudo estivesse impecável na chegada do sogro.

Pediu para chamarem Milla, a fim de que Gaius tivesse a agradável companhia de sua devotada amiga ao retornar.

Ao cair da tarde, Lélia arrumou-se e aguardou ansiosa a chegada de Gaius.

Este, tão logo passou pela porta de entrada, causou espanto a Lélia, que o viu cabisbaixo e trajado em manto escuro, como nunca o vira vestir. A barba estava raspada, revelando um rosto tristonho, cuja palidez a impressionou fortemente.

– Seja bem-vindo, senhor Gaius – saudou-o comedidamente. – Vejo que está pálido... Sente-se bem?

E não pôde deixar de perguntar-lhe:

– Por que usa toga escura?... – mas calou-se de imediato, deduzindo por fim a razão. Seus sonhos, a mudança de humor em Petronius... Tudo fazia pleno sentido. Augustus estava morto.

Um golpe de espada teria lhe infligido menor dor. Abalada, deixou-se cair ao chão como uma folha perdida. Em lágrimas, foi amparada por Milla e Astarte, que a recolheram aos aposentos, de onde só viria a sair meses depois.

Gaius, lacônico, sentou-se em seu gabinete e assim permaneceu. Queria abraçar Lélia, consolá-la, mas a dor da perda do filho não lhe deixava energia para qualquer gesto benevolente. Lélia, por sua vez, via-se perdida. Não tinha mais ninguém.

Pouco se alimentou nesse período. Sua tristeza era tanta que seus servos choravam com ela e lhe suplicavam que reagisse e continuasse a viver.

Por fim, caiu doente e pediu a seus companheiros que orassem por ela. Disse-lhes pressentir que partiria em breve.

– Ensine-me a orar, Prisca. Se nenhum mal fiz nesta vida, ainda assim tenho muito pouco de bondade a mostrar no paraíso... Preciso apenas aprender a pedir perdão. – E chorava.

Milla e Astarte velavam seu sono e traziam-lhe poções, cada uma de sua pátria de origem, buscando reanimá-la. Sentiam, porém, que Lélia abandonaria o corpo a qualquer momento.

Gaius, por sua vez, não se ocupou de Lélia. Não a consolou, nem mesmo lhe fez qualquer cordial visita. Apenas afundou-se em sua rotina insana de afazeres, como a fingir para si mesmo que a perda do filho não sucedera de fato. Cada um encontra em si mesmo os recursos para acalmar as dores da alma.

Julgar tais iniciativas íntimas de sobrevivência frente à dor extrema nos seria no mínimo falta de caridade.

Certa manhã, Milla se aproximou de Gaius e disse-lhe:

– Gaius, temo que Lélia morra. Nada a faz alimentar-se ou sair de seus aposentos. Talvez se lhe falasse... O médico diz que ela está se entregando aos braços da morte.

Gaius então ergueu-se bruscamente:

– Que ela morra então e faça companhia para meu filho, que foi assassinado naquelas malditas terras estrangeiras!

Mas Milla o contestou:

– Bem sabe que seu coração e seus olhos desmentem suas palavras, Gaius. Seu amor por Lélia é acaso tão tênue que prefere também vê-la morta?

Novamente exposto em seu segredo mais profundo, e ao mesmo tempo sabendo que nunca poderia esconder nada de Milla, caiu de joelhos e chorou, quem sabe pela primeira vez.

– É meu castigo, Milla, meu castigo por desejar a mulher de meu filho... Maldito seja eu! Por que os deuses não me levaram no lugar dele? Por que colheram meu filho tão cedo?

Durante dias, Milla apenas o consolaria, aguardando o momento de poder levar-lhe palavras confortadoras dos cristãos, que agora também faziam parte da vida dela mesma. Convertera-se aos poucos, através dos exemplos de Prisca, Linus e Aristeus.

24. O pacto de Rômulo

Augustus agora sabia: estava aprisionado naquela região nefasta. Após uma espera que lhe pareceu infindável, finalmente foi chamado para uma conferência particular com o dirigente daquela cidade: o imperador, para cujo lúgubre salão foi grosseiramente empurrado.

– Entre, meu tão prezado jovem. Já o aguardo faz algum tempo... Reconhece-me?

Augustus ergueu os olhos à orgulhosa figura, que, à maneira de um monarca romano, envergava um manto púrpura, porém esgarçado. Sim, ele sabia de quem se tratava. As esculturas que vira faziam pouco jus aos traços grotescos daquele homem. O recém-chegado ajoelhou-se em respeito.

"Então a morte não é como me haviam descrito...", refletia Augustus. Dava-se conta que a recompensa que lhe fora dada após perecer era esta: a servidão. "Os deuses certamente me abandonaram", cogitava. Afinal, onde estavam as glórias que deveriam estar aguardando tão devotado soldado?

O soberano o mirou irônico e estendeu-lhe a mão para que beijasse seu pesado anel em forma de cabeça de touro.

– Não esteve pensando que seres insensatos e inconsequentes como você mereçam os Campos Elísios, não é, meu caro Augustus? Há muito que o observamos e ansiosamente o esperávamos para que viesse a nosso lado.

Aprumando-se no trono, bradou então:

– Somos os abandonados do mundo e a escória da humanidade! Somos aqueles que perpetuam toda vingança e a autorizam ou não!

E sentou-se em seu trono marmóreo, forrado com tecidos purpúreos.

– Esqueça-se de seu nome, meu jovem. Não passará agora de mais um Rômulo. Você, soldado desventurado, me servirá nas Sombras. Deseja vingar-se? Saiba, antes de mais nada, que nem todos os que estão na carne podem sofrer uma vingança de imediato.

E acrescentou:

– Conheço bem você, meu caro hóspede. Já nos encontramos em outras vidas e, particularmente, seu comportamento sempre me agradou. Seu pai, entretanto, me é odioso... Aquele infeliz me aprisionou e nunca o perdoarei!

Suspirou então, orgulhoso, antes de prosseguir:

– Saiba que é preciso ouvir o íntimo de cada um e verificar se existe um elo com o tal Cordeiro. Esse elo parece fortalecer sobremodo os que vivem na carne e os afasta de forma inexplicável de nossa vingança. Se soubessem quanto a crença no Cordeiro os protege, estaríamos perdidos.

Mas, percebendo a atenção silenciosa de seu interlocutor, indagou:

– Diga-me, Rômulo: de quem deseja vingar-se?

Augustus pensou imediatamente na emboscada que sofrera e sentiu-se uma vítima infeliz do destino. No mesmo instante, o imperador leu seu campo mental e irrompeu em gargalhada escarnecedora:

– Então se acha inocente, infeliz? Acredita que foi emboscado injustamente?

E, puxando-o para perto de seu rosto, desferiu-lhe:

– Lembra-se dos abusos cometidos por você e sua infame legião contra gente inocente que se reunia em oração em templos improvisados? Lembra-se de que, embora não tenha feito pilhagens nem abusado das mulheres, nada fez para impedir que os homens sob seu comando o fizessem?

Empurrando-o para longe, concluiu:

– Você é um estúpido e seu orgulho o impediu de perceber que o povo dominado iria lutar pela própria liberdade, como você mesmo o faria se Roma fosse saqueada. Acaso acredita que o amor que sente por Roma seja maior que o dos judeus por sua própria terra, conspurcada pelas hordas romanas? Eu senti essa ira na própria pele. Quantas vítimas inocentes você fez ao defender sua pátria?

Augustus apenas balbuciou, envergonhado:

– Senhor, sou um soldado e servi ao império. Como posso ser culpado por cumprir com minha obrigação?

– Cale-se, infeliz! Sou aqui mais que um imperador. Sou a lei! E o julgo devedor. Se fosse inocente, sua consciência não o traria até este mundo das Sombras.

E prosseguiu:

– Você, infame, permitiu calado os abusos e sentia até alegria em passar sua espada pelo pescoço de inocentes. Foram quantos? Não se lembra? Foram nada menos que seiscentos e vinte e cinco, passados um a um pelo fio de sua espada!

Como se recordasse de cada uma dessas desnecessárias mortes, Augustus ajoelhou-se arrependido, mas via-se incapaz de suplicar perdão.

O imperador continuou:

– Escolha me servir ou será imerso no lodaçal do esquecimento, onde seu remorso e sua culpa o farão adormecer por séculos, anestesiado, até que se transforme em massa amorfa e sem paz. Lá, no lago de lodo, minha estimada servidora, a Serpente, cuidará de você e se alimentará de suas memórias...

E deu-lhe um ultimato:

– Decida agora, mas saiba que se escolher servir-me, como aliás estou certo que irá, já que não passa de um covarde, poderei ajudá-lo a vingar-se dos que o traíram. E não pense que me refiro aos inocentes mortos por você. Falo de seu pai e de sua esposa, que em breve se tornará amante dele...

– Meu pai e Lélia? Que ideia mais absurda.

O imperador imediatamente acessou a cena ocorrida tempos atrás sob o espinheiro florido e a plasmou no campo mental de Augustus.

– Observe, Rômulo: eles se amam há muito tempo... Você, sempre ocupado defendendo Roma, enquanto os traidores trocavam juras de amor.

Ao ouvir tal revelação, Augustus tombou inerte ao chão. O imperador, feliz em ter atingido seu objetivo, sorria cinicamente assistindo os desdobramentos da dor que infligira.

Nesse instante, um soldado entrou assustado e, dirigindo-se ao imperador, informou que um servo da Luz insistia em vê-lo com urgência. O assunto dizia respeito a Augustus.

– Bando de desocupados! Vivem na Luz e ainda assim insistem em nos importunar. Mas infelizmente nossa trégua não me permite negar-lhes o pedido. Mande-o vir!

Augustus então viu entrar um homem negro como os núbios, muito alto, de semblante sereno, vestindo trajes ornamentados como os que ele já vira em povos africanos.

– Eu o saúdo, Imperador! Sou mensageiro da Luz, servo humilde do Bem. Meu nome não importa.

– Todos aqui que não são Rômulos devem ter um nome – resmungou o monarca.

– Chame-me de Angelus, então[15].

Contrariado, o imperador arremedou em tom azedo:

– A que devo tão inoportuna visita? Não vê que estou em meio a um julgamento? Não guardo lembrança de haver desrespeitado nenhum acordo entre a Luz e as Trevas.

– Nenhum mesmo, Imperador. O Senhor nunca o fez. Estou aqui para interceder em favor do soldado Augustus. Desejo falar com ele antes que faça sua escolha, para que pense muito bem antes de tomar decisão tão séria.

– Faça como desejar, Mensageiro. Tenho certeza de que este infeliz me pertencerá. Pode começar com suas balelas inúteis.

Voltando-se a Augustus, o mensageiro disse-lhe sereno, porém firme:

– Jovem Augustus, sou apenas um mensageiro de almas que muito o estimam e jamais o abandonariam à própria sorte.

E revelou-lhe:

– Fui Kabhir e Hakesh no passado e estou ligado a você por laços seculares. Venho rogar-lhe que me acompanhe até Ashwattha, onde poderá se refazer deste amargo desencarne e preparar-se para nascimento próximo, no ventre de sua querida Lélia. Não abra mão de tão valiosa oportunidade, Augustus. Poucos podem renascer em tão pouco tempo e isto lhe está sendo concedido porque as circunstâncias favoráveis a seu renascimento se farão presentes em breve.

– Filho de Lélia? Minha esposa? Como poderei? Lélia se casará novamente? Jamais aceitarei tal proposta!

[15] Nome latino, de origem grega, que significa 'Mensageiro'.

– Não se precipite, Augustus. Aproveite esta oportunidade para encerrar um ciclo de vidas voltadas à perseguição mútua e ao cultivo da ira. Venha comigo para onde poderá repousar e preparar-se para a finalização de sua tarefa redentora junto a seu pai e Lélia. Ninguém pode prender você aqui contra sua vontade.

– E como ficarão meus assassinatos, meus crimes? O imperador me disse que serei condenado, porque sou um assassino!

– A Lei Divina, Augustus, se aplica a todos e sempre considera a época e o local em que foi violada, bem como o grau de consciência individual. O bem é sempre o bem e o mal é sempre o mal, e isto é inquestionável. Primeiro a conscientização amorosa; depois a reparação misericordiosa. Não tema o resgate que se faz necessário para seu aprimoramento. São muitos os meios de servir e quitar os débitos adquiridos. Você já caminhou sensivelmente desde suas últimas encarnações e a semente do bem já brota em seu coração. Regue-a com o suor de seu esforço pessoal.

Notando traços de receptividade em seu interlocutor, incentivou-o:

– Sei que me compreende o raciocínio, Augustus. O sofrimento que espera receber pelos crimes que cometeu pode ser resgatado com seu trabalho incessante pelo bem-estar de seu próximo. Ampare e proteja aqueles que foram vitimados por sua espada e lhes dê motivo para perdoá-lo nas próximas existências. A espada é um recurso do homem embrutecido e não de nosso Pai.

E completou:

– Seu nascimento como filho de Lélia o ajudará a dar o primeiro passo, já que em breve ela se converterá ao cristianismo. Um amado irmão chamado Aristeus irá influenciá-la de modo muito positivo. Ele foi um dos que intercederam por você, para que eu pudesse ampará-lo antes de sua escolha, que poderá ser fatídica.

O imperador, vendo que seu réu titubeava em decidir-se e parecia prestes a ceder ao apelo amoroso que lhe era trazido, avizinhou-se dele e colocou a mão sobre sua testa, transmitindo-lhe seu próprio campo mental, suscitando-lhe rememorações que o impeliam a reviver o passado adormecido.

Virando-se então a Angelus, disse-lhe:

– As Trevas também têm seus meios de recrutamento,

meu caro. Todos eles muito eficientes!

E, novamente voltando-se a Augustus:

– Observe bem, Rômulo: sua esposa já amava seu pai desde séculos. Aquele infame, que tanto o prejudicou no passado, ama Lélia desde que a viu pela primeira vez, e empurrou você a uma carreira militar a fim de obter-lhe a mulher.

Propôs-lhe então:

– Tenho soldados que a guardam dia e noite, Augustus, e a trarão para perto de você em breve, se me servir com lealdade. Vingue-se de Gaius e de todo o mal que ele lhe causou. Lave sua honra com o sangue de seu pai! Não aceite o perdão, que não é prêmio digno de um soldado.

Percebendo que suas palavras surtiam o efeito desejado, continuou:

– Não há perdão para seus erros, soldado. Não acredite neste mensageiro da Luz!

E com intenso poder hipnótico, enviou fortíssimas imagens mentais de vidas pregressas, que transtornaram Augustus convulsivamente.

– Contemple o passado Augustus: sempre Lélia e Gaius a lhe enganarem sem remorso. Junte-se a mim e vamos nos vingar... Eu mesmo odeio seu pai, que pessoalmente me prejudicou!

Augustus respirou fundo, imerso em inconformismo. As lembranças lhe feriam o orgulho e, aliadas à culpa pelos atos recentemente cometidos, causavam-lhe extenso torpor mental. O ego ferido e o orgulho dilacerado haviam falado mais alto.

– Augustus – disse o mensageiro –, o bem não atua dessa forma constrangedora e só estou autorizado a lhe oferecer nossa ajuda fraternal para seus enfrentamentos futuros. Mas será imprescindível seu próprio esforço para vencer a si mesmo. Esqueça-se desse passado em que foi ferido e também feriu e volte-se para Jesus definitivamente.

Um repentino ataque de tosse irrompeu em Augustus. Uma dor lancinante talhou-lhe o peito. Via a si mesmo como Nimit, e a Lélia como Nalini. Sentia o desprezo da jovem por ele.

– Afaste-se de mim, Mensageiro – disse ele então. – Não desejo a Luz! Por que ela não me protegeu da morte e das traições? Nas trevas, onde já exerci meu domínio um dia, a oportunidade de vingança tão desejada me aguarda.

Jamais nascerei filho de Lélia e nunca permitirei que ela e meu pai se unam.

O imperador sorria satisfeito. Angelus então olhou com perceptível pesar para Augustus e retirou-se, dizendo:

– Continuaremos a orar por todos, caro irmão. Quando soar a hora e a última gota de sua vingança estiver esgotada, estaremos a seu lado, mas infelizmente com oportunidades diversas das que lhe foram hoje trazidas. Adeus, Augustus.

25. O bom cristão

Quase um ano após a morte de Augustus, Lélia pouco deixava seus aposentos. Permanecia entretida com seus jardins, esporádicas leituras, os repetidos jogos e sua cama, que se tornara sua mais frequente companhia ao longo de seu tormento.

Sentia um misto de culpa e absoluto abandono. Dizia a si mesma:

– Quer exista apenas um Deus ou vários deuses, eles sempre me abandonam. Por que me colocam sempre à mercê dos homens? Por que tiram de mim meus maiores afetos e, além de tudo, me impedem de viver o amor verdadeiro?

Sua mente vagava entre a revolta e o inconformismo, traços ainda marcantes de seu espírito.

– Mais uma vez, estou só. Minha vontade não é considerada e meu coração nunca será livre para amar quem eu queira. Só me permitem fazer o que mandam. Meu pai, meu marido, meu sogro, a lei romana... todos se sobrepõem a mim.

Repetia-se a saga de Nalini e Parijat, que se viam como injustiçadas e abandonadas, sujeitando-se ao jugo pesado dos homens. Mesmo colocada estrategicamente pelos protetores espirituais entre bons cristãos que lhe exemplificavam dia após dia que a revolta é má conselheira, ela enveredava novamente pelas estradas acidentadas do inconformismo. A resignação ainda não fazia parte de seu espírito, mas o bem é paciente.

Ao dormir, era visitada por Agha e eventualmente por Kabhir, que a instruíam a manter a esperança e a fé na bondade divina, que nunca abandona os que sofrem.

Kabhir, cuja influência orientadora sobre ela era significativa, aconselhava-a a ter paciência, explicando-lhe que oportunamente a voz de seu coração que clamava pela realização afetiva seria ouvida. Mas de nada adiantavam tais intervenções.

Gaius, percebendo que Lélia definhava aos poucos, acompanhava seu estado de saúde, pois preocupava-se de fato com seu bem-estar. Ela, porém, o fazia lembrar continuamente do filho morto. Os laços entre Lélia e Gaius eram profundos, imemoriais e inquebrantáveis e, mesmo que na atual existência estivessem refreados pelas regras sociais e pelo amor que ambos sentiam por Augustus, eram ainda poderosíssimos.

Nalini e Chandan, que viveram tantas existências voltados apenas um ao outro, não importando quem sofresse com tal apego, haviam vencido essa prova, conseguindo, durante o tempo em que Augustus vivera, manter-se afastados e respeitosos, ainda que seus corações os surpreendessem, de modo imprevisível, com situações desafiantes.

Nesse momento da vida de ambos, nova provação se aproximava.

Após meses de preocupante depressão, Lélia, como esperado, estava bastante debilitada. Heitor, o médico, tentara em vão fazê-la reagir. Apesar de todos os cuidados, a cada dia ela fenecia mais.

Gaius, sem mais poder evitar encontrar-se com a nora, e sabendo de seu estado, finalmente decidiu-se a ir até seus aposentos pela manhã e chocou-se ao encontrá-la naquelas condições.

– Saiam todos – ordenou. – Quero falar com ela a sós.

Sentou-se então onde ela repousava e tomou-lhe as mãos, agora inertes, macilentas e sem a cor de outrora.

– Lélia, sei que sofre pela perda de Augustus. Peço-lhe que não me puna ainda mais deixando-se morrer desta forma. Rogo-lhe que se alimente e tome os medicamentos trazidos por Heitor.

Exausta e mostrando a face pálida, sem reunir forças para reagir ao torpor que a dominava, ela permitiu que Gaius tocasse suas mãos e sentiu, de súbito, uma corrente de vida a percorrer-lhe a espinha. A vida lhe retornava.

O magnetismo daquele espírito tão antigo quanto ela e já em franca fase de redenção revelava-se providencial. Lélia voltou-se e sorriu.

– Venha – disse ele. – Vamos até o jardim, que sei que tanto adora. O sol a ajudará a recuperar-se.

E ordenou:

– Abram estes aposentos. O médico Heitor pediu que o ar circulasse e que a luz do sol entrasse pela manhã e à tarde!

Lélia então tentou mover-se em direção a Gaius, mas imediatamente começou a sentir-se mal, com sinais de exaustão. Assustado, Gaius tentou pegá-la em seus braços, mas ela pôs-se a chorar, gritando que a deixassem morrer.

Nesse instante, Petronius chegava, acompanhado de Aristeus, que a pedido de Milla fora convocado logo ao raiar do dia. Temendo que Lélia não sobrevivesse por muito tempo, Milla pedira urgência na visita do ancião. Ela enxergava estranhas sombras ao redor de Lélia. Seus olhos espirituais jamais a enganavam.

Aristeus dirigiu-se até Lélia, postando suas mãos sobre a cabeça da jovem.

Lélia prosseguia agitada, sob forças que Gaius não sabia de onde vinham. Aristeus pôs-se então a orar, em atitude de compaixão e confiança:

Mestre Jesus, somos teus discípulos tardios, imersos ainda em uma vida de sofrimentos causados por nossa própria invigilância.

Os séculos provarão tua missão divina.

Por agora, teremos que abrir com nossas próprias mãos a estrada redentora, calando nossos queixumes e melindres em prol de nossa própria evolução.

Sabemos que o sofrimento nos constrange ao bem e é para nós poderoso lenitivo que nos reerguerá e conduzirá, ainda que tardiamente, ao amor de nosso Pai.

Nas lutas inglórias que teremos que enfrentar neste caminho de pedras pontiagudas e escorregadias, precisamos dar vida a tuas palavras salvadoras. O perdão das ofensas, a caridade, o amor e a misericórdia nos guiarão por toda a eternidade e farão com que nossa alma caída readquira a pureza com que foi criada.

Não te apartes de nós, tuas ovelhas desgarradas. Nós

te reconhecemos como nosso Divino Pastor.

Somos almas renitentes e insistimos em renunciar aos melhores ensinamentos que os irmãos mais venturosos no amor nos trouxeram, porém agora, após tua gloriosa descida a este vale de sombras, choca-nos ferozmente nosso modo de viver, fere-nos nossa própria ignorância e nos machucam as oportunidades rechaçadas por milênios.

Apieda-te de nós, aqui neste vale de sofrimento que hoje chamamos de lar e te rogamos que auxilie esta tua criança que sofre pela influência de almas que ainda não compreendem a ventura de amar.

Lélia, adquirindo forças que não pareciam provir de si mesma, virou-se então a Aristeus e ordenou:

– Cale-se, velho inútil! Não sairei daqui! Lélia está sendo guardada por mim a pedido de meus superiores e ficarei ao lado dela até que morra, para conduzi-la ao esposo que a aguarda.

A voz se calou. Lélia caiu em profundo sono.

Assustado com o que presenciara, Gaius a acomodou no leito e viu que Aristeus instruía Prisca, Linus, Astarte e Petronius a orarem compenetradamente três vezes diárias – ao raiar do sol, ao meio-dia e no poente –, dando-lhes precisas instruções de como fazê-lo para não afrontar aqueles que das trevas vigiavam Lélia.

Pediu também que a levassem a um aposento em que a luz da manhã a abençoasse com esperanças e que colocassem flores em seu quarto e perfumassem com ervas suas roupas e sua cama, pois o mal que a cercava não apreciava coisas assim benfazejas. Avisou que teriam dificuldades em se aproximar dela e recomendou banhá-la duas vezes ao dia com o preparado que trouxera.

– Orem para que Lélia recobre as forças e lute por si mesma contra a aflição que a assola. Nós a ampararemos e o alto também fará sua parte. Não há perseguições injustas e ela mesma terá que passar a agir e sentir de forma diferente, evitando assim maiores perseguições. O ser humano é sempre o médico de si mesmo.

E acrescentou:

– Percebam, meus filhos, que Lélia, Milla e provavelmente Astarte foram tocadas pelo dom de conhecer o mundo dos espíritos. Vocês sentirão a presença de irmãos necessitados de auxílio que habitam regiões de dor e sofrimento.

Eles se aproximarão na tentativa de serem ouvidos em seu triste desespero. Vocês poderão ainda, caso sejam merecedoras, permitir a aproximação de entes queridos e espíritos que habitam mundos mais felizes e que desejam que vocês transmitam palavras de esperança e alento aos vivos.

Olhou então para Gaius:

– Venha, Senhor. Desejo falar-lhe.

O voluntarioso romano, sentindo a superioridade moral de Aristeus, levou-o até seus aposentos, sem questionar.

– Senhor Aristeus, que feitiço poderoso é este que assola Lélia? Como conseguiu, apenas com suas palavras e sem realizar nenhum sacrifício, afastar a perturbação que a afligia?

Aristeus, acostumado com as crendices romanas, que sempre buscavam explicações simplificadas para fenômenos complexos, respondeu:

– Senhor Gaius, não existe feitiço nenhum em sua nora. O que ocorre é que toda invigilância e todo modo de agir atraem para perto de nós outras almas desafortunadas que sentem afinidade com nossos sentimentos. Buscam em nós o alimento que sacia sua fome. Essas almas percebem nossas culpas e remorsos e se ligam a nós com nossa permissão. Assim ocorreu com Lélia.

E frisou:

– Estes infelizes que agora adentraram sua casa o fizeram com a permissão de todos. A tristeza, a melancolia e a revolta foram convites dirigidos a tais entes. Eles não são bons nem maus. São apenas seres humanos que não têm um corpo como o que no momento usamos, e ainda não sabem, ou não desejam saber, que a vida continua indefinidamente. Não conhecem o bálsamo do amor, do perdão, e assim impedem a si mesmos de seguir em frente. Quem de nós, Senhor Gaius, pode condenar um homem de querer estar ao lado de sua esposa, como é o caso de seu filho?

Aristeus cerrou os olhos por alguns segundos e disse:

– Senhor Gaius, sei que ama sua nora e que ela o ama igualmente. A prova mais difícil foi vencida a contento por vocês, pois abriram mão desse sentimento em prol da felicidade de seu filho Augustus. Finalmente, enquanto esteve vivo, ele usufruiu do amor e do sacrifício de ambos.

Mas alertou-o:

– Teremos agora outra luta, que somente poderá ser vencida se mantiverem o coração puro e dedicarem-se ao aperfeiçoamento moral, que tanto lhes será salutar. Sei que é um bom homem, Senhor Gaius, assim como sei que Lélia, inspirada por sua abnegação, viverá este amor de modo altruísta. Com o tempo, seu filho, amparado pelas forças do bem, será preparado para renascer novamente no seio de sua família. Eu orarei e pedirei para que Augustus seja acolhido pelos servos da Luz, que velam por todos indistintamente.

Gaius, talvez pelo olhar terno de Aristeus, que lhe sensibilizava o espírito, acessava inconscientemente suas memórias dos tempos em que fora Chandan, quando aprendera com Kabhir a lógica da lei de causa e efeito. Em seu íntimo, sabia que Aristeus estava certo.

– Augustus nascerá novamente em minha família? Como isto é possível? Não pretendo ter uma esposa. Como um homem adulto poderá ocupar o corpo de uma criança?

Aristeus apenas sorriu e levou suas mãos à fronte de Gaius, que não opôs resistência. Uma pequena emanação de energia em seu cérebro superior o fez recordar-se prontamente de ensinamentos recebidos em Ashwattha.

Gaius acalmou-se de imediato, sentindo-se revigorado e esperançoso, embora ainda sem compreender o processo de renascimento, que só seria de novo ativado quando voltasse a sua saudosa colônia espiritual. Entender a reencarnação como mecanismo divino de evolução representa um amadurecimento espiritual que Gaius, por seu nascimento como romano, em uma sociedade politeísta, ainda precisaria cultivar. Mesmo os já cristãos, como Prisca e Linus, precisariam de algum tempo para assimilar tais ideias com a lucidez necessária – e isso é trabalho de séculos.

– Por enquanto, aprenda a orar, Senhor Gaius. O bom e misericordioso Pai o ouvirá. Peça por seu filho, que será tentado pelas trevas a buscar vingança. A continuidade da vida é, para a grande maioria, uma surpresa ainda pouco agradável. Ele, perdido que está, porém não desamparado, tentará retornar a este lar, reclamando a esposa que acredita ainda lhe pertencer. Uma luta está apenas começando. Seja forte e, acima de tudo, vigie seus pensamentos.

E concluiu, radiando certeza:

– Seu amor pela jovem Lélia será oportunamente um instrumento de renovação para várias almas. Aquiete seu coração.

26. À sombra da tamareira

Assim que Aristeus se dirigiu à porta de saída, Milla o seguiu. Ela tinha muitas perguntas sem resposta e as respostas que obtinha sobre o mundo espiritual não as satisfaziam. Era movida por um desejo pungente de compreender de forma mais profunda como operava sua visão espiritual.

– Mestre Aristeus, poderia lhe falar? Creio que o momento é oportuno. Se eu puder compreender melhor o que se passa comigo, talvez possa ajudar Gaius e Lélia.

Aristeus expressou concordância no olhar, mas corrigiu:

– Mestre? Não sou mestre nenhum. Sou apenas um aprendiz dos ensinamentos de Jesus. Acompanhe-me ao jardim e, se possível – acrescentou sorrindo –, traga algum alimento e um pouco de vinho diluído para este velho cansado.

Milla sorriu em resposta e instruiu que uma refeição fosse servida no jardim. Percebia que Aristeus estava magro demais e em mais de um momento escutara seu estômago roncar. Ela sabia que ele doava quase tudo o que tinha aos menos afortunados, inclusive a comida do próprio prato quando necessário.

Sentados à sombra de uma tamareira, ele comeu muito pouco do que lhe foi trazido. Pegou ainda um naco de carne e disse que o levaria a um cão abandonado que agora vivia em sua casa.

– Filha – disse ele –, sei que conhece o mundo dos espíritos. Desde a primeira vez que a vi, quando me procurou para que eu ajudasse a alma do infeliz sacerdote, percebi que você recebera o dom das profetisas.

– É verdade. Desde pequena observava que alguns mortos vinham até mim e conversavam comigo como se soubessem que eu podia ouvi-los. Não os temia, mas quando fiz quinze anos comecei a ver que muitos desejavam praticar o mal. Eu sentia o ódio que eles sentiam e com frequência percebia-me inteiramente sintonizada nos sentimentos que eles tinham, vertendo dos lábios palavras que nem ouso repetir.

– Se somos filhos de Deus, nossos dons também o são, filha. Todos os nossos sentidos têm uma serventia neste mundo. O homem é que faz mau uso deles. Veja os sacerdotes que também têm este dom divino e o usam para mentir e ludibriar os incautos que procuram sua ajuda.

E explicou-lhe:

– Seu dom é precioso, Milla, mas é necessário que compreenda melhor como ele funciona, não dando permissão para que qualquer ser possa falar por sua boca. Não é qualquer prato que lhe sirvam que você é obrigada a aceitar, concorda? Eu a ensinarei a permitir a aproximação de espíritos que precisam de ajuda e a encaminhá-los ao esclarecimento, mas para tanto será necessária muita disciplina e estudo das palavras de Jesus. Estaria disposta a ajudar este velho nos anos que ainda me restam? Abriria mão desse amor singelo que sente pelo dono desta casa para me seguir, pregando as palavras de Jesus?

– Estou, Senhor Aristeus. Minha condição de caminhante entre os dois mundos não me deixa escolha. Tenho sido dominada cada vez mais por esses espíritos, muitos deles ensandecidos e buscando vingança. Foi este o caso do jovem Augustus.

Aristeus suspirou e esclareceu-lhe:

– Augustus é apenas um joguete nas mãos de outras almas mais perversas, que por sua vez também o são nas mãos de algumas mais terríveis aprisionadas desde tempos remotos. Por afinidade, ele aderiu à vingança que lhe foi proposta, mas por amor deverá abrir mão dela. O rio seguirá seu curso até o mar, filha. Lélia e Gaius deverão ser o instrumento para a redenção de Augustus. Aguarde e verá.

Milla sentia alívio. Sempre se achara uma aberração e, com exceção de Gaius, nenhum homem lhe tolerava a presença, pois ela sabia de imediato quando eles mentiam.

Além desse dom, que lhe permitiria em breve tempo auxiliar muitos daqueles que se encontravam perdidos entre o mundo físico e o espiritual, ela também dispunha do dom da premonição. Todavia, seu principal dom era o de manifestar efeitos físicos através da doação de ectoplasma[16]. Tal substância ainda não era amplamente conhecida fora dos círculos iniciáticos, e exibir seus fenômenos fora deles poderia ser contraproducente e mal interpretado. Milla conseguia, ainda que de forma inconsciente, ser uma doadora desse precioso fluido, assim como também o faziam, sem o saberem, Aristeus, Astarte e a própria Lélia.

Tais fenômenos, que sempre foram conhecidos entre os iniciados, se intensificariam ao longo dos séculos, de certa forma se popularizando, ainda que revestidos de mistério e preconceito. Esses feitos seriam permitidos pela espiritualidade superior a fim de sensibilizar a humanidade para a chegada do Espírito da Verdade.

Quase dois milênios depois, com a divulgação do espiritismo, aqueles com olhos de ver e ouvidos de ouvir poderiam compreender também, com auxílio da razão, a verdade sobre a continuidade da vida e sobre a mediunidade como instrumento de trabalho redentor.

"A vida não cessa. A vida é fonte eterna e a morte é jogo escuro das ilusões", diria André Luiz nesse então futuro período[17]. Ainda assim, a humanidade continuaria a guardar inúmeras dúvidas quanto à vida espiritual. A elucidação, assim como a existência de vida após vida, é um caminho contínuo, que nunca se extingue.

---

[16] Ectoplasma: palavra de origem grega, composta pelos termos *ektós* e *plasma*, que significam respectivamente 'por fora' e 'substância modelada'. Tem consistência semimaterial e fluídica, sendo manifestada por tipos específicos de médiuns para a geração de fenômenos mediúnicos de efeitos físicos, como a materialização.

[17] Mensagem contida no livro *Nosso Lar*, ditado pelo espírito André Luiz e psicografado por Francisco Cândido Xavier, publicado pela Federação Espírita Brasileira.

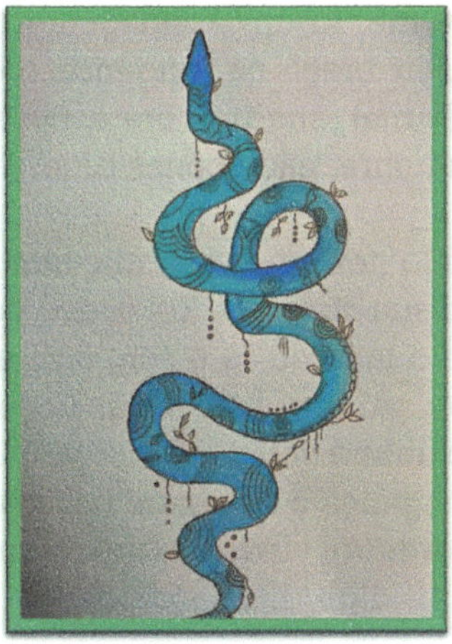

27. A perseguição

Sentado sobre uma lúgubre pedra lodacenta, Augustus era envolvido por densa neblina. No estado mental e emocional em que se encontrava, permitia que a raiva, ainda que bastante diluída pelas últimas encarnações, se manifestasse, tendo Gaius como alvo e Lélia como meio de atingi-lo. Os sentimentos que desenvolvera pelo pai ainda não eram suficientemente fortes para afastar as lembranças que o imperador da cidade trevosa lhe despertara.

Augustus se recordava constantemente de sua encarnação como Materu, ainda na Lemúria, e posteriormente de suas existências na Ásia, revoltando-se com as dolorosas memórias. Desta vez, no entanto, algo de diferente ocorria em seu coração. O ódio pelo próprio pai vinha permeado de algum pesar. A consciência de si mesmo e da necessidade de ter vivido tais provas pretéritas pareciam emergir sem controle. Não conseguia odiar o pai tanto quanto desejava.

O imperador, percebendo a possibilidade de Augustus fraquejar, ameaçando seu intento vingativo cujo alvo era Gaius, um antigo desafeto, prontamente convocou um de seus imediatos a aproximar-se de Augustus, estimulando-o a odiar o pai e a esposa.

Esse imediato era Dalbir, que por muito tempo encontrava-se exilado no império hostil. Vestido como general romano, posição esta concedida pelo próprio imperador, Dalbir acercou-se a Augustus como uma cobra rastejante.

– Reconhece-me, Arjun? – indagou, irônico. – Lembra-se de que fui seu braço na vingança contra Jamaludin, hoje seu pai, e Parijat, sua traidora esposa? Lembra-se de que vinguei sua honra, não apenas uma, mas duas vezes?

E propôs:

– Vou ajudá-lo nesta empreitada, mas recomendo que não fraqueje em sua vontade. Em breve poderemos trazer sua esposa para o lado de cá e com isso acabaremos com o ânimo que seu pai tem pela vida. Desolado que ficará, ele também sucumbirá sob nossa força. Iniciaremos agora mesmo nossa vingança e devemos nos preparar contra os servidores do Cordeiro, visto que um Rômulo que coloquei ao lado de Nalini, digo, Lélia, foi afastado pelos cristãos traiçoeiros.

Augustus, envenenado pelas emanações que o imperador lhe havia fixado na mente e imaginando que seu pai e Lélia em breve estariam usufruindo de uma vida feliz ao lado um do outro, transbordava em sentimentos conflitantes. Disse então a Dalbir:

– Qual é seu interesse nesta vingança? Sempre o percebi avesso a Lélia, desde tempos remotos. Por que a odeia tanto? Por que deseja ajudar-me em meu intento? Não passo eu agora de um simples Rômulo?

Provocado em sua motivação, Dalbir desabafou:

– São tantas as dores, meu caro comparsa. A traidora me abortou em uma existência perdida nos tempos, quando eu esperava ansiosamente o renascimento redentor para saldar dívidas gravíssimas. Em razão desse ato, que para ela nada representou, a ira e a revolta dominaram meu espírito e, constrangido, regredi a formas espirituais impensáveis, permanecendo nesse estado por séculos, até ser resgatado por uma alma misericordiosa que me solicitou perdoar o ato de Lélia. Pediu-me ainda que me preparasse para uma nova oportunidade de renascimento ao lado dela.

Ainda com as feições marcadas pelo desprezo que sentia por Lélia, Dalbir explodiu:

– Mas não a perdoarei jamais, Augustus! Lélia não passa de uma traidora e me pagará caro por isso. Escolhi a vingança, pois o perdão não habitará jamais meu coração!

E prosseguiu:

– Em outra existência, busquei aproximar-me novamente dela, disposto a reverter o ódio que sentia, aceitando nascer como seu esposo. Mais uma vez fui traído por ela, por seu pai e pelo infeliz Kabhir, que você conheceu como Angelus na audiência com nosso imperador. Armaram contra mim uma emboscada e tiraram-me a vida para que pudessem comandar o reino em que vivíamos. Creio, Augustus, que você já passou pela mesma experiência com aqueles dois e sabe exatamente o que sinto. Seu pai e Lélia são criminosos contumazes e fomos vítimas de ambos. Mas agora estamos em situação vantajosa. É o momento de iniciarmos nossa vingança.

Dalbir tomou fôlego, sorrindo cinicamente para Augustus, para então acrescentar:

– Jamais a perdoarei nem a deixarei ser feliz. Eu a persegui como Nalini, o fiz quando ela foi Parijat e o farei agora que é Lélia. Aquela criatura abjeta pagará caro pelo que me fez!

E finalizou:

– Aguardei ansioso por sua chegada e nos vingaremos de ambos. Prepare-se e saiba que meus planos não poderão esperar.

Quem se recordasse de Nimit e seu poderio, jamais o reconheceria como o personagem secundário que se mostrava agora nas mãos de Dalbir. O grande líder de Adharma, era nesse momento apenas mero objeto de vingança para o comparsa.

Dalbir, ensandecido pela ideia de desforra, somente acessara as situações que sua pesada consciência permitia. Evitava adentrar mais profundamente questões que antecederam as encarnações que relatara a Augustus, o que lhe teria possibilitado ao menos vislumbrar os motivos que fizeram o espírito de Lélia criar tal rejeição por ele. Desejava ver unicamente as partes pretéritas que estimulassem seu ódio, único recurso que encontrara para amortecer a própria consciência, embora nunca lhe houvesse faltado o auxílio de irmãos que o inspirassem à reconsideração e à renovação de ideais. O amor, no entanto, alcança a todos, e também um dia deveria entrar em seu coração. É o único caminho. Nossos olhos jamais serão abertos por meio da força.

O que Dalbir evitava relembrar a todo custo era que ele fora um temível comerciante de escravos, habituado a abusar de suas infortunadas vítimas. Lélia, naqueles idos tempos, havia sido capturada ainda jovem por ele e muito sofrera em suas mãos. Não bastando seu próprio infortúnio, viu seus entes queridos serem dizimados por Dalbir, sem qualquer sinal de piedade ou constrangimento.

As encarnações seguintes iriam suavizar as emoções de ambos, além de requalificarem as relações de convívio, para que em futuro próximo eles se reconciliassem em definitivo, quando ambos aceitassem o renascimento pacificador, reaproximando-se por meio de uma união afetiva. Comprometendo-se com o bem, poderiam encontrar um no outro o apoio necessário para finalmente retomarem o caminho perdido milênios antes.

As palavras de Dalbir, no entanto, acirraram em Augustus o desejo de vingar-se, embora muito de sua belicosidade houvesse se dissolvido na vida como soldado. Todavia, o amor que cura todas as dores ainda não habitava seu coração, assim como raramente habita o nosso. A vingança contra o pai e a esposa era sua única motivação após a morte.

Augustus negara a oportunidade de acolhida oferecida por Angelus para um nascimento redentor, que se daria em alguns anos e traria aos três espíritos a oportunidade de se redimirem mutuamente através do amor e da confiança.

De volta a Timgad, Lélia recuperava-se aos poucos do estado depressivo em que se encontrava. Aprendera a orar com seus amigos e diariamente recorria a esse precioso recurso para se equilibrar.

Um forte pensamento cristão se formava em seu coração, ao passo que sua mente não se percebia mais atraída aos deuses romanos, cujo culto lhe parecia esvaído de sentido.

Cauteloso, Gaius passava mais tempo conversando com ela, embora sem ousar qualquer tipo de avanço. Algumas vezes ele a observava em suas rogativas para que Deus protegesse Augustus, ajudando-o a aceitar Jesus em seu coração, como Petronius recomendara que fizesse, embora ele tivesse perceptível dificuldade em orar a um Deus que não sentia corresponder à belicosidade e à grandeza romana.

Ainda que resistisse a manifestar sua fé em um Deus único, Gaius lentamente se recordava dos ensinamentos trazidos no passado por Kabhir, fortemente gravados, embora inconscientemente, em seu íntimo, e aos poucos se afastava do paganismo romano e da prática de sacrifícios aos deuses, que agora enxergava como formalidades exteriores. Causava-lhe já certa repulsa a ideia de que os deuses que adorara a vida toda, intermediados por sacerdotes corruptíveis, aceitassem prendas dos que podiam pagar em troca dos favores mais descabidos.

Ele e Lélia rememoravam, sem compreender a origem de tal familiaridade, a sensação de felicidade e completude que usufruíam apenas quando estavam ao lado um do outro.

Enquanto eles se mantivessem em relativa paz e equilíbrio, os espíritos das sombras seriam obrigados a adiar o plano funesto de obsediá-los, embora aguardassem sorrateiros o momento em que poderiam adentrar o campo mental de ambos e lerem pensamentos de revolta, desesperança e inconformismo. Tais espíritos, recrutados por Dalbir, foram informados que era questão de tempo até que um dos dois caísse na armadilha do desespero e passasse a servir de repasto àquela horda de obsessores.

Certa manhã, Lélia acordou indisposta, queixando-se de cansaço. Na noite anterior, havia novamente se entregado a pensamentos de inconformismo sobre a própria vida, irritando-se com pouco e sentindo-se abandonada por todos. Acreditava que sua dor era maior que tudo e que não merecia ser assim tratada pela vida. Esta foi a esperada brecha psíquica que Dalbir necessitava para iniciar sua aproximação. Lélia seria a porta de entrada.

As orientações de Aristeus foram aos poucos esquecidas por ela.

Augustus, decidido a tê-la para si no mundo espiritual, se imantara a ela e sorvia sua energia vital ainda durante o sono. Sugeria-lhe pensamentos obscuros, levando-a a locais sórdidos da esfera espiritual, de onde ela não conseguia se desvencilhar devido à afinidade que para com eles guardava.

Lélia sentia-se acabrunhada, amedrontada e perseguida. Alguns Rômulos, posicionados estrategicamente na propriedade, causavam pequenos dissabores, como a morte de animais, a deterioração inexplicável de sacas de grãos e o adoecimento repentino de trabalhadores.

Ela acordou bastante abatida e mal conseguiu orar pedindo forças. Astarte então preparou-lhe um caldo e, a pedido de Gaius, chamou Heitor para que a examinasse.

– Não encontro nada de errado com a senhora Lélia, exceto o retorno da tristeza – concluiu o médico, preocupado. Talvez, Senhor Gaius, seja tempo de levá-la de volta a sua terra natal, a Gália, e esperar que aqueles ares mais temperados possam auxiliá-la a recuperar-se.

Gaius pensou que Heitor poderia estar certo em sua opinião médica e, como precisava realmente retornar à Gália, decidiu que todos, inclusive Milla, deveriam acompanhá-lo.

Os preparativos levariam tempo e a viagem deveria ocorrer em mês oportuno, já que viagens pelo mar no inverno eram evitadas o quanto possível. Enquanto isso, Gaius, pressionado pelos Rômulos que agora assediavam seu lar, acreditou que deveria mais uma vez dedicar-se exclusivamente ao trabalho e deixar que Lélia se recompusesse.

Certa manhã, ele estava em visita à cidade na companhia de seus administradores e de Petronius, supervisionando alguns carregamentos para Roma. Lélia acordara estranha, irritando-se com facilidade e mostrando forte resistência em fazer as orações costumeiras. Alegava falta de tempo, de disposição e de atenção suficiente.

Prisca sabia novamente que Augustus se posicionava espiritualmente ao lado da jovem. Como cristã nova, ainda não compreendia a lei de causa e efeito nem os complexos processos reencarnatórios ou obsessivos, que só ganhariam lógica muitos séculos mais tarde. Ela sentia a presença de Augustus, sem porém entender o motivo.

– Não compreendo, Linus, por que razão nosso mestre Jesus não protege Lélia. Ela manteve-se casta após a morte de Augustus, lutando contra os próprios sentimentos para com o senhor Gaius...

– Tampouco compreendo, Prisca – dizia ele. – Lélia é gentil e generosa. Tem ajudado os servos desta casa, mas uma inquietude a assola, mesmo que oremos por ela incessantemente. Talvez nosso amigo Aristeus possa nos orientar.

Naquele mesmo dia, ao cair da tarde, foram ter com Aristeus, que ouviu tristonho os relatos do casal. Mesmo que tais preocupações fossem legítimas e proviessem de corações desinteressados e amorosos, denotavam também uma fé ainda frágil nas palavras consoladoras do Mestre.

– Amigos meus, pensam acaso que nossas genuflexões e palavrórios nos isentam dos crimes cometidos contra a Lei Divina? Acreditam que somos frutos de apenas uma existência e que o Criador nos daria apenas uma vida para evoluirmos? Não. Somos caminhantes dos tempos e não obras do acaso. Já vivemos inúmeras vezes, mas dessas vidas não retivemos lembranças, por determinação misericordiosa do Pai.

E prosseguiu:

– Somos, todos nós, devedores uns dos outros, em maior ou menor proporção. Lélia não sofre por acaso e nem será poupada do sofrimento, a que todos estamos sujeitos, apenas por manter seu amor seguro e oculto em seu próprio coração. Lélia, assim como nós, somos todos devedores de Augustus.

Explicou-lhes então:

– Pesados débitos adquiridos na invigilância dos tempos se apresentarão a todos nós que vivemos na carne, e a finalidade é promover nossa evolução, que tem sido tardia e lenta por resistirmos ao bem. A hora é de luta e o amado mestre Jesus nos avisou que deveríamos manter a fortaleza, pois viria a tribulação. Entendam, queridos irmãos, que desde a vinda do Messias até os séculos que ainda se abrirão teremos inevitavelmente que nos guiar por seus ensinamentos consoladores, muitas vezes cortando a própria carne para darmos o necessário salto evolutivo. Chegará, entretanto, o dia que nosso Senhor Jesus virá buscar seu trigo, separando-o do joio inútil.

Falou-lhes então sobre Augustus:

– Ele sofre por abandono voluntário da Lei Divina, que lhe foi incutida exaustivamente por almas desveladas. Lélia e Gaius, por sua vez, foram em existências pregressas os maiores responsáveis pelo fel que se formou no coração voluntarioso de Augustus, devendo agora auxiliá-lo no retorno à senda do bem, se quiserem também evoluir. Não evoluímos nem pecamos sozinhos; portanto, trabalhar para a libertação de Augustus é trabalhar para a libertação de todos nós.

E revelou-lhes:

– Tempos atrás roguei a um amigo da espiritualidade, benfeitor de todo este grupo de almas devedoras, que intercedesse por Augustus. Esse amado companheiro, disponível como sempre, abordou Augustus, dando-lhe a oportunidade de ser recolhido para que fosse reeducado. Ele, porém, declinou de tal convite amoroso e se refugiou na própria revolta.

Mas deu-lhes esperança:

– Em breve, um dos comparsas e aliciadores de Augustus será resgatado pelas forças do bem, pois chegou a derradeira hora para esta alma prestar contas e acabar com sua vingança inútil. Isso enfraquecerá Augustus e oportunamente facilitará seu resgate. Não se enganem: o bem opera no silêncio. Não se constranjam, amigos meus, e persistam em sua fé. Confiem sempre. O mal já foi vencido pelo Mestre dos Mestres quando esteve entre nós e o que nos restou é combater em nós a resistência milenar ao bem. É esperado que trabalhemos em nós mesmos, enfraquecendo assim a ação de irmãos ignorantes que ainda não conhecem a alegria de amar e que, como Augustus, vivem nas sombras. Tenham sempre persistência e devotamento ao bem. Não se permitam fraquejar na luta que, bem sei, mal começou.

E concluiu:

– Soube por Milla que partirão para a Gália em breve. Lá chegando, deverão procurar um amigo que muito estimo, chamado Artemus. Ele descende de tribos ancestrais e tem grande sabedoria. Nós dois vivemos parte de nossa juventude na Grécia e ele sempre se mostrou generoso e ligado aos mais elevados espíritos. Embora eu fosse um tanto quanto descrente naquela época, Artemus nunca desistiu de mim. Ele poderá ajudá-los a se manterem vigilantes contra as investidas do mal. Vão em paz! Estarei sempre orando por todos.

Artemus era reencarnação do médico Esahu e conhecia, ao menos em seu espírito, a saga dessas almas que buscavam redenção. Cuidara de Nimit no hospital em Ashwattha e acompanhara Jamaludin em sua trajetória infeliz. Fora ainda o responsável por iniciar o processo de redenção de Parijat, que durante quinze anos com ele servira na Palestina sob o nome de Sarah.

28. A caminho da Gália

Assim que o tempo se fez oportuno, os viajantes seguiram para empreender a primeira parte da viagem, em que passariam alguns dias em outra propriedade de Gaius adquirindo suprimentos e presentes para Clódia, Maximus e sua família.

À noite, como era seu hábito fazer após a refeição, Gaius caminhava pelos jardins, respirando a refazedora brisa do mar. Estava triste e pensativo, com o peito apertado de saudades do filho.

Notando Lélia sentada a certa distância, aproximou-se.

– Como se sente hoje, Lélia? Vejo-a mais feliz e bem disposta ultimamente.

Lélia olhou-o afável e disse:

– Sente-se, Senhor Gaius. Gostaria de lhe pedir desculpas, pois sei que estão enfrentando dificuldades por minha causa. Eu muito apreciaria poder controlar as sensações angustiantes que me afligem. Infelizmente, percebo que perco o domínio sobre mim mesma e começo repentinamente a sentir um formigamento nos membros. Aos poucos uma espécie de raiva incontrolável passa a tomar conta de meu ser e não respondo mais por mim. Ontem mesmo ataquei Astarte com um pente afiado e quase a feri seriamente, não fosse a pronta intervenção de Petronius.

Gaius, acreditando que naquele comportamento havia mais do que eles poderiam compreender, disse-lhe:

– Lélia, sei que não tem controle sobre tais manifestações. Por mais que hesite em acreditar, o que presenciei até agora me faz crer que de alguma maneira Augustus está sofrendo no mundo dos mortos e tenta nos pedir ajuda. Nunca antes presenciei fenômenos assim, que acreditava ocorrerem apenas nos templos. Soube, por amigos da Palestina, que a morte de meu filho decorreu de uma emboscada que provavelmente contou com a colaboração de membros da própria legião, que desejavam seu posto de comando para continuarem a extorquir os moradores e comerciantes.

Olhando pensativo ao jardim, complementou:

– Minha crença nos deuses se enfraquece a cada dia e as palavras de Aristeus assumem mais força em minha alma. A existência do Deus único se firma em meu ser de forma impressionante, embora não o compreenda tanto quanto gostaria e não saiba como agradá-lo.

Voltando-se então a ela, disse-lhe:

– Sabe que a amo, Lélia, e só não a desposo para não a ofender com meu amor. Quem sabe, na Gália as coisas fiquem melhores e poderei me dedicar a fazê-la feliz.

No plano espiritual, Augustus observava a ambos com constrangimento. Dalbir, por sua vez, mal se continha. Esmurrava Gaius sem que este percebesse e ofendia Lélia com palavras baixas.

– Enxergue, Augustus: traição! Traição! Vinguemo-nos agora!

Augustus, porém, sentia mais ressentimento que raiva por ambos, e não conseguia atacar o pai nem a esposa. Aos poucos, o restante da ira que sua alma guardava se dissipava. Sem saber, vinha sendo preparado cautelosa e amorosamente pela espiritualidade para um reencarne.

– Vamos, Augustus! Ataque a ambos. É nossa chance! Se o imperador souber que fraquejou, e garanto-lhe que saberá, seus sofrimentos serão indizíveis.

Dizendo isso, aproximou-se de Augustus e plasmou a seu lado a cena em que ele era assassinado por ambos na antiga Lemúria. Invigilante, Augustus viu-se então ultrajado, traído e abandonado. Aos poucos, seus piores sentimentos mais uma vez tomavam forma. Isso o fez tornar-se novamente um joguete das sombras. Com as poucas forças que lhe restavam naquele momento, aproximou-se de Lélia e começou a influenciá-la.

Lélia por sua vez, recebendo as emanações perturbadoras de Augustus, começou a sentir que perdia controle de si mesma e, aproximando-se do sogro, repousou a cabeça em seu ombro. Gaius percebeu a respiração de Lélia acelerar-se e, passando o braço sobre o ombro da jovem, sentiu-a gelada, apesar do clima ameno.

– Lélia, sente-se bem?

Ela, com olhar ensandecido, faces avermelhadas e dentes cerrados, arrancou o pente pontiagudo que lhe prendia os cabelos, virou-se para Gaius e gritou com voz alterada:

– Ousa roubar-me a esposa, meu pai? Que infeliz sou eu, traído pelo homem que me incentivou a lutar por Roma? Pensa que não sei que sempre me cobiçou a esposa? Que desejava Lélia desde o dia em que a viu pela primeira vez? Não a terá nunca, pois antes de lhe pertencer ela morrerá!

Gaius, atordoado com o que ouvia, gritou por Prisca e Linus, que acorreram de imediato, juntamente com outros servos da casa.

– Traga-a para dentro, Senhor Gaius.

Lélia perdera os sentidos por instantes, para voltar pouco tempo depois entre lágrimas desesperadoras. Sentia que seu maior medo se estabelecera: perdia o pouco de autonomia que a vida lhe reservara.

No silêncio de seus aposentos, Prisca e os demais oravam conforme as orientações de Aristeus. Sentiam, entretanto, que a cada dia tais fenômenos se tornavam mais fortes e as orações pareciam pouco contribuir para a cura de Lélia.

Uma coisa, porém, era ainda desconhecida a estes dedicados amigos recém-recebidos no rebanho de Jesus: a lei de causa e efeito. O perdão e a caridade seriam a marca dessa geração de convertidos, que tinham como tarefa principal preparar os corações humanos para um dia receberem as palavras consoladoras do Espírito da Verdade.

Lélia e Gaius eram devedores de Augustus e deveriam arcar com as consequências de atos perpetrados no passado. Não morreriam pela espada, que abatera Materu milênios antes, mas resgatariam os próprios erros através de experiências expiatórias, usando para isso os recursos de que dispunham na presente encarnação.

Foi uma ilusão meticulosamente construída pelas sombras, com o objetivo de retardar nossa aproximação a Deus, a crença de que devemos obrigatoriamente perecer pela espada se a levantamos um dia contra nossos irmãos.

A espada foi uma interpretação humana e pouco caridosa da Lei Divina, e se prolongaria como crença equivocada ainda por séculos a fio.

São tantas as oportunidades de resgate que a espiritualidade superior nos oferece com o objetivo de equilibrarmos nossa consciência, que nossas mentes nem podem concebê-las. O medo alimentado pelas ideias de pecado e de eterna punição nos acompanhou por tantas encarnações que ainda hoje dialogam com nosso psiquismo mais do que o amor e a caridade.

Enquanto acreditarmos em um Deus vingativo e impiedoso, nos manteremos afastados de Sua misericórdia, sem enxergarmos as inúmeras oportunidades redentoras que nos são apresentadas dia após dia – mostra irrefutável de Seu amor por nós.

A "espada pela espada" foi um recurso criado pela rudeza da humanidade, que, imersa na própria culpa, tardou a compreender que pode sempre reequilibrar-se frente à Lei Divina por meio da prática consciente da caridade e do amor.

Ainda que não percebessem, Lélia e Gaius sentiam-se em remorso por desatinos cometidos no passado, acrescentando a isso a culpa pelos sentimentos presentes. Sacrificarem o amor que sentiam seria para ambos uma prova árdua, mas futuramente uma gota salvadora reluziria no cálice do perdão de Augustus e Dalbir.

Nunca faltariam a Lélia e Gaius a proteção e ajuda de amigos espirituais das mais elevadas esferas. Entretanto, jamais poderiam se furtar ao sacrifício dos próprios desejos.

Gaius, entre vidas, confessou certa vez ao benfeitor Kabhir que preferia uma espada a lhe perfurar o coração em cada existência a não usufruir do amor de Lélia. Sim, ele a amava a este ponto.

Lélia, por sua vez, não era mera vítima de Augustus. Era uma alma bastante devedora, cuja ambição arrebatara a vida do marido no passado e cujos caprichos, como Nalini e Parijat, impediram-na de ascender a esferas mais altas nas últimas encarnações.

Apesar disso, na luta em que se encontrava, Lélia jamais deixou de auxiliar, direta ou indiretamente, o processo evolutivo de muitos. Cabe-nos hoje entender tal conduta benfazeja não como simples mérito, mas como uma obrigação ética e moral que cabe a espíritos que, como ela, encarnam usufruindo de condição privilegiada, seja esta material ou intelectual. Seria-lhe ainda necessário não limitar-se a um tal fazer quase automático, mas olhar para si mesma com mais alteridade, atenuando a própria suscetibilidade e inconformismo, que eram, até aqueles dias, marcas de seu espírito ainda em evolução.

Gaius pediu então que Petronius apressasse a ida à Gália, acreditando que a distância afastaria Augustus de Lélia. Imaginava inocentemente que a alma do filho estava vagando, perdida no Hades, e que o infinito mar azul cessaria a cruel perseguição.

Chegado o dia da partida, todos sentiram alívio em deixar aquelas terras. A viagem transcorreu sem maiores percalços. Gaius permanecia em seus aposentos no navio, tratando de seus negócios, e Lélia passava longo tempo recebendo a brisa do mar, sempre guardada de perto por Petronius.

O caminho do porto de destino até a Gália era também longo e decidiram deter-se alguns dias em Roma, aproveitando para visitarem amigos.

A visita a Clódia animou bastante Lélia, fazendo-a esquecer dos eventos recentes.

Clódia, mulher caridosa e experiente, sabia ler nas emoções humanas as dores mais profundas e percebeu que Lélia se alterava quando tocavam no nome de Gaius.

– Lélia, querida, sabe que a amo e que a ajudarei sempre, sem julgá-la. Diga-me: o que se passa em seu coração? Seu sogro tem investido contra você de forma inapropriada?

E explicou-se:

– Digo inapropriada porque, embora conhecendo os valores recebidos de seus pais, a visível tristeza em que se encontra poderia comprometer suas escolhas. É fato também que, na ausência de outro filho solteiro, ninguém se espantaria se você se ligasse a Gaius, tornando-se sua esposa. Sei que essa ideia gera incômodo em seu coração, mas creio que algo acontece entre você e ele. Estou certa?

– Senhora Clódia, saiba que o senhor Gaius me respeita verdadeiramente e sempre me acolheu com distinção. No entanto, creio que nossos corações nos pregaram uma peça.

E revelou-lhe:

– Sim, eu amo a quem vocês chamam de "Marciano". Ambos, porém, amamos Augustus mais ainda, ele como pai e eu como esposa, ou talvez uma irmã. Desejamos honrar sua memória, eu mantendo-me viúva respeitosa e

Gaius um pai saudoso.

– Querida Lélia – disse-lhe Clódia, compreensiva –, sabe que não poderá permanecer viúva para sempre. O próprio imperador não permitirá, visto que seu pai lhe deixou imensa fortuna, além de propriedades que necessitam ser muito bem administradas. Precisará pensar seriamente em um marido. Posso ajudá-la, se desejar.

– Não, Senhora Clódia. Apesar de voluntariamente viver minha solidão, confesso que amarei Gaius e serei fiel a este amor para sempre. Estaremos separados pelo corpo, mas eternamente unidos pelo coração. Não sei como lhe explicar a dimensão deste sentimento. Ele é, porém, sincero.

– Você é uma jovem de sentimentos nobres e retidão moral que desconhece a astúcia, Lélia. Sorte não haver permanecido mais tempo em Roma, ou provavelmente pensaria diferente, em meio à corrupção e ao vício que habitam esta cidade. Fico feliz que não o faça e que se mantenha senhora de seus sentimentos. Saiba, Lélia, que nenhum homem jamais foi leal ou fiel em Roma, provavelmente nem Gaius, embora há anos não o veja na companhia de mulheres.

E finalizou dizendo-lhe:

– Ainda que não deseje, deverá se casar em breve. A esposa de nosso imperador, a bondosa Plotina, que também é, a seu modo, simpatizante dos cristãos, não hesitará em lhe indicar um bom esposo que a auxiliará na administração de suas terras. Gaius já é um dos homens mais ricos de Roma e creio que o imperador não apreciará que ele agregue a fortuna que você recebeu de seus pais à dele próprio. Isto o faria abastado demais e assustaria os poderosos.

Lélia parecia transtornada com aquelas informações, embora sabendo que Clódia a queria muito bem e não lhe mentiria em hipótese nenhuma. A solteirice não era bem vista em Roma, muito menos a de patrícios ricos.

– Querida Clódia, refletirei sobre o que me disse, mas saiba que meu coração pertence ao senhor Gaius e minha alma a meu falecido esposo. Se o imperador desejar que eu me case, obedecerei, mas peço que interceda por mim solicitando que aguarde mais alguns meses, até que me familiarize com as questões da Gália.

– Sim, querida, fique tranquila. Soube que Maximus e sua família a visitarão em breve. Quem sabe isto não a deixa mais animada? As duas jovens, pelo que sei, casaram-se há pouco e seus maridos as acompanharão. São homens de valor, de excelentes famílias, embora me pareçam um pouco sem graça.

– Ficarei feliz em revê-las. Até breve, minha querida Clódia.

– Até breve, Lélia. Orarei por você para que não aumente sua beleza, pois ela poderia lhe causar problemas aqui em Roma.

E beijou a testa da jovem, que sorriu timidamente.

Lélia saía pelos corredores suntuosos, revestidos do mais belo mármore, pensando em quão triste lhe seria contrair um novo matrimônio arranjado.

29. O compromisso

A viagem à Gália não poderia ter sido mais benéfica para Lélia. Os campos recobertos de flores a relembravam dos felizes tempos em que vivera inocentemente em seu lar, protegida pelos amados pais e por servos leais.

À medida que aspirava o aroma inebriante das flores, Lélia sentia-se inundada de esperanças. Jamais se esqueceria, ainda que em vidas futuras, dos benefícios que alguns aromas traziam quando inalados e usaria tais saberes na cura de muitas pessoas. Mas isto é outra história...

A chegada à antiga morada trouxe-lhe saudades de seus pais. Alguns dias depois, e com as atenções ali recebidas, ela dia a dia mostrava-se mais feliz.

Todos acreditavam que os últimos eventos haviam ficado para trás, em Timgad, e, como sempre foi hábito humano em épocas de bonança, passaram a relaxar a vigilância e negligenciaram também as orações, embora Prisca e Linus jamais deixassem de fazer suas preces diárias.

Lélia voltava a receber amigos e se esquecia aos poucos de se inteirar dos negócios de sua família. Gaius passava grande parte do tempo no escritório que fora de seu amigo Domicius e apenas acompanhava a nora quando esta recebia a visita de alguma autoridade romana local, ou que mantivesse com esta laços oportunos.

Certa manhã, Lélia recebia em sua casa, na companhia de Gaius, um rico romano que vivia na cidade e que fora amigo de seu pai. Seu nome era Plinius e viera acompanhada de seu filho, Marcellus, que se preparava para ocupar importante cargo político.

Tão logo adentrou n varanda e a viu, Marcellus, no auge de seus vinte e poucos anos, encantou-se com Lélia e não lhe poupou elogios:

– Lélia, que alegria encontrá-la bem! Lembro-me de vê-la ainda criança, correndo pelos jardins desta casa. Hoje vejo que se tornou uma bela mulher. Seu pai ficaria orgulhoso.

E comentou a Plinius:

– Não é verdade? Os ares da Numídia fizeram desabrochar esta bela flor.

Lélia, espírito antigo na Terra, embora de pouca idade, percebeu o avanço de Marcellus.

Ele continuou:

– Creio que meu pai e seu sogro têm assuntos a tratar e gostaria de convidá-la a acompanhar-me em um passeio pelos jardins. Se seu sogro permitir, é claro.

– Claro que sim, Marcellus. Sei que Lélia estará segura em sua companhia – aquiesceu Gaius em tom de voz conhecido de poucos. Quem o visse espiritualmente, no entanto, perceberia a ira que consumia seu espírito. Imaginar Lélia nos braços de outro homem o transtornava.

Plinius, espírito ambicioso e de poucas luzes, prontamente percebeu a mudança no tom vocal de Gaius, interpretando que este almejava aumentar as próprias posses apoderando-se dos negócios da família de Lélia, sem desconfiar que Gaius amava a nora e sentia-se ameaçado pela presença de Marcellus.

Quando os jovens já se haviam distanciado, Gaius retomou a conversa de forma direta como sempre, sem rodeios:

– Diga-me, Plinius: deseja alguma ajuda política para que seu filho se junte ao senado futuramente?

– Certamente, Gaius. Aprecio que tenha vindo diretamente ao ponto. Entretanto, agora percebendo que Lélia está viúva, gostaria de lhe propor uma favorável união com meu filho. Isto seria vantajoso para ambas as famílias, não acha?

Gaius encheu-se de frieza, típica de antigos monarcas quando não desejam que seus pensamentos sejam desnudados, e disse:

– Como sabe, a jovem Lélia, mesmo já tendo encerrado o luto, pediu-me mais algum tempo até que decida casar-

-se novamente e creio que devo acolher seu desejo.

E sem tardar completou:

– Além do mais, há pedidos de casamento anteriores ao seu, de famílias muito nobres e indicadas pela própria imperatriz, mas prometo pensar em sua proposta.

Nesse instante, entravam Lélia e Marcellus sorrindo e conversando animados. Gaius fulminou o jovem com seu olhar, desejando atacá-lo ali mesmo, e cerrou os pulsos sem que Plinius percebesse. Milla, entrando na sala, viu postado ao lado de Gaius seu filho Augustus, que o inspirava, cheio de ódio, a atacar Marcellus. Os sentimentos de Gaius, por sua vez, desequilibravam seu filho de forma impressionante.

Marcellus era na verdade um jovem fútil, interesseiro e galanteador. Não havia escrava que não tivesse passado por suas mãos usurpadoras ou escravo que ele não houvesse chicoteado. Ele sabia disfarçar sua leviandade com gestos de apreço e palavras rigorosamente estudadas com seus professores gregos.

Os visitantes, ao fim de mais algumas conversas, despediram-se sem maiores cerimônias e Lélia, desavisada e em um momento infeliz, decidiu provocar Gaius elogiando Marcellus. Gaius, tomado por ciúme violento e inspirado pelo filho, tomou-a pelo braço e vociferou:

– Se pensa que permitirei que se case com esse inútil, está enganada. Jamais a libertarei! Matarei esse infeliz antes que se aproxime outra vez de você.

Lélia, assustando-se ao reconhecer em Gaius o modo de falar do marido, gritou-lhe:

– Afaste-se, Augustus! Você não pertence mais a este mundo. O que deseja de mim? Afaste-se! Deixe-me ser feliz nos anos que me restam.

Dizendo isso, deixou-se tombar em um leito próximo, implorando, descontrolada:

– Afaste-se! Deixe-me em paz!

Milla então se aproximou e pôs-se a orar.

Gaius, voltando a si e assustado com a cena, decidiu acompanhar a rogativa de Milla, pedindo perdão pelas palavras proferidas, que julgava terem sido suas.

– Meus caros – ponderou Petronius, aproximando-se –, acreditávamos que a distância nos libertaria da presença de Augustus, mas Aristeus havia me dito que a distância não existe para os espíritos. Devemos buscar ajuda com o senhor Artemus, que nos foi recomendado por Aristeus. Sinto que as investidas de Augustus ficarão mais fortes agora.

Pediu então que Prisca e Astarte levassem Lélia para repousar, visto que prosseguia descontrolada.

– Não – interveio Gaius. – Quero falar com Lélia a sós.

E ordenou:

– Milla, vá com Petronius buscar esse tal Artemus.

Gaius tomou Lélia pelo braço e a conduziu de volta ao jardim, para que respirasse o aroma generoso das flores azuladas. Ele mesmo sentia necessidade de apaziguar os sentimentos que o assolaram minutos antes, quando seu filho desencarnado se ligara a ele.

– Lélia, creio que chegamos a um impasse. Sabe que meu coração lhe pertencerá para sempre, mas não me sinto honesto desposando-a, embora seja este meu maior desejo. Eu morreria aos poucos vendo-a casada com um desses romanos indignos de você, mas não temos como adiar por muito tempo seu novo matrimônio. Roma assim o exige.

Ia prosseguir expondo alguma possível virtude em Marcellus, mas, antes que pudesse iniciar, Lélia, como que lendo-lhe os pensamentos, o repeliu irritada:

– Então é assim que me ama? Empurrando-me para um casamento com o primeiro "indigno" cuja família lhe pode ser vantajosa nos negócios?

– Não, Lélia! Embora não saiba, tenho recebido propostas diárias de casamento para você. Não tenho mais como negar sua mão, pois já houve um pedido da própria imperatriz para que se case em poucos meses.

E lhe expôs:

– Pois de todos os tolos que se candidataram, creio que Marcellus ainda seja o que mais poderia fazê-la feliz. Dilacero-me tanto ao dizer-lhe estas palavras, Lélia. Desejaria eu mesmo ser seu esposo, mas ambos sabemos que algo nos prende a Augustus e ele poderia lhe causar enorme mal se nos desposássemos. Além disso, meu coração não se libertou da dor de perder meu único e amado filho.

– Afaste-se de mim para sempre – respondeu-lhe ela, em abjeção. – Está negociando a própria nora, que diz amar, sem meu consentimento. Como ousa regatear meu amor com esses oportunistas que se apresentam a mim como se buscassem um troféu?

Detiveram-se ambos em silêncio, por segundos que pareceram intermináveis. Ela então respondeu, desafiadora:

– Pois se é o que deseja para mim, meu "Senhor", então me casarei com este bem situado jovem Marcellus. Mas saiba: viverei *nesta* casa, debaixo de *seu* nariz, e lhe mostrarei a verdadeira felicidade todos os dias, para que a veja sem cessar! Eu o odeio como a ninguém e jamais o perdoarei por me abandonar desse modo e por mostrar um amor tão frágil.

Gaius sabia não ser possível levar qualquer discussão adiante.

– De acordo, Lélia – aquiesceu ele, seco, mas pesaroso. – Comunicarei a Plinius que desposará seu filho. Aceitarei o sofrimento que me será imposto por você. Ficarei aqui até que seu esposo consiga sozinho administrar seus bens. Tão logo isso ocorra, voltarei a Timgad.

Lélia o deixou sozinho no jardim e dirigiu-se a seus aposentos. Lá a aguardavam Astarte e Prisca, preocupadas com os gritos que ouviram no jardim.

– Lélia, está se sentindo bem? – indagou-lhe Prisca.

Limpando as lágrimas que lhe brotavam, a jovem respondeu:

– Sim, Prisca, não se preocupem. Preparem meu enxoval, pois me casarei em breve. Não derramarei mais lágrimas de amor, pois em meu coração só existirá desprezo de agora em diante. Serei feliz ao lado de Marcellus e jamais voltarei a verter uma lágrima que seja.

E assim o fez. Lélia agora não mais derramaria lágrimas. Ela mesma criava para si um vaticínio que só seria quebrado quando novamente encontrasse o amor desinteressado e verdadeiro.

30. O ataque

O casamento de Lélia com Marcellus deveria acontecer em alguns meses.

Lélia nenhuma questão fazia de reencontrá-lo. Casar--se-ia e pronto. Esqueceria Gaius de vez, considerando que agora uma aguda hostilidade a afastava dele. Desta vez era ela quem o evitava.

Lélia acreditava que encontraria alguma proteção e razoável felicidade ao lado de Marcellus. Considerava-o bem-humorado e até mais bem-apessoado que Augustus.

Felizmente, para aliviar a tensão que se instalara, em alguns dias chegariam em visita o senador Maximus, sua esposa e as filhas, que viriam acompanhadas por seus maridos.

Certa manhã, Milla disse a Lélia que havia encontrado o senhor Artemus e que ele a receberia em sua casinha perto do mercado.

– Milla, agradeço por sua tentativa de me ajudar a livrar-me do mal que me assolava, mas vejo-me curada e creio que se tratava apenas de nossa imaginação. Os mortos permanecem mortos e nós, os vivos, devemos nos esforçar para sermos felizes, ainda que mediocremente.

E prosseguiu, refletindo:

– Creio, Milla, que por minha invigilância acabei permitindo que meus sentimentos falassem mais alto e abri mão da razão, que deve sempre estar à frente em nós. Não é o que dizem os filósofos de sua terra?

Após breve pausa, completou:

– Foi tolice minha acreditar que Augustus vive e tenta me ferir. Leve algumas moedas ao senhor Artemus e receba-o se desejar. Eu, de minha parte, desejo apenas uma vida nova ao lado de meu futuro marido.

Milla fingiu acreditar naquela aparente placidez e decidiu dar continuidade a seu pedido de auxílio a Artemus. Ela sentia presenças estranhas o tempo todo na casa. As plantas também começavam a murchar em pouco tempo, os animais adoeciam e alguns criados repentinamente se feriam, alguns de forma preocupante. Esses inexplicáveis contratempos passavam despercebidos à maioria das pessoas, inclusive a Gaius, mas jamais a Milla.

A noite caía suave e refrescante. Prisca e Linus estavam em seus aposentos e oravam, enquanto Maximus, esposa, filhas e genros se deleitavam na companhia de Gaius em uma bela e farta mesa instalada nos jardins.

Lélia sentava-se longe do sogro, evitando-lhe o olhar e sendo-lhe até rude por vezes.

Gaius, por sua vez, aumentara consideravelmente a quantidade habitual de vinho que ingeria, tentando inutilmente adormecer os próprios sentimentos.

Observando o grupo, embora espiritualmente, entretinham-se dois Rômulos mal-encarados, incumbidos de vigiar quaisquer atitudes e, sempre que possível, suscitar discórdias. Acompanhados de ambos estavam Augustus e Dalbir.

Dalbir, irritado, disse aos demais:

– Vejam estes inúteis, que usufruem das bênçãos desta farta terra sem nada terem plantado. Enquanto isso nós, Augustus, somos os soldados que mantêm os inimigos longe destas famílias, sem ao menos sermos lembrados!

E completou, com acinte:

– Observe quanta futilidade e pouco caso, enquanto nossos irmãos tombam em solo inimigo, trespassados pela espada estrangeira.

Nesse momento, um servo anunciou que Marcellus estava à espera de Lélia. Esta o convidou a reunir-se a eles no lauto jantar.

Lélia provocava Gaius, que, observado por Maximus, bebia ainda mais. O sentimento de Gaius para com Marcellus era perturbador. Não houvesse regras para tais crimes entre as famílias ricas, ele sem dúvida o teria matado ali, com suas próprias mãos, apenas por ter olhado para Lélia.

Ninguém naquela mesa poderia imaginar que Augustus e Dalbir estivessem ali a postos. As conversas fúteis eram um repasto para os quatro desencarnados, que aguardavam a primeira oportunidade de se ligarem a um dos presentes e iniciarem alguma discussão inútil.

– Vá, Augustus! Comece sua vingança. Observe bem o interesseiro que deseja sua esposa. Veja como ele a corteja e leia-lhe os pensamentos. Não poderemos dar nenhuma trégua até que consigamos trazer sua Lélia para o lado de cá.

Augustus observou que aquele homem desejava Lélia e, mais ainda, almejava apropriar-se de seus bens. Viu que ele tramava ainda dar um fim a seu pai. Dalbir, então, ligando-se ao campo mental de Marcellus, descobriu suas memórias pretéritas.

Augustus não dividiria o prazer de vingar-se de seu pai com mais ninguém e jamais consentiria que Lélia se casasse novamente.

Marcellus era um antigo espírito usurpador, que fizera muitas vítimas movido por ganância e sede de poder. A intriga e a maledicência foram suas armas, e o desprezo pelo sofrimento alheio foi seu grande legado em várias encarnações, desperdiçadas no ócio. Na atual existência, ele pouco havia mudado, desejando inclusive subtrair a vida de Gaius quando tivesse oportunidade.

Augustus sentiu-se livre para agir e, cheio de raiva, imantou-se a ele, prejudicando-lhe de imediato quase todo o sistema nervoso, processo este ensinado por Dalbir.

Rapidamente, Dalbir, ajustando sua visão, percebeu que outros espíritos estavam presentes e também aguardavam chance de assediar Marcellus e exercerem sua vingança, originária de tempos passados. Eram espíritos cobradores e inconformados com o fato de que ele usufruía de certos privilégios da vida mundana, como fortuna e beleza, enquanto eles, injustiçados e pessoalmente prejudicados por ele, permaneciam em dolorosas trevas íntimas.

Uma das inconformadas mulheres presentes, provavelmente desencarnada recentemente devido aos maus tratos infligidos por Marcellus, disse:

– Como é possível um monstro viver na abundância, enquanto eu e minha filha sofremos as amarguras do inferno interior? Fomos assassinadas por este infeliz e queremos vingança.

Outros se aproximaram com a mesma intenção.

Dalbir então gritou:

– Temos espaço para todos. Não se aflijam! Deixem apenas que Augustus inicie seu trabalho e vocês poderão dar toda a continuidade!

Com a aproximação de Augustus, Marcellus passou a expressar-se de forma desconexa e alegou lancinante dor de cabeça. Despediu-se de todos, prometendo a Lélia que retornaria no dia seguinte bem disposto.

Uma falange de espíritos a quem Marcellus prejudicara no passado imantou-se a ele, intensificando o processo obsessivo. Sua energia era sugada sem piedade e de nada adiantou o pedido de um mentor que o acompanhava para que aquelas entidades o deixassem em paz.

Milla olhava desolada para Marcellus, que se retirara da mesa tendo Augustus imantado a seu corpo espiritual, seguido por triste legião de sofredores.

Ela via claramente Augustus espetar com uma adaga a cabeça do jovem, causando-lhe aflitivo martírio, agravando uma condição física desconhecida, porém pré-existente. Marcellus cambaleava e foi ajudado por alguns batedores que o acompanhavam.

De volta a sua casa, seu pai estranhou seu retorno antecipado:

– Deixou tão cedo assim sua futura esposa, meu filho? Vejo que está pálido. Sente-se bem? Bebeu demais?

– Não, meu pai, não bebi nada, nem ingeri alimento nenhum. Na verdade, mal tive tempo de me sentar à mesa com eles e comecei a sentir-me estranho.

– Vá se deitar. Vou pedir auxílio.

Plinius, preocupado, convocou seu médico de confiança, que prontamente o atendeu. No entanto, ao entrar nos aposentos de Marcellus, alarmou-se ao ver que o quadro piorara. O rapaz já agonizava. Sangue vertia por suas narinas.

Tendo-o examinado como podia, o médico, visivelmente preocupado, fez saber a Plinius que não teria como salvar-lhe o filho. Jamais presenciara estado tão desolador e súbito em alguém tão jovem.

Ao lado do agonizante, Augustus e Dalbir observavam, prevendo-se já vitoriosos.

Augustus, porém, não experimentava a mesma sensação de vitória que sentia nos tempos em que fora Nimit e Arjun. Percebendo que talvez ele fraquejasse, Dalbir lhe disse:

– Está se saindo um exímio soldado das Sombras, Augustus. Vejo que consegue manipular os vivos sem dificuldades...

A mãe de Marcellus era cristã recente, tornando-se uma voz sensata naquela casa repleta de conluios, mentiras e descasos com a vida alheia. Orava constantemente pela moderação do filho e do esposo, tentando em vão auxiliar-lhes a conversão.

Desesperada com o estado de Marcellus, pediu a presença do homem considerado milagroso, pois, diziam, curava os doentes através da oração. Dirigindo-se a um servidor, pediu-lhe que fosse até Artemus e o trouxesse, ainda no meio da noite, expondo-lhe a gravidade da situação.

O ancião veio o mais rápido que sua idade permitiu.

Ao adentrar os aposentos de Marcellus, Artemus viu que ele acabara de morrer. Comoveu-se com a cena, desoladora tanto no plano físico quanto no espiritual. Olhou então firmemente para Augustus e dirigiu-lhe, em idioma antiquíssimo, palavras que o calaram de imediato:

– Vejo que concluiu sua vingança, Materu. Matou Marcellus, seu pretenso inimigo, exaltando as sombras que hoje revestem seu coração. Lamento por sua infeliz escolha e, creia-me, sua hora também chegará. Cedo ou tarde, deverá prestar contas de seus atos.

– Cale-se, velho! – retrucou Dalbir irritado, interpondo-se entre o idoso e Augustus. – Conheço seus feitiços. Desde quando os trabalhadores da Luz defendem assassinos e ladrões, como é o caso de Marcellus?

E desafiou-o:

– Não ouse nos atacar ou...

Mal teve tempo, no entanto, de concluir sua ameaça, quando soou sua derradeira hora.

– Suas maldades não mais encontrarão lugar entre os vivos! – respondeu Artemus.

E, fechando os olhos, orou fervorosamente. De seu peito uma luz intensa jorrou, atingindo Dalbir no meio da testa, dissolvendo assim o pesado capacete de metal que ele plasmara para si mesmo como esconderijo para sua carranca espiritual. Sua resistente armadura romana também se desintegrava e, aos poucos, a luz envolveu-o completamente, adormecendo-o.

Augustus, ao ver o verdadeiro estado do corpo espiritual de Dalbir por trás da imponente armadura, sentiu repulsa, afastando-se assustado.

Os anos de maldade e resistência ao bem haviam feito de Dalbir um homem horrendo, mas tais deformidades tornavam-se visíveis somente após a misericordiosa ação de Artemus.

Dalbir foi então recolhido, para espanto de Augustus, por equipes que há muito o aguardavam para uma reencarnação compulsória. Seus dias nas trevas haviam terminado. Em pouco tempo, seria conduzido ao ventre de Astarte que, contra todas as probabilidades, engravidaria de Petronius.

Dalbir encarnaria desta vez como uma menina de saúde fragilizada e constantemente atormentada por visões, que seria porém muito amada pelos pais, que a veriam como um pequeno milagre de Deus. Astarte e Petronius a criariam como cristã, auxiliando este espírito rebelde e revoltado a burilar as próprias emoções.

Voltou-se então a Augustus. Em seu olhar não havia censura, desprezo ou impaciência, mas apenas a calma amorosa daqueles que acreditavam que Jesus, o Divino Mestre, jamais abandona suas ovelhas ao relento.

– Veja – disse Artemus ao atormentado Augustus. – Dalbir há muito tempo sentia-se tocado pelo comportamento de alguns cristãos que ele tentara em vão prejudicar. Presenciar os mártires do cristianismo orarem, clamando perdão para os próprios algozes, de certa forma causou mudanças críticas nele, que tentava amortecer a própria consciência recorrendo à vingança. Mas a hora dele chegou e espíritos bondosos o recolheram para a reeducação. Você está sozinho agora nesta empreitada, Augustus. Aceite a ajuda dos amigos espirituais que desejam seu progresso e abra mão de suas intenções vingativas.

E continuou firme em seu propósito de sensibilizar Augustus:

– Dalbir também acreditava ser mais forte que o amor de nosso mestre Jesus. No entanto, esqueceu-se de que o bem é sempre previdente e sabe aguardar na paz. Sua hora também chegará, meu irmão, e quanto antes aceitar isto, melhor para todos.

Olhou para os pais inconsoláveis de Marcellus e trouxe-lhes palavras de encorajamento, sem, contudo, violar a fé inocente que aquele pai depositava nos deuses romanos. Ele também, um dia, sairia da cegueira espiritual que o impedia de ver a presença magnânima do Deus único. É o único caminho.

Plinius, desconsolado, perguntou-lhe:

– Que idioma é esse que falou, Artemus? E para quem dizia tais palavras?

– Esta é a língua morta das antigas terras afundadas e poucos hoje a conhecem.

Instruiu-lhes então:

– Orem por Marcellus e peçam aos deuses que os acompanham que lhes deem muita coragem. Um dia, todos nos reencontraremos com ele, isto posso garantir. Por ora, ele repousa junto de seus ancestrais e em breve também avaliará as próprias motivações. Despeço-me agora, pois sou velho e o repouso me é necessário.

Naquele dia de dor e sofrimento, Plinius também começaria a mudar.

Augustus se retirava desconcertado com o que acabara de presenciar. Perdera o auxílio de Dalbir. Como se apresentaria ao imperador novamente? Como retornar àquela cidade que ele em plena consciência escolhera como moradia, sabendo que certamente o líder das sombras o puniria por não haver lutado contra os servos da Luz?

Não, ele não retornaria às terras sombrias e não seria meramente um dentre tantos Rômulos. Optara por algo mais drástico. Decidira naquele momento que ficaria imantado a seus desafetos e aos poucos corromperia Lélia e todos os que estivessem a seu lado.

Augustus, no período em que esteve na cidade sombria, percebera de forma clara quão hábeis eram aqueles infelizes em julgar e condenar. Observava como aqueles espíritos afastados do bem manipulavam os medos e as culpas individuais, muitas vezes criando débitos onde, na realidade, existiam oportunidades de aprendizado e crescimento.

Embora cansado da luta insuportável contra a própria consciência, Augustus ainda não conseguia abrir mão do orgulho, que fora exacerbado em grande parte pelos avós e pelo próprio pai, que, invigilantes, o ajudaram a enveredar pelo caminho da falsa vitória moral.

Tempos insanos, aqueles, que se repetem compulsivamente nos dias atuais, em que pais, avós, esposos e esposas, em nome do amor, esquecem-se de que a verdadeira vitória consiste em conquistar a si mesmo.

31. A revolta

Assim que soube da morte de Marcellus, Lélia mais uma vez recolheu-se em si mesma. Sua primeira reação foi fingir algum desinteresse e pouco caso com a vida do noivo. De fato, nunca sentira amor por ele, mas essa falta de consideração pelo rapaz e pela família mostrava que ela se enredava por caminhos perigosos. Um processo obsessivo começava lentamente a se instalar.

Conquistas grandiosas que ela adquirira em vidas passadas se nublaram. Era necessário que a espiritualidade a redespertasse do sono dos anestesiados; neste caso específico, através de dores que iriam mobilizar seu coração, tirando-o da aparente frieza e apatia. Ainda que não amasse Marcellus, importar-se com a dor de seus pais seria o mínimo esperado de quem começava a entender os princípios da cristandade.

A pedido de Milla e Prisca, Artemus veio até a mansão. Lélia manteve-se distante, em franco processo obsessivo que a imantava a Augustus.

Gaius optara por partir para Roma, ao lado do amigo Maximus, cuja família permaneceria na casa de Lélia por algumas semanas mais.

O Marciano, como era ali conhecido, buscava formas menos dignas de esquecer-se da nora.

Ele não soube do falecimento de Marcellus e, acreditando que este cortejava Lélia, entregou-se cada vez mais à embriaguez e às sucessivas festas.

Cecília e Verena, filhas de Maximus, eram boas companhias a Lélia e insistiam que orasse junto delas, pedindo que Jesus lhe desse forças para suportar mais uma perda afetiva. Isto a irritava a tal ponto, que passou a evitá-las e a mostrar-se novamente impermeável aos princípios cristãos.

As duas jovens estavam cada vez mais devotadas ao cristianismo, que já se tornava perigoso aos olhos do poder de Roma, que respondia com crescentes perseguições.

Meses então se passaram, até que Verena e Cecília, bem como os demais hóspedes, retornaram a Roma.

Em uma manhã chuvosa, Lélia mostrava-se ainda mais arredia e irritadiça, com pioras de humor frente à chegada de Artemus, que viera visitar Astarte, agora grávida. O comportamento de Lélia havia se agravado visivelmente, com atitudes grosseiras para com aqueles que a cercavam.

Artemus entrou e saudou os amigos cristãos, a quem se afeiçoara, com semblante alegre e fraterno, chamando-os para orarem com ele pela criança que nasceria em alguns meses. Petronius, Linus, Astarte, Prisca e Milla prontamente aceitaram o convite, sentando-se ao lado do visitante, que iniciou sua tocante pregação.

Lélia, percebendo-os reunidos, mostrou-se impaciente com a cena. Cerrando os punhos e mudando radicalmente suas feições, voltou-se a eles e, com olhos vermelhos de raiva, bradou em desafio:

– É bem justo esse seu Deus, não, Prisca? Vocês não passam de aproveitadores e hipócritas.

Prisca, surpreendida, olhou para Lélia, que tinha os olhos fixos em Artemus.

– Lélia, querida, por que diz isto? Você sempre compartilhou estes momentos de oração conosco. Por que razão age assim agora?

E convidou-a, serena:

– Venha, que o senhor Artemus deseja lhe falar.

– Belos cristãos, vocês! Recebem a paga de seus patrões e usam o tempo de trabalho para ficarem sentados, orando a uma deidade que não existe. Não quero, ouçam bem: não quero que falem mais desse seu Deus em minha casa! Voltem a seus afazeres e não apareçam mais aqui com um velho cristão, ou não responderei por mim.

Virou-se então irônica para Milla e vociferou:

– Quanto a você, Milla, por que não seguiu seu amante miserável até Roma?

E ordenou, ríspida:

– Petronius, levante-se imediatamente e leve esse velho para bem longe.

Ouvindo tais gritos, outros servos acorreram. Prisca tentou se aproximar de Lélia, mas foi impedida por Artemus. Milla então pediu a ela que ao menos fosse clemente com Artemus, mas Lélia ameaçou esbofeteá-la.

Artemus, inabalado, levantou-se vagarosamente e sorriu para Lélia. Virou-se então para Prisca, que já chorava entristecida pelas palavras injustas que ouvia, e disse-lhe:

– Lélia já não é mais dona de si mesma, Prisca. A raiva contida em seu coração e velada pelos bons costumes finalmente se manifestou através da ação infeliz de Augustus. Saibam, meus filhos, que o mal se vale de nossos próprios e fartos recursos para nos prejudicar. Ele, porém, não faz surgir espinhos em narcisos. É preciso que tenhamos correspondência de sentimentos para que ele vença, e de nossa vontade para que ele se estabeleça.

Voltou-se em seguida para Lélia, que mirava a todos com intenso desprezo, e esperou que Augustus se manifestasse através dela, o que não tardou a acontecer.

– Com quem pensa que fala, velho inútil? Não sou uma de suas malditas cristãs, que tudo aceitam. Saia de minha casa ou eu mesma o colocarei para fora!

Prisca e Linus não reconheciam Lélia. Artemus, por sua vez, percebia a presença de Augustus ao lado dela, vinculando-se a seus centros nervosos e estimulando a intemperança, que não estava de todo adormecida em seu coração.

Aproximando-se dela, Artemus pediu com voz serena que se sentasse para conversarem em particular.

Sem poder resistir à autoridade moral do ancião, Lélia olhou-o envergonhada pelo comportamento recém-exibido e o convidou para irem ao jardim conversar.

Linus e Petronius baixaram a fronte, constrangidos pelo comportamento de Lélia, por ambos sentirem-se realmente humilhados por ela.

– Petronius – disse Astarte –, não condene nossa Lélia por essas palavras hostis. Tenho certeza que o fel que verteu por sua boca não proveio de seu coração e sim de Augustus, que a assombra. Tenhamos fé, como nos ensinou Aristeus.

– Sim, Astarte – concordou Prisca. – Esta não é Lélia.

Há dias que se revolta contra tudo e todos. Outra manhã, empurrou uma serva que sem querer lhe derramara água na túnica, para em seguida pedir perdão pela intemperança. Lélia encontra-se perturbada e devemos nos manter fieis às orações.

No jardim, de semblante franzido e mostrando inquietude, Lélia desculpava-se a Artemus:

– Perdoe-me, Senhor. Não sei o que se passa comigo... Sinto raiva o tempo todo e desejo me afastar dos amigos que sempre me foram queridos. Quando me lembro de meu sogro, desejo com toda a minha força que ele morra.

Ao dizer isso, mostrou-se tão constrangida e perturbada, que Artemus a amparou em seus braços até que se recompusesse.

– Não se sinta sozinha, filha. Sabe que é amada por todos.

Lélia, ainda envergonhada, mantinha a cabeça baixa.

– Senhor Artemus, meu coração não tem paz. Sinto-me sufocar durante o dia e, à noite, quando durmo, vivo em pesadelos. Sonho com Gaius entre as mulheres mais belas de Roma, desprezando-me. Sinto que todos me odeiam nesta casa, que desejam que eu morra! Vejo constantemente Augustus sucumbir na Palestina e, revoltado, apontar-me o dedo acusador, cobrando-me fidelidade.

E expôs-lhe:

– Sinto que já não tenho mais a crença em nossos deuses, mas minha fé no Deus dos cristãos não me alivia as dores.

– Filha querida, triste é aquele que não têm fé alguma. Acalme seu coração, Lélia, e saiba que somos todos filhos eternamente amados de nosso Pai. Não destrua a semente benfazeja que seus amigos cristãos colocaram em seu espírito. Não permita que seu infeliz esposo, que por enquanto evita a graça de ser amparado pela Luz, a afaste do bom caminho. Ele mesmo, muito em breve, sucumbirá ao amor de nosso mestre Jesus através da ação de seus mensageiros.

– Sempre me consolei com as palavras de Prisca, mas agora elas parecem me sufocar. Não sei de onde vem tamanha ira que se apossa de mim. Parece-me que uso uma veste que não me pertence.

Olhando Lélia profundamente em seus grandes olhos verdes, Artemus disse-lhe, em tom firme, mas sereno:

– Você, seu falecido marido e seu sogro são almas devedoras umas das outras. Caminham por entre pedras e tropeços há milhares de anos, mas já conseguiram grandes avanços. Entenda que, nesta vida, já deram passos decisivos no perdão e na tolerância mútua e que só dependerá de você a completa paz de todos os envolvidos.

Augustus, imantado a Lélia, ouvia o que Artemus expunha. A vibração emanada pelo ancião o prendia de forma inexplicável, como se devesse muito àquele homem simples e afetuoso. Queria fugir, mas lhe era impossível. Era Nimit que, nesse momento, estava a lembrar-se do médico Pavit, que o acolhera nas enfermarias regeneradoras de Ashwattha.

– Sei que me compreenderá, Lélia, ainda que tal entendimento leve alguns anos, mas saiba, desde já, que a vida continua sempre. Nascemos e morremos porque nossa carne é perecível, mas o espírito é eterno e só tem um caminho a seguir, que é o de retorno ao Pai.

Explicou-se então:

– Quando o corpo físico de Augustus pereceu, seu espírito continuou com as mesmas aquisições, os mesmos medos e os mesmos desejos, porque a morte não nos santifica. Mesmo recebendo o auxílio fraterno de um protetor de nosso grupo de espíritos, Augustus decidiu-se pela vingança e aliou-se a uma alma infeliz que se tornou grande comparsa nesse intento. Este espírito deverá, a fim de cumprir seu destino, nascer próximo a esta família, devendo ser acolhido por todos incondicionalmente. Será uma criança frágil e, durante o tempo em que viver neste mundo, deverá ser sua protegida.

Percebendo que Lélia absorvia tais revelações, Artemus prosseguiu:

– Augustus, por sua vez, deverá nascer novamente como filho de Gaius e aprenderão a amar-se como uma verdadeira família espiritual. O poder de Augustus diminui e, em breve, caso não aceite renascer em seu ventre, poderá ser mais uma vez atraído pelas falanges do mal. Nascer como seu filho será digna oportunidade de redimir-se dos crimes cometidos nas legiões.

Augustus, inconformado com o que ouvia, novamente se imantava ao psiquismo de Lélia, mas desta vez com o acompanhamento amoroso de Artemus.

Lélia entrou em transe profundo. As palavras de Artemus eram destinadas a Augustus, que, apavorado, comunicou-se através de Lélia.

– Não aceitarei ser outra vez filho de meu pai. Ele deseja roubar-me a esposa e...

– ...como você mesmo o fez em mais de uma vida, Augustus, visto que roubou de muitos maridos, inclusive de antigos parentes, as mulheres com quem eles haviam estabelecido laços sagrados. Você abusou de muitas delas, apenas para se divertir, e dessa forma destruiu muitas famílias e levou tantas outras à desgraça. Olhe para seu passado, Augustus, e veja o que fez, com os mesmos olhos impiedosos com que agora olha e julga seu pai. Gaius e Lélia se mantiveram virtuosos quando você esteve vivo e jamais o desrespeitaram, ao passo que você, em passado não tão distante, em nenhum momento se incomodou em violar lares e famílias. Aproveite a oportunidade abençoada que se apresenta neste momento e ponha fim a sua perseguição inútil.

E, colocando a mão sobre a testa de Lélia, permitiu que Augustus enxergasse um pouco de seu tenebroso passado.

O desventurado soldado, antigo rei e líder de grandiosa legião enquanto vivente, caía agora em desalentado pranto, e um arrependimento violento ia aos poucos se transformando em um impiedoso tribunal da própria consciência.

– Não, não! Não desejo ver mais! Destruam-me de vez! Não sou digno de piedade... Levem-me ao imperador e deixem-me pagar por meus erros. A tortura é pouco para mim...

– Augustus, nosso Pai é justo e perfeito e lhe oferece uma oportunidade de refazer por si mesmo o próprio caminho. Aceite nascer como filho de Gaius e Lélia, pois somente assim estará protegido de seus cobradores. Você terá ainda a oportunidade de corrigir seus erros por meio de uma vida voltada ao bem, que lhe será incutido desde cedo.

– Não posso me separar de Lélia. O que me pede, meu Senhor, é demasiado para mim.

– Augustus, nada é difícil quando nosso desejo de perdoar é sincero. Confie que jamais estará sozinho em sua caminhada. Além disso, a benção do esquecimento arrefecerá seus ânimos.

E completou:

– Perdoe, Augustus. Simplesmente perdoe e siga em frente.

Naquele momento, uma suave luz se materializou aos olhos de Artemus, que reconheceu o amigo Kabhir, que comparecia como um magnânimo monarca africano. Ele agora coordenava uma das muitas colônias espirituais no coração da África e novamente oferecia para Augustus sua mão protetora e seu luminoso fragmento do Amor Universal.

Augustus, cabisbaixo, pediu ao radioso ser que estava a sua frente:

– Senhor, perdoe-me. Sei que deveria ter aceitado sua oferta no momento em que tentou me auxiliar nas trevas em que me encontrava mergulhado, mas em meu coração só havia ódio. Sou um soldado infame, um verme arrependido e não mereço piedade.

O fraternal soberano o abraçou e sorriu-lhe:

– Venha, irmão. Há muito que meu coração o aguarda.

32. O consentimento do coração

Gaius permaneceu em Roma por muito tempo, sem saber exatamente o que se passava na Gália. Buscava alívio para seu coração e ao mesmo tempo sentia-se culpado por não ter impedido que Augustus ingressasse nas legiões.

Jantares, festas, homenagens, mulheres, bebida... – nada disso arrefecia o torturante sentimento de culpa que lhe esmagava o coração. Agravando este quadro, estava a saudade de Lélia.

Comparsas de Augustus e Dalbir redobravam o ataque obsessivo, por afinidade e puro prazer em vê-lo sofrer, ao mesmo tempo que se alimentavam dos prazeres fáceis que vivenciava para fugir a seu tormento. Seriam afastados no momento certo, mas, para tanto, o próprio Gaius deveria aos poucos reverter seu padrão mental. Nenhum processo obsessivo prescinde de nossa ação transformadora e de nosso empenho no bem.

Petronius escrevera tempos antes a Gaius, dando-lhe mais detalhes sobre a morte de Marcellus, evento que havia chocado a cidade. Relatou ainda o quanto Lélia estava agindo de forma estranha, comportamento que Gaius atribuiria à perda do noivo, pois acreditava que Lélia amava o desafortunado rapaz.

Certa noite, em um dos muitos jantares na casa de nobres patrícios, Gaius encontrou Clódia.

– Gaius, que surpresa vê-lo em um jantar tão distinto. Imaginei que preferisse festas mais arrojadas. Bem – ela continuou –, sua vida não me diz respeito, contanto que os grãos continuem a fluir abundantes para Roma.

Calou-se então por talvez meio minuto, observando-o. Viu que Gaius, embora um homem de bela presença, trazia nos olhos uma tristeza que de algum modo sobressaía.

Pensou que ele deveria mesmo amar Lélia e que sua protegida, poderia obter muitos benefícios com essa união.

– Gaius – disse ela em tom mais amistoso –, desejo que me procure amanhã no palácio para conversarmos sobre Lélia. É possível? Ou tem outros compromissos na cidade?

– Sim, Clódia, virei. Aguarde-me após o almoço.

No horário combinado, Gaius compareceu ao Palatino e, figura conhecida da sociedade romana que era, não tardou a ser recebido sem restrições.

No salão em que se encontraram, Gaius fez uma reverência com a cabeça, visto que Clódia estava na companhia de Plotina, esposa do imperador, além de Adriano, um primo deste.

O Marciano sentou-se no banco que lhe foi indicado e percebeu que os presentes, sem disfarçarem, conversavam sobre um possível casamento entre ele e Lélia, embora esta união pudesse parecer perigosa devido à imensa fortuna de ambos, e consequentemente ao poder que Gaius assim teria. As bodas, entretanto, trariam vantagens ao povo e o trio tinha interesse em manter a paz e a prosperidade entre a população.

Plotina e Adriano, que seria em breve o novo imperador, despediram-se brevemente de Gaius e retiraram-se, deixando que Clódia mantivesse o necessário entendimento com o visitante.

– Gaius, sabe que estimo Lélia desde sempre. A mãe da jovem foi minha amiga querida; a avó foi grande amiga da nobre Plotina. Embora possa estranhar minhas palavras, peço que não se ofenda quando digo que sinto em meu coração que a mãe de Lélia não está em paz no mundo dos mortos sabendo que a filha permanece sozinha e sem proteção. Sabemos que muitas mulheres romanas são independentes e gerenciam por si mesmas suas fortunas, mas ambos sabemos que não é o caso de Lélia.

E indagou-lhe, acolhedora:

– Diga-me: você a ama, não?

Gaius já não tinha forças para negar. Vinha fazendo isso por meses e estava esgotado. Clódia sempre se mostrara generosa e verdadeiramente interessada no bem-estar de Lélia. Ele resolveu então abrir-se:

– Amo, Clódia. Eu a amo de todo o meu coração.

– E sabe – ela continuou – que ao se casarem a fortuna resultante da união poderia ser ameaçadora ao imperador, pois sabemos quão fácil é comprar políticos em Roma. Estou certa?

Gaius entendeu a mensagem.

– Clódia, que interesse teria eu em corromper um sistema que apenas beneficia a mim? De que tem medo? Que eu seja mais um reles conspirador?

– Sim, Gaius, exatamente. Desejo sua palavra de que, desposando Lélia, jamais se esquecerá de sua lealdade ao império e ao povo romano, suprindo sempre as necessidades que Roma tem de alimento.

– Tranquilize-se, Clódia. Agora entendo o motivo de Plotina estar aqui quando cheguei. Só não compreendo por que razão o jovem Adriano também estivesse.

– Gaius, como sabemos, o imperador não tem herdeiros e Plotina se preocupa com a continuidade do império. É só o que posso lhe dizer por hora.

Gaius entendera tudo.

– Conte comigo, Clódia. Tem minha palavra de que Roma e o povo romano serão fielmente considerados. Tem minha lealdade.

Disse então, em voz que revelava seu íntimo:

– Juro ainda fazer Lélia muito feliz. Mas neste momento, Clódia, não posso jurar por nenhum dos deuses romanos, visto que neles não mais acredito.

Clódia estava muito satisfeita com a resposta de Gaius. A patrícia sabia ler no coração dos homens a honestidade e a realidade.

– Felizmente, Gaius, o único e verdadeiro Deus está cada dia mais presente nos corações dos romanos.

Gaius não estranhou saber que Clódia também era cristã.

– Há mais uma coisa, Gaius. Sabe que deverá viver na Gália a partir de agora.

– Sim, sei. Timgad me foi útil durante o período de sua construção, mas ainda carece de suficiente estrutura para ali mantermos uma família. Sei que os romanos se empenham em trazer melhorias à cidade, mas concluí que a Gália nos oferecerá melhores condições.

Aliviado, acenou-lhe com a cabeça e despediu-se.

33. Paz

Meses se passaram desde o encontro de Gaius e Clódia, bem como do processo de desobsessão envolvendo Augustus, Lélia e Artemus.

Os raios de sol entravam suaves e iluminavam cada porção daquela moradia. Os aromas do jardim espargiam-se naquele lar, trazendo paz e serenidade. O vistoso espinheiro no jardim crescia frondoso, mas ainda não dera flores. O fértil solo da Gália já prometia, para breve, uma farta recompensa aos que soubessem esperar.

Lélia lembrava-se do dia em que ferira as mãos no jardim em Timgad. Naquele mesmo dia ela descobrira que amava Gaius.

A partir de então, tormentos constantes e lágrimas amargas povoaram sua vida, cuja testemunha mais silenciosa fora a florada que se convertera em nada mais que espinhos.

Recordava-se do momento em que Gaius se despedira dela, bem debaixo da vistosa planta, de que no dia seguinte não restavam senão ramos retorcidos. Suas lágrimas haviam feito a planta secar. Agora, na Gália, ele estava por florir, apontando-lhe que o momento era de paciência e resignação, como recomendara Artemus.

Em sua casa, as preces diárias daqueles homens e mulheres comprometidos com o bem tornavam o ambiente salutar, propício à regeneração de todos, mas ainda não em caráter definitivo. Nosso progresso opera lento, porém constante.

A dona da casa mudara seu comportamento radicalmente. Sentia-se feliz e passava boa parte do dia ao lado de Astarte, que deu à luz uma menina chamada Neith. Ela e Petronius decidiram estabelecer-se definitivamente na Gália, ao lado da família que os acolhera, composta agora de Prisca, Linus e Milla.

Lélia não se lembrava absolutamente do que acontecera naquele dia em que recebeu Artemus no jardim, quando Augustus fora encaminhado novamente à reeducação. Apenas sentia-se leve e feliz.

Milla decidira não mais retornar a Timgad como prometera, e dedicaria seus dias a cuidar de Artemus, que, já idoso, aos poucos perdia a visão. Ela sabia que Lélia e Gaius estariam juntos em breve e abriu mão desse amor.

Prisca e Linus permaneceriam com Lélia na propriedade. Sentiam-se velhos para novas aventuras.

Lélia se inteirava dos negócios pertinentes a suas propriedades e já atuava requalificando plantações e redistribuindo melhor o produto da terra.

Em um entardecer ameno, de brisa benfazeja e céu alaranjado, chegava Gaius.

Lélia saudou-o respeitosa e retornou a seus aposentos, desejando não exigir demais do próprio coração. Teria paciência, como indicara Artemus, com aquele de quem agora também cuidava.

Ao anoitecer, Gaius pediu que Lélia o acompanhasse ao jardim. Ela, mostrando-se desta vez em paz com seus próprios sentimentos, consentiu na companhia daquele que era senhor de seu coração, mas sem mostrar a inquietação de antes.

– Lélia, preciso lhe dizer muitas coisas, mas, antes de mais nada, peço que me perdoe pela ausência e por não estar a seu lado quando precisou de mim. Petronius me escreveu, relatando os fatos ocorridos. Inicialmente, não acreditei em tais ocorrências, até que eu mesmo ouvi Augustus manifestar-se através de você, e só me afastei para poupá-la. Temia que ele a ferisse e eu não poderia suportar se algo lhe acontecesse.

E prosseguiu:

– Em Roma, tentei a todo custo amortecer meus sentimentos por você, mas a cada dia meu amor apenas crescia. Desesperado, recorri a todo tipo de sortilégios e rituais, que apenas me confundiram mais. Não fosse pelo amigo

Maximus e sua esposa Lúcia, eu estaria morto agora, já que por muito pouco não ingeri uma poção que me foi oferecida a peso de ouro por um sacerdote mal-intencionado. A poção era um sortilégio preparado por um feiticeiro ardiloso que desejava me manter sob seu poder a fim de extorquir minha fortuna. Graças ao amigo Maximus, o plano foi desmascarado a tempo.

Ao ouvir que Gaius sofria pela distância e pelos sentimentos que nutria por ela, Lélia aproximou-se e disse-lhe:

– Perdoe-me também por ter lhe causado tantos dissabores desde que aqui cheguei. Artemus me explicou que Augustus, você e eu estamos imantados por elos profundos e longínquos, que só poderão ser transformados através do amor verdadeiro e do perdão. Eu, portanto, o perdoo e desejo que me perdoe também.

Aproximando-se a ela, Gaius indagou:

– Sabe o que me corroía a alma, Lélia, a ponto de desejar abrir mão da própria vida?

Ela acenou negativamente com o rosto, aguardando resposta.

– A tristeza e o desespero de vê-la em outros braços. Aceitei pacificamente seu casamento com meu filho e estava de fato disposto a sufocar esse amor dentro de mim para que ambos fossem felizes. Quando percebi que você se interessara pelo pobre Marcellus, perdi-me em mim mesmo e não desejava mais nada, além de me entregar ao entorpecimento dos sentidos. Felizmente, meu amigo Maximus e Clódia intercederam por nós e a própria imperatriz consentiu com nosso casamento.

Ao saber que sua união finalmente seria possível, Lélia sorriu como Gaius nunca antes vira.

Desposaram-se em poucos meses, para júbilo de todos.

No dia das bodas, estavam presentes em espírito Kabhir, Kanti e Agha. O espinheiro, até então sem viço, finalmente florescia. O momento não poderia ser de maior felicidade.

Em menos de um ano, Lélia dava à luz um vigoroso menino, que se chamaria Cassius. Nesse período, renasceram também Kabhir, Kanti e Agha, que na juventude se converteriam ao cristianismo e receberiam a tarefas de divulgação do Evangelho de Jesus, cada qual a seu modo.

Cassius, quando adulto, se casaria com uma jovem chamada Lícia e teriam muitos filhos.

A vida doméstica ajudaria Cassius a se esquecer das batalhas que travara em seus tempos de Augustus e arrefecer, ao menos por enquanto, seu espírito belicoso. Lícia teria papel fundamental nesse processo, por ser um espírito muito ligado a ele.

Aos poucos, a união entre essas almas foi sendo trabalhada com paciência, tendo como base o imenso amor que ligava Lélia e Gaius, que viveram felizes por vinte e cinco anos. Quando Gaius finalmente partiu para a espiritualidade, deixou aos cuidados de Cassius toda a sua fortuna.

Mesmo após sua morte, Gaius visitava Lélia constantemente e lhe relatava sobre a vida espiritual. Cassius olhava curioso a mãe conversando com o vento, sob a sombra do espinheiro em flor.

Lélia morreria cinco anos depois e seria recebida por Gaius. Juntos caminhariam para Ashwattha rumo a novos desafios, porém jamais sozinhos.

O próximo encontro de ambos se daria na Inglaterra cristianizada, por volta do ano 1000. E, desta vez, os desafios seriam ainda maiores...

Fim da primeira parte

34. Elucidações

Entre quedas e reerguimentos, estamos sempre evoluindo, como determina a Lei Divina, balizadora maior de nossas existências.

Seguimos, embora inconstantes em nossa luta, imersos em um processo ditoso de retorno à Fonte Criadora.

Ainda que não nos pareça que mudanças significativas ocorreram entre os séculos que separaram as existências de Nalini-Parijat-Lélia, convém, antes de adentrarmos a segunda parte desta narrativa, compreendermos alguns pontos.

Embora a evolução dos espíritos se configure como certa, para os habitantes de um mundo de provas e expiações ela se dá de forma lenta, gradual, inconstante e quase imperceptível. Ela também não transcorre em linha reta e uniforme, mas sim em uma espiral evolutiva, na qual circulamos insistentemente ao redor de um centro que se constitui quase sempre de um mesmo obstáculo existencial, com os mesmos vícios e defeitos que nos acompanham há milênios.

Uma evolução em linha reta requereria abandonarmos, de uma existência para a outra, nosso orgulho, egoísmo e violência, entre outros comportamentos. Uma linha reta envolveria aprender definitivamente uma experiência quando vivenciada, passando para outras mais complexas sem reincidir nos mesmos entraves. Talvez significasse não cair duas vezes na mesma armadilha emocional ou mental, e sabemos que isso não costuma corresponder à realidade deste orbe.

Por outro lado, um caminho evolutivo que progride em espiral nos proporciona variados enfrentamentos a obstáculos que se interponham a nosso crescimento, de modo a passarmos por experiências que nos permitam vivenciar mais de uma vez, porém sob pontos de vista e distanciamentos diferentes, as questões a serem vencidas por nós para nossa própria emancipação.

Se, por exemplo, abrigamos ódio arraigado em nosso ser e precisamos mostrar avanços significativos no combate a tal sentimento em uma encarnação, circularemos ao redor de tal questão vivenciando diferentes experiências até que aprendamos a localizá-lo, a observar como ele é disparado e a descobrir estratégias para transformá-lo em algo útil a nosso desenvolvimento. Isto é bastante viabilizado ao admitirmos existir uma espiral evolutiva, que nada mais é que a lei do progresso aplicada a um mundo de provas e expiações.

Circularmos, enquanto espíritos encarnados, por experiências que visem o esgotamento de características que consistem em vícios milenares. Tais experiências são então lentamente agregadas a nossa vida, habilitando-nos a convertê-las em virtudes. A energia despendida nesse dinamismo é profusa, mas as oportunidades de regeneração também o são.

Esse processo, justamente por ser complexo, é supervisionado pelos seres evoluídos do Universo, que admiram sua justeza e equilíbrio, jamais atribuindo a ele um caráter punitivo, injusto, cansativo ou ineficiente.

A Terra é habitada, em esmagadora maioria, por almas rebeldes e descomprometidas com a Lei Divina, como as que voltaram à vida ao longo destas páginas, sendo que suas lutas, seu psiquismo e seus desejos são aqui retratados com tamanha fidelidade que não será difícil nos identificarmos com estes irmãos de caminhada em mais de uma situação.

Nós, espíritos encarnados neste planeta, resistimos à inexorável evolução, já que ela exige incessantes sacrifícios e resoluta força de vontade para seguirmos esse movimento espiralado ascendente.

Para a grande maioria, tal processo é ainda visto como doloroso e exaustivo, por envolver nossa imersão na materialidade de um corpo físico que, por si, já se constitui em enorme desafio. A carne pode ferir-se, ferir e nos levar a criar apegos. É impressionante como a matéria nos prende.

Por outro lado, é um alento saber que em orbes apenas um pouco mais adiantados que a Terra a evolução dos indivíduos, embora sujeitos às mesmas leis, segue padrões menos turbulentos e marcados por menos rupturas. Nesses mundos, nossos irmãos mais adiantados têm menor resistência ao trajeto evolutivo e se colocam com maior disposição a renovar-se através do esforço, que consideram como alavanca do progresso. Em breve, a Terra se tornará um desses mundos.

Enquanto isso, neste orbe, nosso processo evolutivo pode ser mais bem observado por meio de marcadores específicos, ou seja, traços que se alteram bem pouco vida após vida.

Nossa própria lentidão em transformar nossos defeitos em virtudes deveria nos inspirar a não julgar nossos semelhantes com intolerância pelos avanços que, acreditamos, eles deveriam estar fazendo. Estamos todos aprendendo, cada um de nós em uma parte da própria espiral evolutiva, e nela nosso livre-arbítrio nos faz aproveitar ou negligenciar as lições ofertadas.

Ainda que na maioria das vezes sejam minúsculos, pouco visíveis e lentos, nossos esforços são plenamente perceptíveis a entidades superiores, que supervisionam nossa evolução e realizam observações mais detalhadas e ao mesmo tempo mais amplas, baseadas em padrões de justiça e benevolência que nossa mente mal consegue ainda abarcar.

Esses espíritos, que não estão sujeitos ao tempo e ao espaço que nos aprisionam, dispõem de condições evolutivas que lhes permitem observar o conjunto da obra!

Para compreender melhor como funcionam estes marcadores, tomemos algumas virtudes, como *esperança*, *altruísmo*, *equanimidade*, *paciência* e *disciplina*. Imaginemos agora que na atual encarnação um espírito venha a experimentar provas bastante específicas em sua espiral evolutiva, em que a *esperança* se configure como importante forma de enfrentamento de questões há muito adiadas. A virtude denominada *esperança* será então um marcador importante a ser observado para a medição de seu processo evolutivo.

Para que esse indivíduo consiga acionar a *esperança*, será necessário grande esforço, com ação clara da vontade. Que fique claro que, quando ativada e cultivada pelas experiências, tal virtude deixará traços indeléveis tanto na vida presente quanto nas existências seguintes desse indivíduo, tornando-se conquista permanente dentro de sua espiral, de modo que cada vez menos ele precise de experiências destinadas a fixar essa virtude.

Para que este marcador se movimente, é preciso que o indivíduo seja bastante requisitado a acessá-lo e, para tal fim, se configurarão para ele situações que venham a ser vividas como provas ou como expiações. Tais situações terão por objetivo impeli-lo a fazer movimentos ascendentes em sua espiral evolutiva, saindo da inércia, na qual cada um de nós se compraz em permanecer.

Seja durante uma prova ou uma expiação, a *esperança* será um marcador fundamental para ajudá-lo a construir uma base de valores concretos que lhe trará coragem moral na superação de obstáculos inerentes à existência terrena. Com a *esperança* ativada, outros marcadores automaticamente se movimentarão para cima, ainda que aos poucos, como por exemplo a *humildade*, que reside na admissão da existência de algo maior e invisível aos olhos; a *fé* nas próprias capacidades e na proteção infinita de Deus; bem como a *resignação* e a *paciência*, que também são virtudes que começarão a se manifestar. Sempre que uma virtude se torna ativa, movimentará outras.

Todos esses marcadores, e outros ainda ao se manifestarem em conjunto, habilitam o espírito a trabalhar para o próprio progresso de forma mais serena, ainda que eventualmente em meio a profundas crises.

A *esperança*, portanto, quando ativada, desencadearia uma série de alterações positivas no ser, podendo ser acessada novamente em momentos de crise pessoal e quase que se tornando um automatismo vital em tais momentos, assim como o ato de respirar.

Desse modo, é crucial a reflexão sobre o que representa em nossas vidas o cultivo de virtudes, que geralmente surgem em momentos de dificuldade. Uma virtude, ou marcador ativo, movimentará muitas outras virtudes que, na calmaria, dificilmente se manifestariam, pois na grande maioria dos espíritos da Terra a vontade permanece dormente.

Vejamos agora outros tipos de marcadores que também compõem nossa personalidade, como o *ódio*, por exemplo. Sem a vontade ativa para a transformação do ódio, ele também movimentará outros marcadores, como a *revolta*, a *vingança* e o *inconformismo*, reforçando-os.

Cabe ainda ressaltar que o fato de recomendarmos a alguém que não sinta ciúmes ou medo ou raiva surte efeito muito raramente, e muitas vezes até agrava as emoções que ali se encontram em ebulição. O espírito encarnado pode ter duas opções: exauri-las através do esgotamento ou trabalhar em sua transformação a partir da conscientização de quem é, de onde veio, para onde vai e o que está fazendo neste mundo. Ambas as abordagens exigirão esforços, sendo que no esgotamento apela-se para a expiação como instrumento e na transformação recorre-se à prova como metodologia. Para ambas se demandará muita energia, autoperdão e autoamor.

Estas emoções estão presentes em todos nós, em menor ou maior grau, mas somente com a ativação das virtudes poderão ser devidamente acolhidas e encaradas com coragem.

A ativação das virtudes se dá exclusivamente através da vontade expressa de cada ser, mobilizando estruturas de enfrentamento, ou seja, por meio de expiações e provas.

Viver na Terra é ser confrontado por situações evolutivas específicas, que objetivam movimentar nossos melhores marcadores individuais, levando-nos à plenitude das virtudes.

Quando trabalhamos um aspecto de nossa personalidade, outros emergem e temos que enfrentá-los. Quanto mais os marcadores são estimulados ao longo das várias experiências vividas, mais eles se incorporam em nossa personalidade espiritual de forma permanente.

Viver é movimentar os próprios marcadores, para cima ou para baixo, conforme o caso.

No caso de Nalini, entre a encarnação que se deu na Lemúria e sua existência como Lélia, a caminhada foi significativa, tendo este espírito desenvolvido empatia pelo sofrimento alheio, desejo pelo estudo e afeição pelo trabalho, havendo também adquirido responsabilidade pelos próprios atos. Ela aprendeu aos poucos a amar além de si mesma e a satisfazer outros desejos além dos seus próprios. Mostrou-se corajosa e esperançosa o quanto pôde. Vivenciou a dor da perda afetiva mais de uma vez, e nesta situação específica se situa seu grande obstáculo evolutivo.

No caso de Nimit, a espiritualidade lhe proporcionou cenários para que esgotasse algumas energias de modo a impulsionar seu processo evolutivo, sempre de acordo com a época em que vivia, pois esta era a escolha pessoal deste espírito, ainda não preparado para aprender com provas, porém impetuoso o suficiente para enfrentar expiações. Na existência relatada a seguir, o egoísmo, a destemperança e a belicosidade não lhe surtem o mesmo efeito de antes, mas a consciência já o impulsiona ao desenvolvimento de outros marcadores. Ele conseguirá aos poucos ouvir uma negativa da vida sem tanta revolta, ainda que esteja longe de recebê-la de forma resignada.

Chandan teve aquisições importantes desde que perdeu Nalini. No entanto, ainda se manteve cativo a um amor egoísta, que lhe direciona todas as outras áreas da vida ao objeto de afeto. Nenhuma vida longe de Nalini é sentida por ele como completa, e nessa incompletude segue entristecido e perdendo oportunidades preciosas, muitas vezes dedicando-se ao cultivo de vícios.

Diferentemente do que o leitor possa pensar, estes espíritos não nasceram somente em famílias ou núcleos sociais privilegiados e premiados com o poder. Entre o período em que viveram em Roma e o nascimento séculos depois, cada um deles passou por ao menos três renascimentos, praticamente sem se encontrarem em nenhum deles. Tal desencontro ocorreu a fim de que se fortalecessem para as vidas futuras, ganhando resistência espiritual e moral por meio do trabalho e do sacrifício.

Chandan-Jamaludin-Gaius nasceria, por três outras existências, praticamente sem recursos materiais. Na primeira experiência, viria como um jovem que perderia o pai bem cedo, ficando responsável pelo sustento da mãe e de seis irmãos pequenos. Sem o conforto de que usufruíra em vidas anteriores, trabalhou com as próprias mãos na abençoada terra onde antes reinara como dono absoluto. Aos dezesseis anos, seria obrigado a tomar a espada para defender Roma, morrendo jovem e solitário durante o sangrento período das invasões bárbaras.

Em seguida, reencarnaria como trabalhador paupérrimo e cedo se tornaria pai de família. Teria Milla como esposa devotada e parceira no sofrimento. Seriam pais de cinco filhos que morreriam antes de completarem três anos de vida, em decorrência de enfermidades e miséria. Ele conheceria a fome, as privações e as doenças e aprenderia que somente a fé e a esperança o acompanhariam depois de desencarnar. Seria analfabeto e morreria solitário antes de completar trinta anos, porém sem revoltar-se.

Na encarnação seguinte, ocorrida antes da que narraremos, Chandan nasceria em uma família bastante simples e se tornaria, a pedido da mãe, um monge, vivendo enclausurado durante toda a vida. Sua única companhia seriam as escrituras. Desenvolveria o temor a Deus e o amor pela obra dos apóstolos. Ao lado desses sentimentos, deveria lutar contra o fanatismo eclesiástico que surgia em sua alma, mas também nessa existência sairia vitorioso.

Sentiria em cada uma dessas vidas imenso vazio no coração, que não seria preenchido por nada nem ninguém. Em sonhos, encontrava-se com Nalini e por alguns momentos reunia forças necessárias para seguir em frente. Preencheria o vazio afetivo com a crença religiosa.

Ele estaria agora pronto para nascer como Ildwyn, na Inglaterra, durante o período anglo-saxão. Aprendera a viver na solidão e a abrir mão de seus afetos. Seus marcadores referentes ao desapego, à fé e à esperança haviam se alterado bastante, mas ele ainda não era um novo homem e o encontro com seu grande amor revelaria isso de forma contundente.

Nimit-Arjun-Augustus teria duas encarnações dificílimas no seio de uma antiga nação africana, poderosa e guerreira. Seguindo sua impetuosidade-padrão, tentou impor suas normas e modos de pensar, sendo em ambas as encarnações duramente castigado pelos líderes locais, que o viram como ameaça. Foi perseguido e passou parte dessas vidas isolado em uma caverna ou aprisionado por nações inimigas.

Nasceu em seguida na Palestina, em deplorável situação de pobreza. Viveu da pesca por algum tempo, ficando, porém, cego ainda jovem e sendo depois abandonado pela família, que o considerava um estorvo. Passou a viver da comiseração alheia, vestindo andrajos e mendigando alimento aos que passavam pelas ruas insalubres em que esteve jogado. Morreu em avançada idade, sem nunca mais ver a luz do sol. Entretanto, aprendera a valorizar a conciliação, além da humildade e da esperança.

Próximo ao ano 1000, teria uma encarnação que lhe seria importantíssima e mediria os avanços alcançados nas últimas existências[18]. Nasceria novamente em família abastada, como irmão de Bethien (Nalini-Parijat-Lélia) e filho do senhor Bray de Hulder (Raavil-Dalbir).

Lélia renascera inicialmente em Constantinopla como filha de um simples comerciante, homem rude e de pouca paciência. Por ser a mais nova de sete irmãos, fora proibida de se casar e passou a vida cuidando dos avós e dos pais, até que eles morressem. Doente e combalida pelo trabalho ininterrupto na manutenção do lar, morreu aos vinte e cinco anos, de uma doença respiratória grave causada principalmente pelo tempo passado entre os fornos, onde inalava ar permeado de resíduos nocivos. Sentia durante toda a sua vida uma tristeza intensa e uma profunda saudade de alguém que, em vida, nunca soube quem era.

Renasceria em seguida na África, também em uma grande nação que estava em plena luta contra um reino vizinho. Foi capturada aos quinze anos e obrigada a se casar com um homem que a escravizou durante quase doze anos, quando morreu no parto do sexto filho. Por ser considerada prisioneira, as outras esposas não lhe permitiam criar os próprios filhos, que nunca souberam que ela era sua mãe.

Nasceria posteriormente entre os celtas, aprendendo extensamente sobre o trabalho coletivo e a dedicação a sua comunidade. Nessa sociedade, depurou seu espírito belicoso e, como sacerdotisa, vinculou-se novamente às forças da natureza.

Em seguida, na reencarnação que aqui será retratada, nasceria na Inglaterra e, por ser também a filha mais nova de um abastado viúvo proprietário de muitas terras, seria enviada ao convívio de freiras em um convento isolado, para que lá aguardasse um casamento. Ali encontrou-se novamente com o Deus único. Nessa encarnação, como Bethien, estaria com sua poderosa mediunidade adormecida, a fim de que esta faculdade não lhe causasse dificuldades em desposar-se. Em momento oportuno, os remanescentes dos povos da floresta a ajudariam a contemplar os seres da natureza e ela poderia ampliar seus conceitos sobre o mundo espiritual.

Era caridosa com os que comungavam de sua fé,

[18] As datas aqui citadas são aproximadas.

sendo, no entanto, insensível ao sofrimento daqueles que ainda permaneciam ligados às crenças antigas ou ao cristianismo primitivo, aos quais aprendeu a não tolerar. Acreditava que os pagãos deveriam morrer na cruz, sem piedade.

Desenvolvera, porém, a fé, a esperança, a lealdade e principalmente o hábito de estudar e ensinar, visto que anteriormente, como sacerdotisa, ensinara muitas mulheres a manipular elementos da natureza, alegrando-se em servir.

Seguiram então Chandan, Nimit e Nalini para mais uma encarnação.

As difíceis experiências posteriores aqui narradas foram rigorosamente planejadas pela espiritualidade superior e tiveram como objetivo trazer-lhes mais sensibilidade, afetuosidade e tolerância, pois já haviam sentido na própria pele a dor da exploração, do servilismo, das doenças, do trabalho árduo, das perdas e de sofrimentos de todo tipo. Os três aprenderiam a honrar o trabalho, a ter disciplina e complacência e, principalmente, a abominar a escravidão.

Jamais o Criador, em sua bondade e misericórdia, os lançaria no covil dos leões sem devida proteção e preparo. Foram-lhes preparadas, nas existências anteriores, oportunidades engrandecedoras que lhes permitiriam criar os próprios escudos e moldar as próprias armaduras. Tais armas os tornariam mais fortes e resilientes, visto que foram forjadas no fogo das próprias lutas. Muitos marcadores desejáveis, enfim, se movimentaram para cima.

Devedores uns dos outros, esses espíritos estavam agora mais burilados pela dor e pelo sofrimento, além, é claro, da resignação aprendida nas existências passadas.

Estavam por fim preparados e poderiam novamente usufruir da proximidade mútua, sabendo que a tolerância e a caridade deveriam ser seus guias.

Renasceriam também Kabhir, que durante algumas existências na África aprendera a aperfeiçoar-se na humildade e a compreender o real valor de um ser humano, além de Kanti-Dalaja, que se tornaria religiosa ainda cedo.

Kalanthara-Daya-Prisca os seguiria e teria a oportunidade definitiva de mostrar suas conquistas espirituais através da dedicação às irmãs menos favorecidas.

Maximus-Maha-Janaka, Artemus-Esahu-Pavit e Milla-

Lakme, também estariam entre os encarnados.

Todos teriam excelentes oportunidades, inclusive materiais, de resgatar débitos trazidos de um passado distante, aprendendo através do convívio sereno e abnegado a prepararem no terreno do próprio coração a terra fértil do amor, para que as sementes futuras de um cristianismo mais tolerante florescessem abundantes.

35. Novo cenário de lutas

A Inglaterra, cenário escolhido para o reencontro destas almas afins, vivia o período anglo-saxônico, iniciado aproximadamente na época da expulsão das tropas romanas e que durou até 1066, ano em que Guilherme, o Conquistador, ascendeu ao trono, dando início ao período denominado normando.

Não havia ainda ali um reino unificado e homogêneo. Tampouco havia uniformidade de crença, de idioma, de costumes e muito menos de interesses. Muito pouco naquela terra nebulosa se assemelhava à Inglaterra mais tardia, do período elisabetano.

A história que narraremos se passa nas terras do norte, época em que diversos reinos estavam espalhados em tantos clãs e campos senhoriais, que é difícil delimitá-los com alguma precisão. Com a saída dos invasores romanos, um número significativo de reinos menores, com culturas e interesses específicos, haviam surgido por toda a Inglaterra, sendo que posteriormente em grande parte desapareceriam ou seriam unificados a outros por meio de invasões e guerras.

O cristianismo se fortalecia e as existências precedentes haviam transformado os principais personagens desta história em figuras muito semelhantes às de fanáticos religiosos, sempre temerosos de um Deus cruel e vingativo. O medo de não serem recebidos no Paraíso após a morte fazia os cristãos abrirem mão da razão, convertendo-se em sectários e em perseguidores daqueles que não pactuavam com os dogmas da igreja.

O amor a Deus dos primeiros cristãos, inspirado por Jesus e seus apóstolos, era aos poucos substituído pelo amor à igreja e seus representantes. Isto acabaria por acirrar o sectarismo desses espíritos, embora já em certo grau despertos desde a antiguidade.

Gaius, Lélia e Augustus, entre outros, teriam por tarefa trazer alento aos corações sofridos e luz em meio aos equívocos de ideias. Deveriam vivenciar a tolerância e praticar os princípios mais sublimes do cristianismo, que ainda compartilhavam traços louváveis com certas culturas pagãs. Deveriam ainda servir de inspiração àqueles que se esquecessem do amor incondicional do Criador por nós, visto que o martírio silencioso de milhares de homens e mulheres que se converteram ao cristianismo após a vinda de Jesus não sensibilizara o coração daqueles seres lá encarnados, cujas ações em nada lembravam as do Cordeiro e seus apóstolos.

Os tempos eram de penúria e marcante retrocesso em conquistas louváveis alcançadas no antigo império romano. Higiene, saúde, alimentação, infraestrutura, direitos, cultura – tudo estava coberto pelas sombrias asas da Idade Média, que, como pássaro agourento, se estendia pela Europa. O retrocesso no pensamento e a ausência de liberdade religiosa ganhavam adeptos ferrenhos até entre o clero.

No século VI, Agostinho de Cantuária[19] partiu de Roma para cristianizar a Inglaterra, ainda uma terra pagã. Agostinho foi o responsável pela conversão de reis e nobres, dentre eles alguns ancestrais dos personagens desta história.

Nesse cenário nascia Augustus-Cassius, agora como Percyberth, no seio de uma poderosa família do extremo norte da Inglaterra. Cinco anos depois, nascia Lélia, como Bethien. Ambos eram filhos do senhor de Hulder e sua esposa Willyna.

Como tantas mulheres de sua época, Willyna morreu pouco depois do parto, vitimada por uma infecção decorrente das condições precárias em que se davam os nascimentos, tanto em lares pobres quanto abastados.

As tentativas para mantê-la viva foram as maiores

[19] Cantuária é o nome tradicional, em português, da cidade inglesa de Canterbury.

responsáveis pelo agravamento de seu estado, por utilizarem métodos que lhe agudizaram a infecção, dentre eles a aplicação de emplastros sem nenhuma higiene e mesmo de terra molhada.

As crianças foram criadas pela irmã mais nova do senhor de Hulder, Merthia, que para tanto abandonaria a paz do convento em que já vivia.

Merthia era reencarnação de Kanti, a gentil tutora da escola das meninas, que mostrara grande coragem e comprometimento com o dever nos momentos mais difíceis daquela existência. Novamente, esse espírito de aura suave e acolhedora se propusera a auxiliar Nalini, agora Bethien, em sua jornada, orientando-a pelo exemplo vivo, muito mais que recorrendo a palavras.

Percyberth, desde o primeiro dia em que viu a irmã recém-nascida, jurou à mãe, ainda convalescente, que cuidaria de Bethien e que a defenderia com a própria vida. Ele aprendera nas últimas existências o valor da lealdade, além de adquirir um senso de dever admirável.

Mesmo em tenra idade, sentia-se responsável pela propriedade e pelos servos de seu pai quando este se ausentava, mostrando-se firme e respeitoso, mas sendo implacável com qualquer um que praticasse injustiça ou abuso. Também não tolerava práticas pagãs em suas terras. Tinha em sua mente a imagem de um Deus punitivo e severo, adotando-o como regra de conduta.

Não compreendia a caridade que sua tia Merthia pregava, muito menos a virtude do perdão, que lhe parecia nada mais que uma vergonhosa fraqueza. Era comprometido com o dever e tinha temperamento pouco flexível, exceto quando algo se referia a sua irmã caçula.

A menina, embora nascida em poderosa família, não receberia nenhum mimo ou facilidade de sua tia nem de seu rígido pai. Ela seria bastante exigida nas tarefas domésticas, que na época eram consideradas inerentes a uma futura esposa. No entanto, sempre encontrava um modo de conseguir que seu irmão fizesse as atividades mais difíceis em seu lugar.

O senhor de Hulder era a reencarnação de Raavil-Dalbir, o soldado. Ele reencarnara compulsoriamente algumas vezes e, assim que alcançou condições mínimas de aceitação da Lei Divina, usufruiu de alguns renascimentos reparadores. Estes, contudo, se deram em meio a guerras e invasões, nas quais ele viria sempre a perder a família. Aprendeu assim a valorizar o amor dos filhos e a zelar pelas famílias sob sua proteção. O dever paterno o faria esquecer, ao menos temporariamente, os débitos contraídos entre ele e Bethien no passado e o predisporia a ser um pai pouco amoroso, embora justo, que desejava o melhor para a filha.

A evolução não dá saltos, e seriam necessárias algumas existências ainda para transformar a animosidade existente entre eles em amor autêntico, o que só aconteceria cerca de um milênio mais tarde, em encarnação derradeira de ambos.

Percyberth já aprendera a sentir grande afeto por Bethien desde que haviam ambos encarnado em Roma. Não conseguia negar nada à irmã e a poupava de qualquer trabalho que a desagradasse. Bastava à jovem fitá-lo com seus olhos profundos e já conseguia o que queria. Embora ele soubesse que era manipulado pela irmã, isso não o incomodava e ele cedia a ela de bom grado.

Bethien permaneceria iletrada, não fosse por padre Hollander, que acompanhou parte da infância dos irmãos, ensinando-os a ler e escrever, bem como a desenvolverem o temor absoluto a Deus.

Padre Hollander nascera na Espanha, tornando-se religioso muito cedo. Magro, alto e encurvado, era irritadiço, sem nenhum senso de humor, e constantemente reclamava do clima úmido, que lhe aumentava as dores nas juntas. Sua austeridade e rigidez o fizeram ser enviado à Inglaterra, terra de pagãos, com a missão de ajudar as famílias a cristianizarem seus filhos, e com isso as futuras gerações.

Mais que o clima da Inglaterra, padre Hollander odiava aqueles a quem chamava de "malditos pagãos", que eram homens e mulheres que viviam em comunhão com a terra. Aquela liberdade em que viviam, sem medo de um Deus ameaçador, amedrontava a igreja naquela época.

Padre Hollander tinha verdadeiro pavor em saber que, nas florestas, os povos de origem druida realizavam rituais pagãos voltados à comunhão com a natureza e à exaltação da terra, que eles consideravam mãe de todos os seres vivos. Ele execrava tais práticas, tendo frequentemente que ser acalmado em seus ânimos por Merthia, que insistia em lembrá-lo de que Jesus pregava a tolerância e a amorosidade, jamais a luta e a aspereza.

Não era raro vê-lo de punho cerrado, erguido aos céus, clamando para que os pagãos fossem fulminados.

Muitos dos sacerdotes considerados pagãos foram mortos. Nas terras em que conduziam seus rituais, uma cruz em chamas era colocada, a fim de que todos soubessem que os olhos da igreja ali estiveram.

Nesse clima de intolerância religiosa e fanatismo extremado, cresciam Bethien e seu irmão Percyberth, acreditando que o paganismo era coisa demoníaca e que Deus reconhece seus filhos pelas práticas exteriores, devendo a igreja, tal como então instituída, prevalecer sobre tudo e todos.

36. Um reencontro providencial

Os anos se passavam sem maiores tribulações. Trabalho, oração, mais trabalho, defesa contra invasores, mais trabalho e muito mais orações.

Em mais uma fria, cinzenta e chuvosa manhã, Bethien e sua tia Merthia saíram cedo do castelo do senhor de Hulder, acompanhadas por soldados bem armados. Rumaram a uma vila próxima, em que repousariam antes de seguir para o convento de Monte Rannesforth.

Um importante membro da igreja havia morrido e as mulheres deveriam manter-se em oração no convento até que fosse nomeado um substituto. Merthia também desejava visitar suas estimadas irmãs de fé e resolveu levar consigo a sobrinha, que já se preocupava demais em aprender a lutar com o irmão e a se furtar dos afazeres considerados femininos.

O convento havia sido fundado não muito antes por religiosas devotadas, em uma construção que antes fora um antigo castelo. Na verdade, a ideia de Merthia, do senhor de Hulder e de padre Hollander era a de confinar Bethien o quanto antes ao convento, evitando os devaneios da juventude. Ela que lá aguardasse, dizia padre Hollander a seu pai, até que se casasse.

O convento serviria para desenvolver em Bethien alguns hábitos considerados apropriados para o matrimônio. O senhor de Hulder preocupava-se bastante com as crescentes molequices da filha e já planejava buscar um marido para ela.

Percyberth estava nas fronteiras com soldados e nem soube que a irmã viajara. Ele não apreciava afastar-se dela, que considerava a luz de seus olhos e a alegria de sua casa.

O caminho percorrido pelas mulheres era áspero e cheio de obstáculos. No fim da tarde, já chegavam à singela vila, hospedando-se em uma estalagem rústica, mas cômoda o bastante. Cearam frugalmente, leram uma passagem do Antigo Testamento, que falava de Jó e sua paciência inabalável, e recolheram-se, pois Merthia não permitia que a sobrinha passasse tempo nenhum divagando, por acreditar que a mente vazia da jovem poderia vir a ser-lhe uma faca incandescente no caráter.

Ela não estava de todo errada. Era preciso que Bethien ocupasse a mente e o coração com boas obras, visto que qualquer distração poderia ser um caminho para novamente perder-se em paixões fulminantes. De fato, naqueles tempos, mulheres morriam por amor não correspondido, mesmo sem nunca haverem olhado mais de uma vez para seu amado. Homens se apaixonavam por damas comprometidas e, sofrendo pela impossibilidade do afeto, partiam para a morte em campos de batalha.

Merthia abominava tais inconsequências, pois acreditava no amor puro e abnegado, e isso a manteria forte durante a presente existência. O amor que sentira por Kabhir, agora senhor Ailen de Orwill, fora totalmente adormecido pela espiritualidade para que ela tivesse sucesso na presente existência. A força de caráter de ambos também não permitiria que caíssem em qualquer tentação ou devaneio, nem mesmo em pensamento.

As duas viajantes foram deitar-se, mas deixaram uma fraca lamparina acesa, pela qual pagaram bem caro, pois Bethien temia a escuridão completa. Dormiram embaladas pelo gotejar da chuva.

No meio da noite, Bethien foi despertada por gritos abafados da tia, que estava jogada ao chão enquanto um desconhecido lhe cobria a boca e outro, cambaleante, tentava rasgar-lhe as vestes noturnas.

A cena fez a jovem gritar tão alto que eles chegaram brevemente a deter-se, mas, alcoolizados que estavam, continuaram em seu intento.

Repentinamente viu sangue começando a jorrar do pescoço de um dos atacantes. Constatou, alarmada, o brilho de uma espada que, manejada não sabia por quem, talhava aquela garganta. Em segundos, o comparsa não teria destino diferente.

– Está bem, Senhora? – indagou uma voz masculina inesperadamente tranquilizadora. – Permita-me ajudá-la.

– Grata, muito grata, Senhor – respondeu Merthia, que chorava, agora abraçada à sobrinha.

Bethien mantinha os olhos no peito do cavaleiro a sua frente e no emblema gravado em sua armadura. Tinha certeza de já havê-lo visto no castelo de seu pai.

– São a irmã e a filha do senhor de Hulder, estou certo? Reconheci seus soldados, mortos no estábulo. Têm sido muitos os crimes nesta região. Contem, daqui para a frente, com a proteção de meu exército pessoal.

– A quem devo agradecer? – balbuciou Merthia, ainda em choque.

– Sou o senhor de Orwill, a seu dispor.

Bethien alçou os olhos e deparou, mesmo na penumbra, com o homem mais belo que já vira. Ele lhe devolveu o olhar, curvando-se respeitosamente às mulheres que salvara.

Ela sentiu-se estranhamente protegida ao vê-lo e desejou perguntar-lhe algo, mas naquele momento a estalagem se apinhava de curiosos. Os servos acendiam mais lamparinas e retiravam os mortos: os soldados do senhor de Hulder e os dois bêbados abatidos pelo senhor de Orwill.

Ela não conseguia tirar os olhos daquele homem que era maior até que seu irmão Percyberth. Seu olhar lhe transmitia serenidade e segurança. O cabelo descia até os ombros largos e a barba aloirada cobria-lhe parte do rosto.

– É a jovem Bethien, filha do senhor Bray de Hulder, ouso deduzir.

Desacostumada a conversar com estranhos, muito menos se soavam galantes, Bethien afirmou com a cabeça, um tanto inibida.

– Estão agora sob minha proteção – insistiu Orwill. – Para onde se dirigem?

– Ao convento de Monte Rannesforth – disse Merthia. – Ficaremos ali em retiro por algumas semanas, até a Páscoa. Mãe Edwayne nos aguarda.

– Então estarão entre amigos. Mãe Edwayne é minha irmã de sangue.

– De fato – respondeu Merthia –, lembro-me agora

de vê-la comentando ter um irmão que era senhor destas terras. Não sei como lhe pagar a proteção, além de desejar-lhe a paz de nosso Senhor Jesus.

– Não há que agradecer-me, Senhora. Os nobres destas terras do norte precisam proteger-se uns aos outros. Temos sido continuamente assolados por malfeitores, além dos invasores que chegam pelo mar, em maior número a cada ano. Nossos homens, infelizmente, ainda não foram devidamente treinados em batalhas. Por isso os que as acompanhavam se deixaram adormecer embalados pela chuva, crendo estar seguros. Precisamos de mais batalhas para treiná-los na luta e dar-lhes mais disciplina.

Indagou então, em novo tom de voz:

– Diga-me, Senhora Merthia: a jovem Bethien já está comprometida?

Bethien incomodou-se visivelmente por ele não haver até o momento lhe dedicado completa atenção. Certos traços de nosso caráter não mudam em poucas vidas e Bethien, por mais que lhe freassem a impetuosidade na atual existência, ainda trazia no coração o cômodo hábito de demandar primazias. Em sua mente, atropelavam-se pensamentos sobre o motivo de não haver o senhor de Orwill indagado senão sobre seu nome.

– Não, Senhor. Minha sobrinha ainda não está comprometida. Seu pai, que é meu irmão, ainda não encontrou um homem à altura de sua filha. Penso que ele se ocupará disso assim que ela completar mais um ano, embora eu lhe antecipe que meu irmão tem recebido várias propostas de nobres.

– Mandarei ao senhor de Hulder um mensageiro dizendo que sua irmã e filha estão bem e que em breve terei com ele. Por hora, meus batedores cuidarão de ambas e deverão acompanhá-las durante todo o período em que estiverem ausentes de suas terras.

Olhou então para Bethien e sorriu-lhe com serenidade. Era um sorriso com o qual não estava acostumada.

– Não permito que nada as incomode.

Fez-lhe uma reverência gentil e retirou-se, deixando ambas aos cuidados de sua tropa.

Já sozinha com sua tia, Bethien lhe comentou:

– Que homem belo é o senhor de Orwill. Será que tem uma esposa?

– Querida, não creio que ele seja um homem casado.

Soube que é muito religioso e que é justo com os que vivem em seu castelo. Mas acredito que não ficará sozinho por muito tempo, pois... reparei como olhou para você ao se despedir.

E prontamente acrescentou:

– Que alegria seria vê-la casar-se com ele, Bethien! Diferente dos brutos destas terras, ele lhe seria um marido atencioso e paciente. Vamos orar por esta graça.

Bethien corou, mas as repentinas palavras da tia a puseram como que a sonhar acordada.

– Mas nada de devaneios – advertiu Merthia, conhecendo-a bem. – Vamos antes orar e agradecer ao Senhor Jesus por nos haver poupado a vida nesta noite. Não se inquiete com seu futuro, pois cabe a seu pai decidir o que será feito de você.

E ajoelharam-se ambas, agradecendo pela chegada providencial do senhor de Orwill.

Nas noites seguintes, em seus constantes sonhos, sempre vivos e agitados, Bethien via Ailen de Orwill conduzi-la até um amplo salão iluminado, repleto de outras jovens. Ela reconhecia nele o estimado Kabhir, seu antigo mestre. Nos sonhos, sentia-se segura ao lado daquele homem trajado de forma irreconhecível nos dias que agora transcorriam.

37. Na luta

Instalada no convento, Bethien sentia completa paz.

As manhãs eram organizadas em horários rígidos e ela se sentia feliz naquela rotina, apesar do frio e da umidade. Agora entendia os repetidos queixumes de padre Hollander, pois, longe das convidativas lareiras da casa paterna, ela sentia a friagem penetrar-lhe pés e mãos, por vezes dias e noites seguidos.

Sua condição de filha do senhor de Hulder não a livrava dos trabalhos braçais e, nesses momentos, embora o fizesse disfarçadamente, conversava com algumas jovens de sua idade e lhes contava como era a vida fora daquele local. Muitas delas haviam sido entregues ao convento ainda recém-nascidas e não conheciam nada além daqueles muros.

Bethien adorava relatar-lhes suas peripécias com o irmão Percyberth e, de ouvir tais histórias, algumas delas sentiam-se apaixonar pelo jovem, mesmo sem conhecê-lo.

– Venha, Bethien. Nossa reverenda mãe Edwayne deseja vê-la.

Era Elona quem chamava, uma aspirante à vida religiosa. Era muito bonita e exalava serenidade. Nada se sabia de sua família, pois vivia no convento desde recém-nascida. Fora trazida por padres que a encontraram abandonada em meio a um vilarejo que fora incendiado.

Elona se afeiçoara bastante a Bethien. No passado, ela havia sido Taali, uma das muitas moças auxiliadas por Nalini nos tempos da escola, nas antigas terras asiáticas.

Posteriormente renasceria como Lícia, na Gália, casando-se com Cassius e mostrando a este espírito uma face da felicidade.

Irmã Elona pedia sempre que a nova amiga lhe contasse mais sobre Percyberth, por quem secretamente também se apaixonava, ainda que sem tê-lo visto – ao menos na vida atual. Sentia-se culpada por tais pensamentos e penitenciava-se por isso orando por horas a fio.

– Irmã Elona, onde está minha tia? Ela irá nos acompanhar?

– Não – respondeu Elona. – Sua tia está em orações e não deve ser incomodada. A mãe venerável deseja vê-la a sós. Mas vamos. Arrume-se. Por respeito, não devemos nos apresentar a mãe Edwayne desalinhadas.

Assim que estava pronta, Bethien acompanhou Elona a uma parte do antigo castelo na qual nunca entrara. O sol da manhã adentrava aquele aposento.

Aproximando-se, Bethien viu que mãe Edwayne se despedia de uma moça de trajes simples, de rosto muito harmonioso e expressivo, que a olhou breve, mas profundamente, antes de retirar-se. Bethien estranhou um pouco as vestes da jovem, mas não deu grande importância a isso, voltando-se a uma imagem na parede, que mostrava o sofrimento de Jesus. Essa imagem sempre a impressionava, fazendo com que se recolhesse em respeito ao sofrimento vivido pelo Messias. Ela não imaginava, em sua crença ainda simplória, que nosso irmão maior jamais pediria para ser lembrado na cruz.

– Com sua licença, Mãe Edwayne...

E dirigiu-se até ela para beijar-lhe as mãos.

– Se posso lhe perguntar, gostaria de saber quem era aquela moça. É mais uma irmã que virá para os braços de nosso Senhor?

Mãe Edwayne a abraçou afetuosamente, como ela imaginava que sua própria mãe faria se ainda vivesse.

– Não, filha. Aquela jovem é uma alma querida da minha e vive entre os povos da floresta.

Intrigada, preferiu não mais indagar sobre a visitante, pois estava curiosa em saber o motivo de ter sido chamada. Além disso, nutria ainda não poucos preconceitos quanto aos povos da floresta, nela incutidos desde bem cedo por padre Hollander.

Mãe Edwayne transmitia-lhe paz e segurança. Ela, que

fora Prisca e Kalanthara, alcançara conquistas permanentes em seu espírito firme, mas dócil. Sua missão consistia em levar o cristianismo àquelas jovens ainda ignorantes e com frequência tristonhas, para que posteriormente elas mesmas propagassem as palavras de Jesus por toda a Inglaterra, levando esperança a lares sofridos e a corações desesperançados.

– Querida Bethien, como fico feliz em vê-la. Ailen tinha razão: é uma bela jovem!

Ouvir mãe Edwayne referir-se ao senhor de Orwill a fez recordar-se do encontro ocorrido na estalagem.

– Venha. Sente-se aqui comigo. Sabe que quero sua tia Merthia como a uma irmã, o que me impede de negar-lhe o pedido que me fez para preparar você ao casamento. Infelizmente, sua mãezinha foi levada aos céus e, abnegadamente, sua tia mudou-se para o castelo para ajudar seu pai na criação dos filhos. No entanto, chegará o momento em que ela deverá voltar a este templo de amor cristão definitivamente, pois preciso preparar uma substituta e Merthia é a única que apresenta condições para isso.

E revelou-lhe:

– Neste momento, meu irmão, o senhor de Orwill, pede sua mão a seu pai e creio que ele não se negará, pois você já se encontra em idade núbil. Além disso, seu pai precisa fortalecer a aliança com meu irmão, já que nossa amada terra corre perigo com as constantes ameaças de invasão dos pagãos que vêm pelo mar.

E prosseguiu:

– É necessário que aceite esse compromisso e se prepare, dentro da paz que este convento lhe oferece, para assumir este abençoado matrimônio. Meu irmão é um importante senhor desta região e futuramente, quem sabe, de muito mais terras. Para acompanhá-lo como esposa, você precisará de um longo aprendizado, que começa hoje mesmo. Abandone de vez todo comportamento infantil que ainda cultive. A vida do lar a espera.

Acrescentou, por fim:

– Padre Hollander me disse que você sabe ler e escrever, além de ser hábil em instrumentos musicais, mas falta-lhe aprimorar as qualidades que se esperam de uma esposa, como supervisionar um lar, fiar, tecer, cozinhar e principalmente submeter-se ao esposo que nosso Senhor Jesus lhe encaminhou. Ficará aqui conosco até que esteja pronta para o casamento.

Ao ouvir a palavra "submeter-se", Bethien, impelida pelo instinto natural de seu espírito, contraiu-se e tentou disfarçar seu descontentamento, encarando mãe Edwayne com algum desdém. A nobre senhora, conhecedora do coração humano, percebendo o impacto que o verbo "submeter-se" exercia sobre a jovem, disse-lhe, firme, mas amável:

– Aquiete seu espírito rebelde, filha. Não estamos em tempos de questionar a ordem e as obrigações que nos são impostas. O cristianismo corre riscos seríssimos de ser varrido destas terras com a iminente ameaça dos bárbaros do norte. Precisamos fortalecer nossos senhores para que lutem contra tudo o que nos ameaça. O rei pede união e a ajuda de todos os reinos.

E em tom acalentador, prosseguiu:

– Mantenha-se resignada, querida Bethien, e dê-se por feliz em poder se unir a meu irmão, homem generoso e cristão, mais digno e asseado que outros senhores destas terras, cuja brutalidade poderia lhe trazer imenso desgosto afetivo. Ele não poupará esforços para fazê-la feliz e sei que, se for bem orientada, será uma esposa muito benquista, que o ajudará nos momentos de dificuldade. No entanto, Bethien, deverá aprender a calar seu desejo de atenção, que a invigilância de seu pai e irmão acabou por estimular. Aqui será um bom lugar para que se acalme por meio de trabalho árduo e de orações, a fim de que possa ouvir em si mesma a voz de nosso Senhor Jesus.

Bethien calou-se, já que sua consciência lhe dizia que a amorosa reverenda estava certa em suas observações. Sabia que tinha por dever dedicar-se a um dos senhores daquelas terras – e seu coração lhe dizia que, se fosse o belo Ailen de Orwill, tanto melhor.

Agradeceu pela delicada mas firme reprimenda e se dispôs a aprender com as irmãs do convento o que lhe era necessário, bem como estudar as escrituras com mais afinco. Sentiria saudades da família, mas seu sacrifício seria, em seu entendimento, recompensado no céu, ao menos da forma como ela acreditava que as recompensas celestes eram distribuídas.

Naquela mesma manhã, os senhores de Hulder e de Orwill selavam a aliança que lhes seria valiosa no enfrentamento dos invasores nórdicos, bem como para o casamento de Bethien, que se daria assim que a jovem concluísse sua formação no convento.

Em seus aposentos, Percyberth lamentava que a irmã lhe ficasse afastada. Amava fraternalmente Bethien e desejava mais que tudo sua felicidade, mas se acostumara com os risos e a permanente alegria que dela irradiavam. Aquele casarão frio lhe parecia ainda mais soturno sem sua presença.

Sabia que o senhor de Orwill a protegeria e isso por ora o tranquilizava. Seu pai em breve o faria desposar alguma jovem local e isto sim o deixava algo irritado. Não desejava casar-se tão já, mas obedeceria ao pai, como sempre o fizera.

Desejoso de despedir-se da irmã, que em algum tempo partiria para o casamento, resolveu que a veria o quanto antes.

Padre Thomas, outro amigo da família, os visitava nesses dias e aproveitaria o período para ser confessor de Percyberth e de seu pai. O padre era reencarnação de Astarte, que nesse meio-tempo, em uma existência redentora, abrira mão de privilégios para tornar-se agora um religioso exemplar. Padre Thomas percorria as pequenas vilas levando conforto e, muitas vezes, recursos materiais aos mais pobres.

Em contraste com os métodos utilizados por padre Hollander, padre Thomas sempre levava Percyberth à reflexão isenta de culpa e ao amor a Deus isento de temor. Provavelmente essa alma terá sido uma das maiores responsáveis pelo desenvolvimento alcançado por Percyberth nessa vida.

O espírito de Astarte, que havia sido Rahela e Lali e tanto mal causara a muitos e a si, hoje dedicava-se à regeneração de almas desviadas do bem. Aproveitara, com absoluta coragem, as provas evolutivas que lhe foram oferecidas. Como Astarte, este espírito iniciou seu processo de redenção, reposicionando-se na espiral evolutiva de modo a aproveitar ao máximo as oportunidades oferecidas. Não houve saltos nem privilégio algum; apenas força de vontade, coragem e aceitação da caridade e amor como regras de conduta.

Astarte, acolhendo o renascimento de Dalbir em seu ventre séculos antes, retornaria, em sua presente encarnação como padre Thomas, a voz da razão que conduziria o senhor de Hulder a empreender o mesmo avanço em direção ao próprio progresso.

38. A descoberta

Nos tempos que então corriam, a vida no convento era ilha de bênçãos e, embora em meio a normas extremamente rígidas, as orações, o trabalho e os estudos fortaleciam as mulheres, então vítimas constantes da ignorância social, principalmente masculina, fosse por desconhecidos, por invasores do norte, por vizinhos ou pelos próprios familiares.

As várias tentativas de invasão obrigaram os grandes senhores a se aliarem em torno de líderes poderosos, e tanto Hulder quanto Orwill eram opções no norte, embora a riqueza e poderio do segundo fossem significativamente maiores.

O medo era uma constante e na maioria das vezes os pequenos reinos, que mais se assemelhavam a clãs limitados a grupos de aldeias, mantinham a rotina de preparo para alguma batalha, embora lhes faltassem organização, treinamento e armas à altura dos adversários.

O rei contava com o apoio destes senhores e pouco se envolvia nas questões cotidianas, deixando a eles a escolha de como atuarem em suas terras. Hulder e Orwill eram senhores de fato, atuando como lei absoluta em seus territórios.

Após a queda do Império Romano no Ocidente, a Europa atravessou um período tenebroso, em que a cultura, o saneamento e mesmo a distribuição de alimentos, antes estimulada pelas rotas comerciais, sofreram retrocessos significativos. A região em que se passa esta história foi bastante afetada pela retração do comércio e por empobrecimento na qualidade e quantidade dos alimentos.

Os mosteiros e conventos passaram a ser alternativas de sobrevivência.

A rotina de Bethien no convento de Monte Rannesforth não se diferenciava essencialmente daquela que vivenciava em casa, embora com menos tolerância para brincadeiras e conversas consideradas inúteis, e menos ainda para suas lamúrias ao ser-lhe designada alguma tarefa difícil ou desagradável.

Levantava-se agora muito mais cedo e já iniciava seu dia com orações. Recebia, assim como todas as demais internas, uma porção de mingau, pão e favas – isso quando não era época de nenhum dos inúmeros jejuns de purificação impostos pelas normas eclesiásticas. Passava então ao pátio interno, onde lavava roupas e limpava o convento com outras irmãs. Em seguida, cuidavam da horta, cardavam lã, fiavam, costuravam roupas para os pobres e iam para as orações e estudos.

Quando a noite começava a cair, já estavam exaustas. Recebiam para o jantar uma porção de batatas, feijões e cerveja quente e logo em seguida deveriam orar e dormir.

Essa rotina fortaleceu sobremodo o caráter de Bethien, que se tornou muito mais colaborativa e resistente. Tal disciplina passaria a acompanhá-la dali em diante e, em qualquer situação em que estivesse, sempre cumpriria todas as suas obrigações do mundo físico com êxito. Por outro lado, os estudos diários das escrituras, infelizmente não acompanhados de reflexão mais caridosa sobre elas, a converteriam aos poucos em pessoa fanática, intolerante e temente a um Deus vingativo, que todos acreditavam só manifestar-se por intermédio da igreja e das autoridades eclesiásticas.

O medo do inferno era particularmente exacerbado em Bethien, provavelmente por lembrança inconsciente do período vivenciado em Adharma ao lado de Nimit. Passou a acreditar que a punição para os não cristãos era o ardor em fogueiras e o espetar de lanças demoníacas por toda a eternidade.

Vigiava seus pensamentos com minuciosa rigidez e muitas vezes puxava-se os cabelos com raiva, chegando a arrancar-se tufos quando, lembrando-se do belo senhor de Orwill, se surpreendia a deleitar-se com tais devaneios.

Já nem pensava mais em sorrir, sonhar ou permitir-se qualquer minuto de ócio. Tudo para ela se convertera em gestos de pecado, até mesmo o de olhar para o próprio corpo. Agradecia pelos pés inchados e mãos calejadas. Tal dedicação ininterrupta ao trabalho iria acompanhá-la, a partir dessa encarnação, para sempre, pois se incorporara indelevelmente na consciência. Iria sempre sacrificar-se, ainda que por causas infelizes, como suas próximas encarnações viriam a revelar.

Por paradoxal que pareça, esse medo do inferno foi provavelmente uma necessária contenção, a fim de poupá-la de mais uma vez entregar-se à satisfação egoística de suas paixões, sempre tão intensas desde os tempos em que vivera na Lemúria, prejudicando profundamente não só a si, mas a seus companheiros de jornada. A contenção adquirida na vida presente seria relaxada no devido tempo, mas ressurgiria com toda força no século XX.

Mesmo na existência como Lélia, seu hábito de obter as coisas que desejava recorrendo à força e à manipulação reemergira em algumas oportunidades. As encarnações posteriores a ajudariam bastante no exercício da ponderação, embora as paixões tenham sido muito mais refreadas por fatores externos, tais como o contexto social, do que por força pessoal.

A reentrada do espírito de Chandan em sua vida se daria em algum tempo e ela precisaria de força e determinação para não fraquejar. O medo do inferno, neste caso, lhe serviria de contenção. A evolução do espírito não dá saltos repentinos e precisa ser cultivada vida após vida, pacientemente. Ainda assim, é necessário haver disposição íntima para que as oportunidades de progresso sejam aproveitadas, como o fizeram mãe Edwayne e Merthia.

Ouvir as pregações de mãe Edwayne, que descrevia os sacrifícios realizados por Jesus, fazia Bethien refletir sobre a própria vida. Aos poucos, ela introduzia em seu espírito alguns valores fundamentais, passando a crer de forma permanente que deveríamos de algum modo retribuir o amor do Senhor Jesus. Entre as passagens bíblicas que mais a tocavam, estava a do bom samaritano. A questão a ser superada nessa existência estaria em delimitar quem ela, em realidade, considerava seu próximo, já que havia em seu coração grande seletividade com base na crença de cada um.

Segundo mãe Edwayne, Jesus escolhera os cristãos para levarem sua palavra aos que ainda a desconheciam e esse ato deveria ser carregado de misericórdia e tolerância. Bethien, todavia, observara seu pai durante toda a infância e o via bastante inflexível nas ideias, fato este agravado pelas crenças pueris, quando não absurdas, de padre Hollander, que seriam ao menos em parte atenuadas pela presença de padre Thomas.

Bethien acreditava que não deveríamos ter nenhuma tolerância com os pagãos, considerando que, segundo padre Hollander, eles cuspiam na cruz e eram desprezíveis aos olhos de Deus. Por vezes, tal crença separatista lhe parecia descabida, principalmente quando dela se aproximavam espíritos que a inspiravam à reflexão. No entanto, a vida encarnada e as palavras de padre Hollander se faziam mais fortes, levando-a a crer que os pagãos tinham o intuito de dificultar a missão da igreja. Bethien estava distante do amor verdadeiro exemplificado pelo Cristo. Mas nem imaginava quanto...

Certa manhã, irmã Elona aproximou-se e lhe disse:

– Bethien querida, uma visita a aguarda. Seu pai deseja vê-la.

Feliz, ela dirigiu-se ao salão em que costumava estudar. Aprendera a caminhar em silêncio, diferente dos tempos em que corria pela propriedade do pai, gritando pelo irmão. Chegou ao salão quietamente, sem externar ruído algum e deparou-se com uma estranha cena.

Seu pai estava ajoelhado aos pés de mãe Edwayne, segurando-lhe as mãos e beijando-as respeitosamente.

Percebeu que uma lágrima caía do rosto da nobre mulher, assim como da face de seu pai.

Espírito inteligente e arguta leitora das emoções humanas, entendeu de imediato que deveriam se amar e que abriram mão de tal sentimento em prol de suas obrigações. Sentia a energia que circundava aquelas almas que, resignadas, viviam separadas.

Ela sabia, através de sua tia Merthia, que o casamento de seu pai fora arranjado às pressas e que seu irmão dizia que não o vira demonstrar jamais qualquer afeto à esposa, apesar de muito respeitoso com ela. Nem ao menos fora visto chorando quando ela morreu, e disso Percyberth se recordava com clareza.

Bethien com frequência lhe notara o olhar perdido

e tristonho e pressentia que algo dolorido habitava seu coração. Agora entendia o motivo, embora a situação lhe parecesse inapropriada. Para ela, mãe Edwayne era uma mulher santa, cujo coração generoso se dividia em muitas partes para auxiliar onde fosse necessário.

O que ela não sabia era que mãe Edwayne e seu pai se amavam, tendo que abrir mão desse amor por estarem completamente dedicados às próprias obrigações morais, algumas das quais assumidas antes mesmo do nascimento.

Dalbir, agora encarnado como Bray de Hulder, aprendera a duras penas que violar a Lei Divina era como violar a própria consciência e traria um preço muito caro a pagar.

A chegada sorrateira de Bethien tomou-os de surpresa. Separaram-se um pouco constrangidos, mas acreditando que ela nada percebera.

– Pai! Que bom vê-lo aqui! – exclamou ela, e abraçou o senhor de Hulder, a quem verdadeiramente aprendera a amar. Dalbir, o soldado que a maltratara tantas vezes em vidas pregressas estava agora perdoado graças aos laços de afeto que se formaram entre pai e filha. Os laços de família podem dissolver as mais insistentes mágoas e, neste caso, ambos foram artificies desta superação.

– Fico feliz – disse ele ao vê-la ao lado de mãe Edwayne, aprendendo a amar nosso Senhor Jesus. – Você continua bela, minha Bethien, e saiba que sua beleza e candura fizeram com que o senhor de Orwill, a quem muito devo, lhe pedisse a mão.

– Farei com o coração feliz o que me determinar. Mãe Edwayne sempre me cobra obediência, assim como tia Merthia, e me sinto exultante em poder aceitar a vontade de Deus e de meu amado pai. Sei que meu casamento será feliz e abençoado e aprenderei a amar o senhor de Orwill, que conheci tempos atrás, quando passamos um sério apuro a caminho daqui.

– Sim, ele mesmo me relatou que a colocou sob sua proteção e pediu-me que lhe concedesse como esposa. Em algumas semanas, Bethien, seu irmão virá visitá-la e trará parte de seu dote, para que seja dado às irmãs deste convento. Jamais devemos nos esquecer da bondade de mãe Edwayne e de que muitas das jovens aqui não possuem bem algum. Seu dote providenciará alimentos e roupas, além de ajudar as aldeias vizinhas. No verão, virei buscá-la e a levarei diretamente ao castelo de Orwill.

E acrescentou:

– Saiba, filha, que padre Thomas faz questão de celebrar seu matrimônio, e este é também o desejo do senhor de Orwill e o meu. Mãe Edwayne deverá acompanhá-la, assim como minha irmã. Enquanto isso, estude e ore.

Despediram-se e Bethien percebeu que mãe Edwayne dirigia-se a uma pequena entrada lateral, ajoelhando-se frente a uma singela imagem de Jesus, tenuemente iluminada por algumas velas.

Bethien conseguiu ouvir parte da oração, embora lhe fosse quase inaudível. Edwayne pedia que Jesus desse forças para que ambos encontrassem alguma paz em seus corações feridos. Pedia ainda que lhe protegesse a amada filha, a quem abandonara anos antes.

Bethien percebeu que naquela pequenina sala estava também a jovem que vira tempos antes e a deixara intrigada. De onde ela viera? A visitante colocava uma das mãos no ombro de mãe Edwayne e olhava de longe para Bethien, por trás de pesado manto de lã.

De repente, a jovem simplesmente desapareceu, não sem antes fitá-la e sorrir. Mãe Edwayne levantou-se com o rosto mais sereno.

Bethien retirou-se respeitosa, pois sentia em seu íntimo a dor de seu pai e da nobre madre, mas muitas dúvidas lhe preenchiam a mente.

Já em seu pequeno dormitório, junto de sua tia, Bethien contou-lhe sobre o compromisso assumido pelo pai junto ao senhor de Orwill e lhe confidenciou o que vira.

Merthia sentou-se ao lado da sobrinha e disse-lhe:

– Sim, você já tem idade para saber a verdade.

E relatou:

– O amor de meu irmão por mãe Edwayne é antigo, desde a infância de ambos, creio. Entretanto, os pais de mãe Edwayne haviam prometido em frente à cruz que a enviariam à vida monástica se obtivessem vitória perante os inimigos. E assim foi feito. Meu pobre irmão, apaixonado que estava, adormeceu durante dias às portas do convento, desejando ver a amada e negando-se a sair de lá enquanto não ouvisse diretamente dela que ele deveria esquecê-la. Ela, porém, não suportou ver meu irmão suplicar-lhe afeto e aceitou fugir com ele para longe, para a aldeia próxima ao Mosteiro da Neblina.

Pausou por um momento, como que visualizando os eventos que lhe haviam sido então relatados:

– Lá chegando, pediram a padre Hollander que os casasse de imediato, pois a união de ambos já havia sido consumada e mãe Edwayne já esperava um filho de seu pai. Lembro-me que nesse período o senhor de Orwill estava em campanha no sul, não acompanhando a desventura da irmã. O pároco, temeroso da ira das famílias envolvidas, negou-se peremptoriamente e pediu ajuda a padre Thomas, seu superior. Este, muito conhecido por sua bondade, os aconselhou a obedecerem a seus pais. Pediu-lhes que aceitassem o destino que lhes fora imposto pelas famílias, mas... o que seria da criança?

E continuou, um pouco emocionada por lembrar do sofrimento de ambos:

– Mãe Edwayne foi a primeira a aceitar as palavras de padre Thomas, que se tornaria para sempre seu confessor. Ela sabia em seu coração que o casamento com seu pai estava fora de questão, uma vez que traria descontentamento a famílias muito poderosas. Padre Thomas então aguardou junto de mãe Edwayne até o nascimento da criança, uma menina, e assim que esta nasceu entregou-a para que fosse criada e protegida pelos povos da floresta. Dessa forma, ela ficaria livre de qualquer investida da família de seus pais, bastante belicosa e intolerante. Quem a recebeu foi um homem muito generoso e sábio. Mãe Edwayne resignou-se, mas meu irmão se revoltou e disse que jamais amaria outra mulher.

A tia só lhe relatava o necessário, sem revelar quem era a meia-irmã.

– Desejando manter seu pai dentro dos preceitos cristãos e longe de tentações, padre Thomas ordenou que padre Hollander acompanhasse meu irmão daquele momento em diante. Sabia que padre Hollander, apavorado que é com o inferno, iria vigiar as intenções de seu pai. Quanto ao irmão de mãe Edwayne, o senhor de Orwill, apiedou-se da irmã e jamais a condenou. O resto da história você já conhece.

– Meu irmão sabe disso?

– Poucos o sabem, minha sobrinha. Mesmo assim, já há pessoas demais a conhecerem essa dolorosa passagem que tanto entristece nossa mãe querida. Padre Thomas sabe que a menina visita mãe Edwayne vez ou outra. Irmã

Elona também o sabe, além do senhor de Orwill. Meu irmão ignora o paradeiro da filha, assim como Percyberth.

– Então aquela jovem que vi na capela é minha irmã? Deus do céu, que surpresa! – exclamou Bethien.

Intrigada, Merthia comentou:

– Impossível você tê-la visto hoje, querida. Sei que ela está nas terras do norte, pois este tempo não favoreceria nenhuma viagem até aqui.

Bethien estava certa de haver visto a jovem, mas começou a acreditar que imaginara coisas.

Merthia interrompeu-lhe os pensamentos:

– Conto com seu silêncio, Bethien. Este assunto entristece demais mãe Edwayne.

A jovem calou-se, triste em ver uma história de amor frustrar-se daquele modo. Sentia que não teria a mesma resignação de mãe Edwayne frente ao verdadeiro amor. Apiedou-se também de seu pai e daquela moça criada pelos pagãos da floresta, que poderia ter sido sua amiga. Era sua irmã e isso era fato.

Ajoelhou-se e orou compenetradamente, pedindo as mesmas forças que mãe Edwayne teve para servir a Deus. Uma vez no leito, caiu em sono profundo e, novamente, sonhos estranhos a assolaram.

Seu pai, seu irmão, Merthia, Edwayne... todos estavam diferentes. Que roupas seriam aquelas?... E de que tempos?

39. A criança

Muitos anos antes, em uma noite gélida, Edwayne estava prestes a entrar em trabalho de parto.

A futura madre de Monte Rannesforth não estava sozinha nesse momento. Beneficiava-se da assistência de padre Thomas e Balynth, homem do povo da floresta que também trouxera Dassidel, conhecida como excelente parteira.

Longe dali, e entristecido por ter sido obrigado a abandonar seu verdadeiro amor, casava-se o senhor Bray de Hulder com Willyna, na presença de padre Hollander e de ambas as famílias.

– Meu Deus... – indagava Edwayne entre lágrimas. – Que será desta criança, padre Thomas? Como posso abandoná-la assim, mesmo sabendo que será bem cuidada por Balynth e seu povo, que sempre me foi tão amável?

– Acalme-se, filha, e confie em nosso Senhor Jesus – assegurava-lhe ele. – Nosso bom Mestre sabe que esta criança é fruto do amor e não do pecado. Mas nem a família de Willyna nem a de nosso querido Bray permitirão que esta criança venha a ser conhecida.

E acrescentou:

– Saiba ainda, filha, que Willyna é generosa e nobre de coração. Ela mesma chegou a me pedir que lhe levasse a criança quando nascesse, mas ainda não sente forças para enfrentar as reações que viriam da família.

Edwayne, entre lágrimas de tristeza, perguntou-lhe:

– Padre, mas criar mais uma criança não será um

fardo para os povos da floresta? Eles já passam tantas necessidades... e dispõem de tão pouco. Será que não poderia deixar minha parte da fortuna a eles em vez de entregá-la ao convento?

– Deixe que Deus alimente os pássaros do céu, Edwayne. Meu prezado Balynth levará esta criança e dela cuidará, como fazem com todas as que são a eles confiadas.

– Sei disso, Padre. Não é nenhum segredo que quando as mães desesperadas abandonam seus bebês na floresta os habitantes de Timnell as criam como seus próprios filhos. Isso me acalma, mas ainda não alivia meu remorso em abandonar um recém-nascido.

– Não seria mais desumano, filha minha, entregá-la mediante pagamento a uma família local para que a criassem? Não se apaga facilmente uma descendência que nunca ficará totalmente velada. Tais nascimentos acabam sempre por gerar comentários indiscretos e não demoraria até que a criança se sentisse objeto de olhares estranhos por parte dos outros. Seja como for, exceto por seu irmão, sabemos que sua família prefere apagar a lembrança deste nascimento, temendo que isso comprometesse seu ingresso no monastério.

Balynth então lhe disse:

– Mesmo sem vê-la, sei que a criança que está para nascer é menina e que em Timnell será desde cedo instruída para, no devido tempo, tornar-se uma grande curadora, que trabalhará cheia de amor e lealdade à mãe Terra. Vejo um grande futuro para ela, que desde já iremos chamar de Cewyllyn.

Fechou os olhos, que no entanto pareciam continuar a ver, e respirou profundamente. Disse-lhes então:

– Quando crescer, Cewyllyn não terá descendência saída de seu próprio ventre. Ela terá uma irmã de sangue, que lhe confiará duas crianças nascidas ao mesmo tempo e por meio delas estas terras serão cristianizadas. Assim será!

Como Balynth previra, Edwayne deu à luz a uma menina, forte como o pai e de olhar penetrante, mesmo ainda recém-nascida.

Não muito depois, Balynth e Dassidel partiram sob espesso nevoeiro com a criança rumo a Timnell, onde foi recebida com alegria pela irmã de Balynth, que a amamentou.

Desde cedo, Cewyllyn mostrou talentos para as

artes adivinhatórias e o preparo de poções curativas para todos os males. Tornou-se benquista e necessária em sua comunidade, passando a amar Balynth como seu verdadeiro pai. Ele jamais lhe ocultou as origens de seu nascimento.

Cewyllyn era, portanto, meia-irmã de Bethien e Percyberth, ainda que pouca semelhança guardasse com ambos, que eram quase cópias de Willyna.

Mãe Edwayne, mesmo após tornar-se, por sua sabedoria e afabilidade, uma liderança no convento, jamais deixou de acompanhar os passos da filha, orgulhando-se da jovem generosa que esta se tornara. Passavam horas conversando sobre o cristianismo e sobre os seres da floresta, visíveis ou invisíveis, que Edwayne sempre soube respeitar.

Cewyllyn era chamada sempre que alguma das irmãs do convento adoecia, curando mesmo a própria mãe em mais de uma ocasião.

Embora soubesse que o senhor de Hulder era seu pai, jamais se aproximara dele, que ignorava completamente o paradeiro da criança que Edwayne dera à luz.

Mais de uma vez, sem que Balynth soubesse, Cewyllyn se dirigiu às terras do senhor de Hulder e, escondida entre os carvalhos, observava os irmãos durante horas, desejando se aproximar. Ela pensava que Bethien e ela, apesar da diferença de idade, poderiam ser amigas.

Certa tarde, Cewyllyn adormeceu na floresta enquanto observava Bethien fiar no pátio com sua tia Merthia.

De repente, sentiu como se a noite se instalasse e a envolvesse por completo, e um frio paralisante a circundou. Estava acostumada a vivenciar fenômenos mediúnicos desde pequena, mas desta vez sentiu que algo preocupante se aproximava. Tentou alcançar o talismã de proteção que Balynth lhe dera, mas suas mãos não se moviam.

Um odor absolutamente estranho tomou conta de todo o ambiente e, mesmo ela, habituada a identificar a origem de todos os sons e aromas da floresta, desta vez sentiu-se perdida. Era uma mescla de cascas e resinas, que a deixou como que hipnotizada. Sentiu em seguida uma fumaça tóxica lhe preencher os pulmões, ardendo-lhe as narinas.

– Olá, Cewyllyn. Vejo que observa nossa inimiga...

A voz era feminina, cortante, dolorida de ouvir. Um ser em forma de serpente e cabeça de mulher se enrolou ao corpo de Cewyllyn, apavorando-a.

– Veja: podemos nos livrar dela. Se aceitar me servir, Cewyllyn, posso dar um jeito de levar aquela infeliz comigo... Apenas desejo que me ordene exterminá-la e o farei de bom grado.

E prosseguiu:

– Observe como ela tem tudo, amiga minha: beleza... fortuna... e um dia terá também o amor do homem que deveria ser seu. E você? Olhe para si mesma: foi abandonada e vive como um bicho da floresta. Vamos, ordene-me e a aniquilarei, e assim você poderá vingar-se de seu pai, aquele indiferente que a largou antes mesmo de você nascer.

Cewyllyn pouco conseguia responder. Um jorro de vômito verteu-se de sua boca e ela começou a sentir que perdia os sentidos, ficando à mercê daquela criatura repulsiva.

Um clarão então se fez, estalando como raio. O carvalho que ocultava Cewyllyn tombou seco, fulminado por Balynth, que viera em socorro da filha. Ele sempre a seguia de perto sem que ela o percebesse.

– Afaste-se, criatura infernal! Retorne às profundezas de onde saiu. Afaste-se agora, antes que a destrua aqui mesmo!

– Balynth, meu velho companheiro... – disse a serpente gargalhando. – Quem diria que um dia também foi meu hóspede no lago de lodo? Certamente bem se recorda de quando foi assassinado por causa daquele infame Kabhir...

– Cale-se, infeliz! O passado está enterrado! Nosso Pai Supremo nos concede novas oportunidades a cada renascimento e você também terá sua hora.

Dizendo isso, fincou seu bastão no corpo da criatura, que se contorceu e lançou tamanho silvo que Cewyllyn permaneceu ouvindo-o por semanas dentro de si.

O odor que restou na floresta era insuportável, chegando mesmo até onde Bethien se encontrava, fazendo-a correr para casa.

– Venha, filha – disse Balynth, ciente de tudo o que perturbava a mente de Cewyllyn. – Não permita que esses pensamentos de inconformismo lhe assolem o coração. Lembre-se de que o mal nos espreita sempre, aguardando apenas qualquer pequena vacilação para se infiltrar em nós.

– Perdão, meu pai, por eu ter saído assim, às escondidas.

Queria apenas ver meus irmãos e saber como eles vivem. Não sei bem por que, mas me perdoe, me perdoe.

E, recompondo-se, indagou:

– Quem era aquela criatura monstruosa? O que me deu mais medo foi sentir que de algum modo eu a conhecia.

– Era Sarpa, filha. A serpente que desde tempos imemoriais espreita nosso grupo de espíritos.

Olhou então firme para Cewyllyn e disse-lhe:

– Não inveje sua irmã, nem ser nenhum. Cada um de nós tem seu quinhão de sofrimento neste mundo e não nos é recomendado desejar ter o que é de outrem. Este ainda não é um mundo de almas felizes. Somos devedores uns dos outros e precisamos nos apoiar mutuamente com caridade. Acalme seu coração, Cewyllyn, e mantenha seu pensamento no bem, pois, do contrário, Sarpa novamente se aproximará de você.

40. Um pequeno olhar

Finalmente, os filhos de Bray de Hulder se reencontravam. Percyberth sentia grande falta da irmã e ficou tão exultante ao reencontrá-la que a abraçou por longo tempo.

– Pare com isso, Percy – disse Bethien sorrindo. – Mãe Edwayne sempre ensina que os excessos não são bem vistos por nosso Senhor Jesus. É preciso ter comedimento até nas saudades.

– Está mesmo virando uma freira, Bethien! Mas conte-me como está sua vida dentro destes muros. Você está muito magrinha, parecendo mesmo uma ovelhinha sem mãe. O que lhe dão de comer aqui?

– Aqui, Percy, compreendi o real valor de outro alimento: a prece. Vivo em paz e sempre feliz. Aprendo a cada dia o que é necessário para administrar um lar, mesmo do tamanho de um castelo, como o de meu futuro marido.

– Fico feliz que irá se casar com um homem de valor. Eu jamais permitiria que desposasse um frouxo. Aliás, já entreguei a mãe Edwayne parte de seu dote.

E acrescentou, piscando-lhe:

– Quem sabe assim eles a alimentem melhor.

Estirou-se então em um banco próximo, rindo de si mesmo.

– Percy, você é muito atrevido – retrucou ela. – Penso que deva orar mais. Quem sabe não lhe consigo uma saia e você permanece aqui neste convento também.

E antes que Percyberth pudesse reagir, caíram em gargalhadas tão altas, que irmã Elona veio ver o que se passava.

À presença da jovem Elona, Percyberth se empertigou e levantou-se, boquiaberto.

– Com licença, Bethien – desculpou-se Elona –, mas talvez seu irmão aceite uma caneca de cerveja para a sede e algo para comer. Não temos muito, mas o que temos aqui é abençoado e nos é permitido compartilhar.

E, já um tanto mais séria, prosseguiu:

– Mas você bem sabe que mãe Edwayne não tolera algazarras.

Percyberth, encantado com Elona, não parava de fitá-la. Ela prontamente baixou o rosto, envergonhada.

– Agradeço-lhe se puder providenciar algo para meu irmão. Saiba que ele pagará do próprio bolso pelo alimento, pois sabe que temos poucos recursos. Não é Percy?

– Sim, claro... Eu apenas...

– Que é isso, Percy? Sua língua ficou presa na boca? Irmã Elona pensará que você pegou no sono em pé. – E ria-se do irmão, que parecia de fato haver perdido a fala.

Pela primeira vez na vida, Percyberth sentia possuir uma alma e um coração que batia sem que estivesse correndo ou em batalha. A jovem religiosa, que deveria ter pouco mais do que a idade da irmã, lhe provocara algum sério abalo. Não se tratava de desejos físicos. Aquela mulher de olhar puro e rosto como o de um anjo o fazia desejar ajoelhar-se e orar com sinceridade interior, pedindo perdão por quaisquer pecados ou excessos que outrora tivesse cometido.

Tão logo Elona se retirou, ele virou-se para a irmã e disse em voz baixa:

– Bethy, minha irmã... Estou apaixonado. Quem é esta formosa e angelical moça? Por que se encontra aqui e não se casou?

– Percy, refreie seus avanços. Isso é coisa de Satanás! Irmã Elona é um anjo de pureza e desde que nasceu está confinada neste convento. Cale seus impulsos e deixe-a em paz. A família dela é muito pobre e jamais papai aceitaria tal união. Nem, é claro, mãe Edwayne, pois irmã Elona está prometida para Jesus.

Encabulado, Percyberth manteve a cabeça baixa enquanto Elona lhe oferecia uma pequena refeição, pela qual ele de fato pagou.

– Queira sentar-se conosco, irmã Elona – convidou Percyberth, aprumado e ao mesmo tempo desorientado ao contemplar tão belo e delicado rosto.

– Não posso, Senhor. Tarefas me aguardam.

E saiu, não sem antes pousar, ainda que brevemente, os olhos em Percyberth, que, desconcertado com a profundidade e radiância que ela emanava, silenciou seu ímpeto e mastigou calado, mantendo-se assim circunspecto até o dia seguinte.

Acordou cedo, depois da noite mal dormida. Desacostumado com a rotina do convento, pôs se a caminhar pelos salões à procura de Bethien ou da tia, a fim de se despedir, embora desejando, mesmo que furtivamente, rever a moça que não mais saíra de seus pensamentos. Sentimentos tão poderosos, tão comuns naqueles tempos, levavam muitos jovens a cometerem desatinos ou mesmo a permanecerem castos e leais ao mesmo amor durante toda uma vida.

Ouviu então uma voz harmoniosa que entoava uma singela cantiga em homenagem à natureza, o que lhe causou espanto, pois acreditava que tais melodias eram coisa de pagãos. A cantiga falava de dois jovens apaixonados que declaravam seu amor ao lado de um carvalho branco antiquíssimo, única testemunha do tristonho romance.

Viu então irmã Elona colhendo algumas ervas e cantarolando baixinho, evitando perturbar as demais irmãs em oração. Ela sabia que cantar fora dos momentos de oração coletiva não era permitido, mas estava também tocada pelo jovem que vira na noite anterior. O canto lhe brotava do coração como um alívio.

– Que bela voz tem, irmã Elona. Não, por favor, não pare. Desejo ao menos guardar esta melodia em meu coração, já que estou condenado a... amá-la para sempre.

– O que diz, Senhor Percyberth? Por favor, peço que não zombe de mim. Melhor deixar-me em paz.

– Jamais teria a intenção de magoá-la, irmã Elona. Mas... é o ser mais belo e mais puro que já vi em toda a minha vida. Se me permitir, desejo vê-la novamente. Conceda-me pedir permissão a mãe Edwayne para uma nova visita.

– Jamais sairei deste convento, meu Senhor. Não vê que fiz meus votos? E que minha vida é dedicada ao Senhor Jesus? O que ele pensaria se soubesse que deseja lhe roubar a serva? Este é meu lar e aqui deverei permanecer até o dia de minha morte. Procure uma boa moça e se case. Eu jamais poderei lhe dar meu amor e muito menos um dote, pois saiba que sou pobre e fui abandonada neste convento no dia em que nasci.

E acrescentou:

– Saí algumas pouquíssimas vezes com mãe Edwayne para visitar uma vila longínqua, onde aprendi esta canção pagã, que aliás já deveria ter esquecido.

Percyberth, agora com a firmeza dos homens da época, fitou-a abertamente e disse:

– Não desejo dotes, mas jamais abriria mão de seu amor, Elona. Quanto a ser serva de Jesus, poderá servi-lo junto de mim da mesma forma que o faz aqui.

E, agora novamente envergonhado por haver sido tão direto, disse-lhe:

– Sei que lhe causo algum aborrecimento e não desejo incomodá-la mais, mas sei que voltaremos a nos ver, formosa Elona. Não poderei mais esquecê-la.

Retornou então aos aposentos em que sua irmã e tia se encontravam e despediu-se, sem nada mencionar sobre o diálogo com Elona, que se trancou por dias em seu quartinho, alegando estar indisposta.

Bethien o abraçou e agradeceu-lhe pela visita.

– Iremos nos rever apenas em minhas bodas, irmão. Desejo-lhe bom retorno. Abrace padre Thomas por mim. E comporte-se, Percy!

O casamento da irmã pouco importava a Percyberth. Tudo o que agora desejava era rever aquela moça de fisionomia tristonha, mas celestial, que se tornaria uma dor profunda em sua vida, modificando-o dali em diante.

Em vidas passadas, irmã Elona fora um espírito muito amado por Percyberth, desde os tempos em que nasceram na Lemúria, mas haviam se encontrado apenas ocasionalmente devido ao temperamento obstinado e belicoso do jovem, que permaneceu sucessivas existências tão absorto em suas próprias vinganças e desejos pessoais, que não conseguia perceber a seu lado a alma que lhe teria sido regeneradora, trazendo-lhe plena felicidade.

Na encarnação como Nimit, estava ensandecido por Nalini e buscou-a desesperado pelo palácio de Chandan, até encontrá-la no jardim, passando então a assediá-la no insensato desejo de possuí-la e ao mesmo tempo ferir seu cunhado.

Se naquela manhã Nimit-Percyberth houvesse caminhado um pouco mais pelos corredores do palácio de Chandan, conforme planejado por seus benfeitores espirituais, teria encontrado a mulher que seria seu verdadeiro amor, sentada nos jardins, pensativa e esperançosa. Naquela época, ela se chamava Taali, belíssima filha de um dos generais de Chandan.

O encontro, caso se concretizasse, lhe traria intensa paz e serenidade, e uma sangrenta guerra teria sido evitada. Infelizmente, seu campo mental e o processo obsessivo em que se encontrava o impediram de absorver o hálito divino que lhe soprava no coração. Sem isso, em sua dureza e rebeldia, ele perdeu-se por séculos.

Renasceu filho de Lélia e Gaius e, como Cassius, desposou Lícia, usufruindo de uma vida mais amena em que, de certa forma cristianizado por ela, decidiu tomar novos rumos, agora menos revoltoso e mais resignado.

Infelizmente, tal felicidade não se repetiria na presente encarnação, fato que traria a possibilidade tanto de amargurá-lo ainda mais através da revolta ou de libertá-lo por meio da esperança na verdadeira vida: a vida do espírito.

Assim como o antigo rei Nimit, carregamos ainda a semente perniciosa da revolta cega e do inconformismo irrefletido. Aquilo que poderia desenvolver-se em frondosa e frutífera árvore, conseguimos com frequência, por precipitação e incúria, transformar em doloroso espinheiro. Somos os jardineiros de nossas próprias virtudes.

Cabe a cada um de nós identificar dentro de si essa árvore porventura tristonha. Seus ramos ressequidos são o egoísmo, o personalismo, o orgulho, o medo, a mágoa. Cabe a nós revivê-la, fazendo-a florescer, aplicando-lhe para isso o Amor e a Caridade, que são os adubos poderosos da árvore sagrada que se chama Ser.

É o rumo que conduziu a uma dessas duas possibilidades que as próximas páginas revelarão.

41. Ildwyn

Nada em Ildwyn lembrava à primeira vista o rei Chandan, mas uma observação mais minuciosa, principalmente de suas decisões, evocaria de imediato a imagem do rei de outrora.

Ele possuía o vigor de Chandan, a disposição e a astúcia de Jamaludin e a perseverança de Gaius, atributos estes que eram conquistas pessoais e intransferíveis desse espírito agora integralmente comprometido com a própria redenção.

Nascera em família agregada à de Ailen de Orwill e desde cedo tornaram-se amigos. Ildwyn, que era um pouco mais jovem, mantinha-se sempre curioso quanto aos estudos das escrituras, dirigidos pelos padres locais, mas muitas de suas perguntas continuavam sem resposta.

Foi em uma viagem pela floresta de Cormorant Nest que Ildwyn pela primeira vez encontrou a jovem Cewyllyn, que imediatamente se apaixonou por ele. A sina de Lakme e Milla se repetiria: amar sem ser correspondida.

Ildwyn se encantou com o modo de vida do povo da floresta na aldeia de Timnell e, admirando a organização e solidariedade que lá vigoravam, pediu-lhes permissão para permanecer algum tempo junto deles.

Com a anuência da família Orwill, residiu tempo suficiente na fraterna comunidade para aprimorar sua fé e sua compreensão, embora ainda pouco madura, da lei de causa e efeito. Amadureceu também seu entendimento das leis da natureza como leis naturais que regem tudo o que existe. Tais ensinamentos já estavam presentes em sua alma desde seu período como rei Chandan, porém adormecidos ao longo das existências.

Quando retornou ao castelo do amigo Ailen, e desejoso de compartilhar com ele o que aprendera, passaram horas cavalgando e conversando sobre os ensinamentos do povo de Timnell.

– Estou vendo, caro Ildwyn – dizia Orwill –, que o tempo que passou entre os amigos da floresta o impressionou bastante. Conte-me mais sobre as leis que os anciãos lhe ensinaram com tanta generosidade e desinteresse. Creio que os padres daqui, talvez exceto por Thomas, não aprovariam tais aprendizados.

Ildwyn, respirando fundo, punha-se a lembrar do que ouvira na aldeia e lhe fizera tanto sentido. Com isso, Kabhir, agora renascido como senhor de Orwill, rememorava saberes ancestrais, só que, desta vez, um pouco diluídos pelos preconceitos da igreja de então.

– Pois note como a natureza é perfeita – apontava Ildwyn. – Tudo é equilibrado e tem uma função. Para que uma árvore cresça frondosa como esses antiquíssimos carvalhos, é necessário que aprenda desde cedo a suportar a investida das aves, que usarão seus galhos como ninho e tirarão de seus frutos o alimento. Não tem ela que suportar a chuva, o gelo, o sol? E, ainda assim, não cresce tão bela e inabalável?

– Concordo, Ildwyn. Parece real essa comparação.

– Não será assim conosco também? Não devemos adquirir força e coragem ao vivenciarmos as intempéries da vida? Será que encastelados, vivendo isolados do mundo, não estaremos nos furtando ao progresso?

– Ildwyn, Ildwyn... Está me fazendo tantas perguntas, em vez de me dizer o que fazemos neste mundo...

Em Orwill, espírito antigo e empenhado na própria elucidação, pouco seria preciso para que tais conhecimentos dessem frutos. No passado distante, como Kabhir, ele incutira tais saberes em Chandan e agora os recebia de volta. Somos os jardineiros dos sentimentos uns dos outros.

Ambos riram e Ildwyn explicou que este era o método utilizado pelos habitantes da aldeia de Timnell para ensinar seus filhos. Nunca traziam respostas prontas, mas sim mais e mais questionamentos, considerando que o progresso de todas as crianças era uma responsabilidade coletiva.

– Veja, amigo Ailen: não somos diferentes dos demais seres da natureza. Tudo nasce, cresce e morre, como nós mesmos, mas, como diz o sábio Balynth, a morte não existe. A árvore caída e o animal perecido retornam ao solo e se transformam em alimento novamente. Nada se extingue. Assim também ocorre com nossa alma!

– Realmente, Ildwyn, a morte nunca pareceu assustadora para mim e, cá entre nós, jamais acreditei que ela fosse o fim de tudo. Eu sonho com mundos que nunca antes vi e só posso atribuir tais visões a outras vidas que tivemos, não acha? Além disso, minha mãe sempre via espíritos e me relatava o que eles lhe diziam sobre um mundo além deste. Eu, particularmente, me sinto próximo de nosso Senhor Jesus muito mais que dos espíritos da floresta, mas há de existir uma explicação que una tudo, não lhe parece? Deus e a árvore, o homem e a água, o céu e os animais... Não consigo vê-los separados.

– Pois reflita então, Ailen: se estamos vivos para aprender as coisas que nos são inexplicáveis e bem pouco conseguimos aprender em uma única vida, hão de existir várias outras para que possamos continuar aprendendo.

Observando que Orwill ponderava sobre estas palavras, acrescentou:

– Os anciãos acreditam que a alma de um lobo pode retornar como lobo novamente e muitos deles conversam com esses animais, relembrando-os de feitos do passado. Assim se passa com as crianças da aldeia, que recebem desde cedo lições sobre como evitar os mesmos erros que cometeram, além de se prepararem para aprender coisas novas, necessárias à vida atual.

– Sabe, Ildwyn – disse Ailen –, quando reúno esses conhecimentos que me traz com os sermões dos padres sobre as palavras de Jesus, tudo me faz sentido.

Os saberes adquiridos como Kabhir retornavam fortes em Orwill, que continuou:

– Vejo sabedoria nas palavras dos moradores de Timnell. Por que Jesus teria dito a Nicodemos: "... se alguém não for gerado de água e espírito, não pode entrar no Reino de Deus"? E por que também lhe falaria: "Não te maravilhes de que eu lhe tenha dito: É necessário a vós ser gerado de novo"?[20] Será que Jesus não se referia aqui ao fato de que precisamos renascer muitas vezes até que possamos nos tornar merecedores de nos reaproximar do reino de Deus, do qual nos afastamos por nossa própria visão equivocada? Faz muito sentido termos mais de uma oportunidade, não acha, Ildwyn?

Assim, Kabhir acessava suas memórias ancestrais graças à intervenção amorosa de um irmão e amigo. Seu caráter já firme e elucidado se fortalecia a cada dia.

E prosseguiu:

– Sinto em meu coração que já vivi muitas vidas, meu amigo, e não me ache louco por abrir-lhe o coração. Há situações que me são tão familiares, assim como algumas pessoas, inclusive você e padre Thomas. Aliás, também foi assim quando vi minha futura esposa pela primeira vez. Senti enorme alegria e desejo de protegê-la. Um sentimento diferente de todos os que já tive, como se fosse meu absoluto dever cuidar dela.

– Acredito no que diz, Ailen. Por este motivo, vejo-me impedido de me ligar a uma mulher. Não ria de mim, amigo.

Orwill olhou-o intrigado.

– Pensei que apreciasse a companhia de muitas mulheres.

– Aprecio a companhia de algumas, mas sinto que existe apenas uma dona de meu coração. Eu a vejo todas as noites em meus sonhos, em um tempo e um lugar que me escapam ao entendimento. Amo-a com todo o meu coração, mas nunca a encontrei.

O senhor de Orwill não riria jamais do desabafo do amigo. No fundo, sabia que aquele amor fazia sentido. Nada mais lógico para ele do que vivermos muitas vidas, usufruindo de inúmeras oportunidades de crescimento, superando aos poucos nossas dificuldades e imperfeições de caráter. Os percalços do caminho iriam, na medida e na forma proporcionadas pelo Criador, transformar nossos defeitos em virtudes.

Em breve, Ildwyn teria contato com a mulher de seus sonhos. Desta vez, no entanto, ela estaria prometida a seu melhor amigo.

---

[20] João, 3:5 e 3:7. *O Novo Testamento.* Tradução de Haroldo Dutra Dias. Brasília: Federação Espírita do Brasil, 2020.

42. Recolhimento

Certa noite, no mosteiro, Bethien e sua tia foram acordadas bem mais cedo que de costume por Elona. Ainda sonolentas, se alarmaram, temendo que algo preocupante houvesse ocorrido.

– Venham já – pediu Elona. – Padre Thomas está aqui e deseja lhes falar com urgência.

Bethien e Merthia aprontaram-se apressadas e desceram ao salão de orações. Lá viram mãe Edwayne em pé, ao lado do padre.

Ele era um homem de pouca estatura, cabelos embranquecidos e fisionomia grave. Os olhos bem castanhos e vivos lembravam os antigos sacerdotes druidas, como devem ter sido seus antepassados.

– Saudações, minhas filhas. Venho em nome do senhor de Hulder, que pede que as acompanhe ao castelo do senhor de Orwill. Infelizmente, o pai e irmão de Bethien estão em plena defesa de suas terras, que sofrem ataques dos invasores de além-mar. Devem partir o quanto antes para o castelo. A escolta chegará em breve.

Mal disse essas palavras, adentrou o salão um homem apressado, que se apresentou como Ildwyn, chefe das tropas do senhor de Orwill.

Bethien sentiu que lhe fugiam os sentidos. Por alguns momentos seu coração se acelerava, de modo incomum. O olhar de Ildwyn, embora respeitoso, a arrebatara. Ele também permaneceu breve tempo sem ação. No entanto, dando-se conta novamente da urgência da situação, instruiu:

– Devemos ir o quanto antes para ao castelo, enquanto há noite, que será nossa amiga e protetora. Tenho homens de confiança bem armados e é preciso partir imediatamente.

Bethien estava confusa, ainda não inteiramente desperta e preocupada com o pai e irmão, embora soubesse que o castelo em que viviam era bem fortificado.

Ildwyn tampouco conseguira evitar o olhar curioso de Bethien e sentira que aquela jovem lhe era familiar de alguma forma.

Ao ajudá-la a subir à carruagem, segurou-lhe a mão com firmeza.

– Cuidado com o degrau. Meu bom amigo Ailen anseia por vê-la novamente e cabe a mim conduzi-la a ele sem um único arranhão.

Fitou-a então com olhos profundos e melancólicos. O mesmo olhar que Chandan lhe dirigira séculos atrás, antes de escolhê-la como sua favorita, mas agora ele se encolhia respeitoso frente à futura senhora de Orwill. Em uma das muitas ironias do destino, ele fora designado para ser o guia da dona eterna de seu coração, mas para entregá-la a outros braços.

Tal ironia pode à primeira vista parecer mero capricho da espiritualidade. No entanto, destas situações inicialmente conflitivas e desoladoras é que se daria o aprendizado destes espíritos. Seria perdendo no momento presente que ganhariam terreno no processo evolutivo, desde que conseguissem ser fortes o suficiente.

Bethien, aceitando a mão firme, baixou a cabeça, sentindo-se quase que aprisionada por aquele homem singular, e seguiram o caminho designado pelos batedores. Em algumas horas já avistavam o castelo do senhor de Orwill.

Ela sentia-se envergonhada por sua própria reação. Acreditava que Deus a fulminaria com um raio ou, pior, a faria cair nas mãos do inimigo, a fim de aprender a não cair em devaneios, por momentâneos que fossem, por outro homem que não o noivo. Tinha certeza que sua alma se consumiria nas chamas eternas do inferno.

No arrebatamento que sentira, mal prestara inteira atenção ao rosto, porte ou trajes daquele homem. Apenas se imantara a seus olhos – o bastante para que um abismo de inseguranças se abrisse em seu coração.

Sua alma antiquíssima sabia, por experiências comprometedoras de um passado tão longínquo, que deveria manter-se fiel no coração e sensata nos pensamentos. A experiência ao lado de Jamaludin, que não acabara bem para nenhum dos envolvidos, a alertara definitivamente.

Chegando ao castelo, o encontro com o futuro esposo, que a salvara tempos atrás na estalagem, trouxe-lhe certa serenidade. Tal sentimento, no entanto, aproximava-se muito mais de uma devoção filial que o de uma mulher pelo homem que em breve desposaria.

Kabhir, reencarnado como aquele nobre senhor, teria sobre Bethien uma influência fortemente positiva. Ele a ajudaria a manter-se firme em seu propósito de vencer os desejos pessoais e abraçar o dever moral em definitivo. Na presente existência, ela precisaria desenvolver a compreensão necessária para amar, sem contudo se revoltar por não possuir o objeto de seu afeto. Precisaria compreender a diferença entre o amor real e a paixão escravizadora. Aprenderia, sob o olhar gentil de seu esposo, que o amor verdadeiro reside na alma. O medo do inferno e da danação eterna, embora ilusórios, seriam para ela, naquele momento, uma necessária contenção de suas emoções arrebatadoras e desejos irrefletidos, que tanto haviam atravancado seu progresso em vidas anteriores.

O senhor de Orwill a recebeu afetuosamente. Olhar para ele lhe trazia segurança e a fazia amar-lhe a serenidade mais que tudo. Ele a fazia sentir-se pacificada consigo mesma.

Em poucos dias se casaram, infelizmente sem a presença do pai e do irmão da noiva, ocupados que estavam com a defesa de suas terras.

Uma nova vida aguardava Bethien, que agora necessitaria de todas as forças para não cair novamente nas armadilhas do próprio ego, que a puxavam à satisfação de seus desejos, custasse o que custasse. A vigilância e a luta íntima lhe seriam constantes.

Sempre que estava ao lado do esposo ou de mãe Edwayne, sentia-se fortalecida e com excelente ânimo. Nesses momentos, desejava apenas uma vida pacífica, sem grandes tribulações. Permanecer indefinidamente em tal calmaria, no entanto, faria seu crescimento espiritual se retardar. Novas provas lhe seriam apresentadas em breve, trazendo-lhe oportunidades de olhar para si mesma como um ser ainda imperfeito e comprometer-se com o reposicionamento dos próprios sentimentos.

Através do desconforto das próprias emoções e sentimentos, iria descortinar suas questões pessoais, burilando-se ao percorrer os obstáculos apresentados, movendo-se assim na espiral evolutiva em que se encontrava.

Devido a um rigoroso inverno que se fez naquele ano, alguns dos entes mais queridos de Bethien, impossibilitados de viajarem, permaneceriam unidos sob um mesmo teto no castelo. Esse grupo de espíritos que em comum tinham o temor a Deus e o afeto por ela, compunha-se de Kabhir, agora como senhor de Orwill; Kalanthara, como mãe Edwayne; Kanti, como sua tia Merthia; Chandan, como Ildwyn; e Astarte, como padre Thomas.

Todos, indistintamente, haviam galgado grandes progressos nas últimas encarnações e a ajudariam em sua evolução na presente existência, em que dificílimas provas se fariam presentes em breve.

Os laços entre Bethien e Orwill se aprofundavam no convívio diário e ela aprendia no cotidiano um pouco mais sobre a generosidade e o amor sereno, o qual ultrapassava as barreiras do simples querer. Tinha respeito sincero pelo marido e o admirava verdadeiramente em suas qualidades.

Diferente do que se possa imaginar, a vida no castelo não primava pelo que hoje idealizamos para aquela época. Os recintos eram gélidos, com iluminação mal suficiente, e tipicamente tinham uso coletivo. Camas eram raras e muitos dormiam no chão forrado de palha e lã. Roupas eram artigos de luxo e mesmo os senhores dispunham de poucas peças de vestimenta. Os animais, principalmente no frio, podiam andar livremente pelas áreas comuns.

As edificações que estamos aqui chamando de "castelos" eram fortificações, nem sempre de pedra, que externamente visavam a defesa e internamente a armazenamento de comida e armamentos. O frio era constante; os aromas dos ambientes não primavam entre os mais agradáveis. Banhos eram raridade e a falta de privacidade fazia a vida dos moradores parecer por vezes constrangedora frente aos padrões atuais.

O castelo do senhor de Orwill tinha sua própria estufa, seu jardim e estábulos, mas mesmo com tais recursos em nada lembrava o luxo em que ele vivera séculos antes nos palácios de Chandan ou de Arjun.

Bethien era muito gentil com todos. Tratava os servos do castelo com desvelo, ensinando-os sobretudo a temerem a Deus.

Mesmo no frio, dirigia-se às aldeias próximas e ajudava os que estivessem doentes ou famintos. Auxiliava as famílias como podia, deixando seu marido muito orgulhoso. Nessas idas, fazia-se acompanhar de Ildwyn, que se mantinha quase sempre em silêncio e reservado.

A pedido de Bethien, o senhor de Orwill construíra uma pequena capela para que os aldeões pudessem orar e agradecer a Deus diariamente. Nela, padre Thomas, quando a saúde lhe permitia, pregava um evangelho diferente. Ele falava sobre o perdão, sobre o amor e a misericórdia do Pai e sobre a necessidade de resignação perante as provas da vida.

Suas palavras eram um alento e, certamente, centenas de espíritos, encarnados ou não, usufruíram de seus sermões, adotando novos rumos para a vida. Em todas as épocas da humanidade, o Criador nos envia almas generosas e abnegadas que nos inspiram com suas palavras e principalmente com suas ações. Nunca estivemos e nunca estaremos abandonados.

A capela fora construída em uma clareira na floresta de Cormorant Nest, situada atrás do castelo do senhor de Orwill, e lembrava uma pequena casa de fadas. Possuía branda iluminação, bancos de madeira bem talhados, um altar singelo e uma grande cruz de madeira, que se banhava na luz do sol que adentrava por uma pequena abertura no teto e nas janelinhas laterais.

Naquele local, Bethien sentia-se feliz como nunca. Durante os sermões, costumava sentar-se no primeiro banco, ao lado do esposo, absorta pelas palavras libertadoras do padre Thomas. Duas fileiras atrás, permanecia Ildwyn, que a amava em impecável silêncio.

A oração que ambos, também em silêncio, faziam durante os sermões iniciava-se com diferentes teores: Ildwyn pedia força e coragem para vencer os inimigos de seu grande amigo Ailen; Bethien, por sua vez, pedia forças para amparar as famílias da aldeia. Entretanto, no final, ambas as rogativas quase invariavelmente convergiam para uma mesma súplica: a de terem forças para resistirem a qualquer ato impensado.

43. Recaídas

Bethien foi informada por Ildwyn que em breve seu pai e irmão viriam visitá-la. Com a ajuda de homens enviados por Orwill, eles haviam vencido uma segunda tentativa sangrenta de invasão de suas terras e viriam em visita de cortesia ao casal.

Assim que soube estarem já próximos ao castelo, ela os aguardou na entrada, ansiosa por abraçá-los.

Quem poderia imaginar que, alguns séculos antes, seu pai e irmão – Raavil e Nimit, em vida pregressa – haviam sido inimigos declarados, tendo sido em parte responsáveis por vários dos desgostos afetivos por ela enfrentados, e vice-versa. Os laços de sangue, através de renascimentos, diluem ódios e regeneram sentimentos, quando temos disposição para tal.

Observando feliz o grupo se aproximar, Bethien surpreendeu-se ao ver um homem sendo trazido em uma maca improvisada, mas ficou aliviada ao notar que o pai e irmão estavam bem. Percebeu então que na maca estava Otwan, escudeiro de seu pai.

Otwan fora atacado no caminho por lobos famintos e agora precisava de auxílio imediato. Ele era encarnação tanto de Janaka, o fiel companheiro de Chandan, quanto de Maximus, o sensato senador romano.

Afeiçoara-se aos familiares de Bethien e secretamente nutria um amor silencioso por Merthia, a irmã de seu senhor, mesmo sabendo que ela jamais lhe pertenceria.

Irmã Merthia estava destinada ao convento e não se desviaria do caminho que ela acreditava ter sido traçado por Jesus.

Otwan se tornara companheiro inseparável de Percyberth, uma espécie de preceptor do jovem. O convívio e a solidariedade uniam espíritos antes antagônicos. O antigo rei Nimit e Janaka se aproximavam e, mesmo com a diferença de idades, manteriam afinidades. Percyberth relatara ao amigo que se apaixonara por Elona e este lhe confessara o amor por Merthia.

Ambos tinham em comum a crença de que somente no campo de batalhas encontrariam algum alento para a desilusão amorosa que vivenciavam, pois tanto Percyberth quanto Otwan realmente amavam aquelas mulheres, mas aos poucos perceberiam que este sentimento não os levaria a compromisso algum com ambas, uma vez que estavam comprometidas com a vida religiosa.

Em contraste com o senhor de Hulder, eles aceitavam que nessa vida não usufruiriam do amor verdadeiro. Acreditavam que seriam oportunamente recompensados no céu. Tais crenças eram estimuladas pelas palavras confortadoras do padre Thomas, que os mantinha em segura linha evolutiva. Se suas amadas estivessem confinadas pelas paredes de conventos, eles se conformariam. Algo dentro de si os fazia sentir que essa era a conduta a adotar nesta existência.

Bethien, por sua vez, não era inclinada à mesma resignação e mantinha-se em constante diálogo mental, questionando o porquê de amar um homem que não era seu esposo. Espírito antigo e experiente em questões afetivas, sabia mascarar tais sentimentos com o verniz do orgulho e com o medo do inferno, que desde cedo lhe fora incutido.

Na noite do fatídico ataque, Otwan e Percyberth estavam patrulhando a floresta em que o pai deste e alguns soldados acampavam. Os amigos cavalgavam, divagando sobre suas desventuras amorosas, quando os lobos os cercaram e tentaram atacar Percyberth.

Otwan, exercendo seu papel na segurança do herdeiro daquela família, imediatamente saltou à frente do cavalo de Percyberth, sendo severamente mordido. Com os gritos de socorro, os demais acordaram e os acudiram.

Percyberth sofreria alguns arranhões, mas Otwan foi

quase mortalmente abocanhado pelo líder da alcateia.

Foi neste estado que chegaram ao castelo de Orwill.

Era preciso buscar ajuda imediata. Naqueles tempos sombrios, no entanto, não eram muitos os conhecedores de métodos para aliviar a dor física e curar o corpo. A menor ousadia nesses procedimentos poderia ser vista como bruxaria e o medo de ser confundido com um feiticeiro intimidava os que tivessem reais dons ou conhecimentos curativos, exceto talvez pelos remanescentes do povo da floresta.

– Pai! – gritou Bethien. – Que aconteceu com Otwan? Quanto sangue, meu Deus!

– Acalme-se, Bethien! – respondeu Orwill. – Não o deixaremos morrer. Esteja certa.

Vendo a preocupação da filha, Hulder explicou:

– Ao defender seu irmão do ataque dos lobos, Otwan foi mordido ferozmente. Mas é um homem forte e sobreviverá.

Ildwyn, talvez inconscientemente reconhecendo o antigo companheiro, interveio:

– É preciso encontrar ajuda prontamente ou este homem morrerá em breve.

Voltando-se então a Orwill, pediu-lhe:

– Permita, Senhor, que eu vá até o povo da floresta, pois sei que lá vive Balynth, velho curador do povo antigo. Sei que ele poderá ajudar.

– Não! – vociferou Bethien, resoluta. Jamais! Um feiticeiro, adorador do Diabo? Nunca poderemos permitir. Faça algo, meu Senhor! – suplicou ela ao marido. – Proíba-o de ir.

Sabendo que Bethien ainda carregava em seu coração conceitos incorretos sobre o povo da floresta, explicou-lhe, calmo como sempre:

– Querida, o povo da floresta é generoso e são nossos irmãos em Cristo. Não podemos negar ajuda ao homem que morre apenas por nos considerarmos melhores que eles.

Mãe Edwayne indagou então, consternada com a atitude de Bethien:

– Não aprendeu nada conosco, filha? Não tem complacência com os que sofrem? De que adianta a caridade apenas com os que nos são caros ao coração ou os que pensam como nós?

Bethien, subitamente envergonhada, respondeu em voz baixa, mais pensativa que desafiante, que Deus não aprovaria tal ajuda, mas por fim acrescentou que, se fosse o desejo de seu esposo, então que Ildwyn buscasse auxílio, mesmo que de um feiticeiro. Enquanto isso, ela estaria em orações pela alma de todos. E retirou-se para sua capela, junto de mãe Edwayne e de Merthia, que também desaprovara a reação da sobrinha.

A jovem se esquecera de que sua meia-irmã fora acolhida caridosamente e sem restrições por aquele povo generoso. Bethien, porém, não conseguia enganar a si mesma. Nossa consciência sempre acaba por nos revelar nossas próprias motivações de forma impassível e resoluta.

Embora ajoelhada ao lado de mãe Edwayne, pensamentos invasivos a atormentavam: "Ildwyn visita com alguma frequência essa aldeia afastada... Será que...".

Subitamente, um clarão se fez em sua mente. Era ela, era ela. A tal feiticeira era a jovem que Ildwyn visitava. Tudo agora fazia sentido: "A meu lado está a mãe dela... Nossa querida Edwayne!".

"Certamente" – pensou então, enquanto ensaiava uma prece desconectada de seu coração, apenas movendo os lábios mecanicamente – "a pedido de meu marido preocupado com o bem-estar da sobrinha, Ildwyn frequenta a aldeia para garantir que nada falte a ela. Decerto se apaixonaram... E por isso quer trazê-la para cá."

Percebendo-lhe a mente agitada, mãe Edwayne olhou-a séria. Bethien baixou a cabeça, escondendo a face por entre os cabelos.

Elona também conhecia a moça, pois já acompanhara mãe Edwayne a visitas que ela em segredo fizera à filha. Dizia que Cewyllyn era muito bela e inteligente. Lembrar-se disso só fazia aumentar o despeito de Bethien.

Seus pensamentos não cessavam:

"Tudo faz sentido. Cewyllyn, feiticeira ela também, roubou o coração de Ildwyn. E é minha própria irmã!"

Mas em seguida, aportes de sua consciência a faziam questionar-se:

"Deus, Senhor... O que se passa comigo? Sou casada com um homem gentil e respeitoso, que é temente a Ti. Por que me ocupo de Ildwyn? Por que não consigo orar em paz?"

Embora sofresse em silêncio, seus olhos e gestos mostravam seu tormento.

Bethien sempre tinha duras palavras para o povo

da floresta, as quais no fundo, aos olhos do espírito, acobertavam sua exígua coragem para enfrentar suas próprias dúvidas e também para admitir seu amor por Ildwyn.

Se realmente compreendesse as escrituras como afirmava, veria que violara em poucas horas quase todos os pecados definidos pela igreja, dos quais padre Hollander a alertava sem cessar. Inveja, cobiça, ira... tudo agora se exaltava em seu temperamento apenas dócil em aparência.

Mãe Edwayne então se retirou e Merthia, adivinhando os pensamentos da sobrinha, propôs:

– Oremos, Bethien, primeiramente por seu coração endurecido. Que ele se dulcifique com os exemplos de amor e caridade do Senhor Jesus.

– Mas, tia, não lhe parece condenável que não confiemos unicamente no Senhor Jesus? Parece-lhe certo que, à menor dificuldade, nos afastemos de sua guarda, recorrendo à feitiçaria? Não deveríamos mostrar mais força em nossa fé?

Compreendendo a dúvida que a assolava, Merthia indagou-lhe incisivamente, mas com brandura:

– Mas minha sobrinha acaso deixaria seu marido morrer, se fosse este o caso, apenas para preservar a própria interpretação das escrituras? Não preferiria pedir ajuda a um povo que, embora chamemos de pagão, vem curando os enfermos há centenas de anos, sem para isso nada cobrar nem obter favores?

Bethien respondeu à serena questão com olhar resoluto:

– Jamais permitiria que os feiticeiros se aproximassem de meu marido. Somos cristãos ou não somos?

Merthia, espírito inabalável na luta e firme em suas conquistas, apenas manteve-se olhando silenciosa e profundamente para Bethien, atitude que calou de imediato a sobrinha voluntariosa. Esta sabia que a tia enxergara suas autênticas questões. Ainda assim, contra-argumentou:

– Se padre Thomas não estiver no castelo para orar por Otwan, então mãe Edwayne poderia incumbir-se disso.

– Minha sobrinha, não acha que mãe Edwayne já tem muitos por quem orar? E acaso é certo que ombros fortes como os seus transfiram ainda mais responsabilidades para ombros cansados na luta, como os da amada mãe Edwayne, que desde muito cedo cuida dos pobres e desvalidos?

– Mas apelarmos para a feitiçaria do povo da floresta seria... – E foi imediatamente cortada pela tia.

– Bethien, eu a proíbo de dizer novamente esta palavra. Não a use como desculpas para suas mágoas íntimas. Sabe muito bem que sua irmã vive na floresta e teme que Ildwyn tenha se apaixonado por ela. Não é isso que no fundo preocupa você? Já é hora de crescer, Bethien querida. Sei que seu coração carrega um peso imenso, não é verdade?

E instruiu:

– Olhe para Jesus em sua cruz, Bethien, e diga-lhe que seu coração é puro e que sua alma é virtuosa. Diga que não quer desejar, nem em pensamento, o que não pode ter. Diga-lhe.

Ao ouvir a tia, Bethien corou e quase permitiu que uma lágrima lhe descesse pelo rosto. Até então sofrera em silêncio, mas ao ser descoberta deu margem a que a dor de seu peito começasse a irromper sem controle.

Merthia sabia que ela amava Ildwyn verdadeiramente e que desde que se casara lutava diariamente contra esse sentimento. Teve pena em ver a sobrinha em meio a tal conflito. Ela mesma amava Otwan e conhecia a dor do afastamento do ser amado, mas podia ocupar-se da vida monástica, ao passo que Bethien deveria conviver diariamente com o homem que desposara.

– Compreenda-me, sobrinha: há vezes em que preciso ser dura com você, pois percebo que se perde em devaneios, descuidando-se do cultivo da virtude em seu coração. Sei que alimenta algum afeto pelo senhor Ildwyn e que luta contra tal sentimento.

– Tia, eu jamais...

– Sei que não, minha querida. Confio em sua virtude, mas aviso-a de que isso poderá trazer grande sofrimento a ambos. Não perca mais tempo com essas fantasias sem propósito para uma mulher casada. Afaste tais sentimentos de seu coração e dedique-se ao senhor de Orwill, bem como a continuar servindo aos pobres da vila, como o faz. Não se perca em pensamentos que possam lançá-la no tormento interior, que é nosso inferno real. Nenhum fogo queima mais que a consciência maculada.

Bethien sentiu-se aliviada por não mais precisar ocultar da tia os sentimentos que nutria por Ildwyn.

– Prometo, tia. Serei uma esposa melhor. Orarei para

que o Senhor Jesus afaste de meu coração este sentimento inoportuno e continuarei a cuidar dos que sofrem, como pede meu marido.

Merthia também aliviou-se ao ouvir as palavras da sobrinha, mas houve por bem esclarecer-lhe:

– *Amar* não desagrada a Deus, Bethien. Desejar o que não é nosso é que consiste em tropeço. Nem Deus pode arrancar o amor verdadeiro de seu coração, mas você poderá educá-lo para que cresça e um dia abarque todos a sua volta.

Bethien voltou então os olhos ao madeiro a sua frente e pediu forças para manter-se digna do amor de Deus. Seu coração estava leve.

– Tia, perdoe-me pelas palavras infelizes. Quanto ao povo da floresta, de fato não cabe a mim julgá-los. Aceitarei de bom grado o que meu marido decidir. Creio também que já é hora de conhecer minha irmã.

O senhor de Orwill já se adiantara e pedira que Ildwyn buscasse o sábio curador e sua filha na floresta. O nobre homem não brincaria assim com a vida de um irmão.

44. Na floresta

Na parte mais profunda da floresta de Cormorant Nest havia um pequeno povoado que não se movia no mesmo ritmo que os demais. A aldeia de Timnell escolhera viver em seu próprio tempo.

Para seus habitantes, as leis que obrigavam ao pagamento de tributos não se aplicavam, visto que o pai do senhor de Orwill firmara com o líder da aldeia, muitos anos antes, um pacto de que jamais os importunaria. Se necessário, o próprio Orwill bancaria esses impostos.

Os homens e mulheres de Timnell haviam lutado em uma sangrenta batalha junto dos ancestrais de Orwill, expulsando consecutivos invasores. Firmara-se desse modo um código de honra estabelecido entre os líderes de ambos os lados, de que viveriam em paz e isolados um do outro, cada qual com suas crenças e valores.

Mãe Edwayne dizia que seus antepassados pertenciam aos povos mágicos e que todos naquelas montanhas nebulosas muito deviam à coragem de seus ancestrais. Tanto ela quanto seu irmão Ailen sabiam que esses povos foram pouco compreendidos pelos romanos e difamados pelos primeiros cristãos, que não entendiam sua ligação com a natureza e muito menos sua forma de organização comunitária.

Balynth, o atual líder religioso, era conhecido do senhor de Orwill e mantinham uma relação respeitosa e de companheirismo. Mais de uma vez, durante os meses de rigoroso inverno, Orwill enviara provisões aos moradores da floresta por meio de Ildwyn, conhecedor do misterioso caminho.

O povo de Timnell, que naquela época não contava com mais de duzentas pessoas, era constantemente atacado por aldeões fanáticos a pedido de representantes da igreja. Esses aldeões eram levados a crer que os habitantes da floresta eram adoradores de entidades malignas. Tal pensamento era incentivado por alguns religiosos, interessados, na verdade, nas terras férteis da região.

Ildwyn, sempre prazerosamente e de bom grado, visitava Timnell, pois admirava a forma despojada mas organizada em que seus moradores viviam. Sentia-se plenamente feliz em meio àquela simplicidade e pureza de costumes.

Em uma dessas viagens, anos antes, Ildwyn conhecera a filha de Balynth, Cewyllyn, que nascera de Edwayne e Hulder. A jovem apaixonou-se por ele perdidamente. Esse amor se instalara em seu coração muitos séculos antes, quando ela ainda era uma das dançarinas favoritas do rei Chandan na Casa Amarela. O sentimento se aprofundaria ainda mais quando ela reencarnou em Roma como Milla, desenvolvendo um amor abnegado por Gaius.

Ildwyn seguia, em meio a frio intenso, a um vale ao norte da floresta, região dos mais antigos carvalhos. Aquela área servia como uma passagem entre o mundo dos cristãos e o dos povos da floresta.

Perto dali, aguardava-o Cewyllyn, que já sabia, com sua visão espiritual, que o senhor de Orwill precisava de ajuda. Mais tarde, Ildwyn viria a saber que os lobos que atacaram a caravana também haviam sido feridos e vieram ter ao Grande Sacerdote de Timnell, cujo pleno conhecimento das forças espirituais permitia-lhe visitações e comunicações com todos os reinos da natureza. O líder da alcateia, um lobo corpulento e prateado, comunicou aos sábios da aldeia que, por estarem famintos, haviam atacado um homem que rumava ao castelo de Orwill.

Não somente os sacerdotes, mas todos os habitantes de Timnell integravam-se harmonicamente com os seres da natureza. Nenhum ritual, nenhuma comemoração era realizada sem que estes seres fossem invocados e sua presença fosse respeitosamente aguardada. Não era diferente com os lobos, javalis e mesmo outras feras que habitavam a floresta.

Os sábios repreenderam o líder, pedindo-lhe que poupassem, dali em diante, as vidas humanas que encontrassem em seu caminho, lembrando-lhes que a mãe Natureza oferecia-lhes fartura de alimento entre os animais, que não usavam armas como os homens.

Concluíram que o homem ferido devia estar em situação crítica e que ninguém, no castelo ou nas aldeias próximas, saberia mantê-lo vivo. Já aguardavam então que, muito em breve, algum representante de Orwill chegaria pedindo-lhes ajuda.

Cewyllyn dirigiu-se ao vale dos carvalhos, sabendo em seu coração esperançoso que somente Ildwyn teria coragem de empreender tal incursão em meio à neve densa.

Ao perceber que Ildwyn se aproximava a cavalo, o coração da jovem palpitou com tal intensidade que ela teve receio de que ele chegasse a ouvir-lhe as batidas.

Em breve, sua figura imponente emergia dentre as árvores monumentais.

– Há quanto tempo não o vejo – disse ela serenamente ao cavaleiro, tentando demonstrar alguma indiferença.

Suas mãos, porém, transpiravam e ela tentava dissimular seu olhar apaixonado. Buscou então fingir alguma impaciência e despeito.

– Como é lento seu cavalo, Ildwyn. Ou a lentidão seria de quem o monta?

Ildwyn sorriu, tudo compreendendo. Sabia que era amado intensamente.

Cewyllyn tinha os olhos profundos de mãe Edwayne, porém escuros. Os cabelos castanhos lhe desciam nos ombros. Era alta, bastante esguia e graciosa. Provavelmente herdara os traços de algum antepassado da mãe.

– Também aprecio revê-la, Cewyllyn. Como sabia que eu viria?

– Somos o povo da floresta. Sabemos de tudo o que ocorre nestas paragens. Os lobos relataram a meu pai haverem atacado os homens que iam ao castelo do senhor de Orwill. Era apenas questão de tempo até que alguém viesse nos pedir ajuda.

Então o instruiu:

– Vamos. Meu pai ficará feliz em revê-lo. Coloque esta venda nos olhos e confie em seu cavalo, que seguirá meus comandos. O caminho ainda é secreto para você, mesmo sendo merecedor de nossa amizade.

Cewyllyn pronunciou então algumas palavras ao cavalo, que passou a segui-la. De olhos vendados, Ildwyn a provocava:

– Para que vendar-me os olhos, Cewyllyn, se sabe que conheço tão bem o caminho para Timnell?

– Você tornou-se mais um mero mortal apaixonado, Ildwyn, e isto o enfraquece. Tenho receio de que também se torne um carola e tente nos liquidar.

E continuou a questioná-lo, agora sobre questões do coração, mais por ciúmes que curiosidade.

– Diga-me, Ildwyn: qual o motivo de seu coração estar seco como uma ameixa velha? Acaso está se apaixonando pela esposa de seu senhor?

Ouvindo isso, Ildwyn de um só golpe arrancou a venda e dirigiu um olhar furioso a Cewyllyn.

– Não sei do que fala, mulher tola!

Cewyllyn olhou então para o cavalo que levava Ildwyn e disse-lhe duas palavras desconhecidas. Ouvindo-as, o animal obedeceu de imediato ao comando, derrubando o cavaleiro sobre um amontoado de neve e galhos espinhosos.

Ela se deteve à frente dele e mirou-o severamente, desta vez colocando-se como autoridade legítima e representante de seu povo:

– Tolo é você, Ildwyn. Saiba que deve respeitar o caminho, mantendo-se de olhos vendados. Monte novamente e não ouse repetir o que fez, ou o farei matar aqui mesmo. Estamos o tempo todo vigiados pelos guardiões da floresta e eles não hesitarão em puni-lo a meu comando.

Ildwyn obedeceu, contrariado. Cewyllyn, porém, não cessou de sondá-lo sobre seus sentimentos. Ele comentou:

– Vejo, Cewyllyn, que não desiste de perguntar sobre meu coração, que, por sinal, já deve conhecer bem. Sim, apaixonei-me por uma senhora que não pode, por compromisso assumido, retribuir meu amor.

E completou:

– Amo-a perdidamente, no silêncio de meu coração. Não ouso olhá-la nem dirigir-me a ela, pois tenho medo de que meus olhos me denunciem.

Cewyllyn, satisfeita em extrair uma resposta, mas não exatamente feliz, retrucou:

– É um estúpido em acreditar que mantém segredo do

que está em seu coração. Todos nós nos encontramos no mundo dos sonhos e lá nossos desejos correm livres, sem as amarras da falsidade. Creia-me, Ildwyn, todos sabem de seu amor e apenas se fazem de tolos, como o faz a maioria dos homens, principalmente os cristãos.

– Sabe que sou cristão, Cewyllyn. Não zombe assim de Jesus.

– Jamais zombaria dele, Ildwyn, pois reconhecemos sua sabedoria, mas somos livres para seguir seus mandamentos tendo nossa alma liberta e nosso coração feliz, sem precisarmos renegar quem somos. Nós não o louvamos apenas com os lábios, com falsas promessas ao pé da cruz.

Cewyllyn agora soava realmente contrariada.

– Veja sua amada, que por sinal conheço, e talvez seja hora de saber que eu e ela somos ligadas. Por laços de sangue! Ela jurou fidelidade ao marido e ainda assim ama outro homem. Note bem o senhor de Orwill, que obriga uma mulher a casar-se com ele sem lhe consultar o coração. E observe-se a si mesmo, que jura lealdade a um homem e lhe ama a esposa. Todos mentem, sem se admitirem mentirosos.

Ildwyn apenas balançou a cabeça, dizendo:

– Se não fosse minha amiga, Cewyllyn, eu mesmo a derrubaria do cavalo. Saiba que também sei de seu segredo, pois Orwill me confiou a verdade. Sei que é meia-irmã de Bethien e Percyberth. E quanto a nossa adoração a Deus ou não, creio que cada coração responde por si e não cabe a você julgar a fé dos cristãos.

Ela, fingindo não se importar, respondeu:

– Ora, sabe que estou certa, não sabe? Seja como for, entendo-lhe o coração, pois sei como é amar sem ser correspondida. Agora vamos, que em breve anoitecerá e não sei quanto tempo o homem que foi ferido irá suportar as mordidas que recebeu.

Após uma hora alcançaram a distante aldeia, que abrigava construções simples, mas singulares. Todos pareciam ser bastante felizes, mesmo sob o avassalador inverno que castigava aquelas terras. Bebiam vinho e comiam, dançando em suas casas frente ao calor do fogo.

Ildwyn pensou que Bethien se horrorizaria vendo tais cenas, embora para ele não parecessem nada estranhas. O tempo que estivera próximo àquele povo lhe ensinara primeiramente tolerância, depois respeito e, por fim, admiração sincera.

Ele se recordava que aquelas pessoas generosas salvaram sua mãe no parto e, quando ela morreu, ampararam sua família, sem nunca exigirem nada em troca. Lamentavelmente, foram acusados de feitiçaria por um padre fanático e proibidos de conviver com os cristãos.

45. A sabedoria da árvore antiga

Balynth recebeu Ildwyn com um abraço longo e firme, como fazia com todos os que ele sentisse terem coração honesto.

O encontro com o sábio da floresta tinha o notável poder de fazer o visitante sentir-se sereno por dias a fio. Sua presença trazia a Ildwyn a mesma sensação de paz e gratidão que desfrutava quando ao lado do senhor de Orwill.

Dessa forma, o mercador Jamaludin reencontrava-se com Esahu, que séculos antes o apresentara aos primeiros pensamentos cristãos. Esahu – ou Balynth na presente existência – sempre teria influência marcantemente positiva sobre o caráter de Jamaludin, agora Ildwyn.

– Que bom vê-lo, caro filho! E vejo que está com fome. Venha! Cewyllyn preparará algo para você.

– Estimado Balynth, não sei se teremos tempo para confraternizações. Precisamos de sua ajuda para curar um dos batedores do senhor de Hulder, que foi atacado por lobos. Tem a perna dilacerada e poderá ficar inválido ou morrer se não for curado a tempo.

– Acalme-se, filho. Os lobos já me relataram. O ferimento, embora de má aparência, não é fatal. Otwan abate-se muito mais por estar na presença da mulher amada, Merthia, do que pelo ferimento causado por nossos irmãos lobos. Amanhã partiremos logo cedo para o castelo do senhor de Orwill. Por enquanto, alimente-se e durma!

Dizendo isso, Balynth sorriu e retirou-se ao leito. Seu rosto mostrava sua plena segurança nas próprias palavras. Otwan não morreria naquela noite.

Durante o sono, Balynth visitaria o cavaleiro Otwan no plano astral, curando inicialmente seu espírito irritadiço, antes mesmo de atuar em seu corpo físico. Ele o auxiliaria, enquanto isso, a aplacar a raiva ruminante que guardara do animal faminto que o atacara. Tal raiva envenenava a ferida aberta mais que qualquer outra coisa. Esse sentimento puxava outros ódios que jaziam adormecidos em sua memória. Começava a sentir raiva do pai, que o abandonara, e de seus companheiros, que dormiam durante o ataque. Outros rancores afloravam um a um, piorando seu estado geral.

Aproveitando o sono profundo de Balynth, Ildwyn, que permanecia acordado, iniciou uma provocativa conversa com Cewyllyn.

– Então, Cewyllyn, conte-me como descobriu o segredo de meu coração.

– Sabe muito bem, Ildwyn, que inexiste segredo no coração de um homem que eu não descubra. Na maioria das vezes, vejo coisas desagradáveis. Sinto as tristezas, os sofrimentos e as culpas insensatas, que carregam como pedras pesadas, por muitas vidas.

– Então acredita que viveremos outras vidas, Cewyllyn? Sempre suspeitei que não vivemos apenas uma vez. Creio que neste ponto a igreja e seus padres se equivocam ou, talvez por medo, não ousem adentrar esse assunto.

– Todos o sabem, Ildwyn. Todos. Na noite profunda, quando nosso espírito se liberta do corpo de carne, caminhamos pelos mundos astrais, tanto na luz quanto na sombra, dependendo do que desejamos. Lá nos mostramos como somos de fato.

E completou:

– Sua crença em outras vidas não nasceu em seu coração a partir do nada e nem brotará do nada nos outros corações, pois ela não é uma simples crença: é uma lembrança, ainda que tênue como um fragmento distante. Seja como for, essa crença é poderosa, transformadora, mas precisa ser cultivada vida após vida.

Sentindo que Cewyllyn buscava ajudá-lo, ele respondeu:

– Você é uma mulher sábia, Cewyllyn. Queria mais

que tudo poder amá-la.

– Nunca lhe pedirei mais do que possa me oferecer, Ildwyn. Torne-me sua esposa e o farei feliz. Não sou apegada a crenças tolas ou a falsa moral, como o são tantas mulheres em seu mundo, marcadas a ferro por homens inescrupulosos. Sou um espírito livre e nunca buscaria em você nada além de seu afeto. Desejo que possa me fazer companhia nas noites frias como esta e, quem sabe, gerarmos uma criança ou duas, que levem a sabedoria de meu povo aos tempos futuros.

Dizendo isso, abraçou-o.

– Sabe que nunca poderá realizar seu amor com Bethien, esposa de seu senhor, não sabe?

– Sim. Sei de meu lugar e francamente não pretendo que tal deslize me seja um dia cobrado na mesma medida, conforme nos relata seu pai. Violar a Lei de Deus parece-nos tão fácil, mas quando a reparação nos alcança, reclamamos que somos infelizes.

– Somos apenas insensatos, Ildwyn.

– Deverei me casar, certamente, mas que seja ao menos com uma esposa que compreenda meu coração e minhas motivações. Mas antes de me decidir, deverei conversar com o senhor de Orwill.

Informou-lhe então:

– É preciso, no entanto, que você saiba que não poderei viver aqui em Timnell. Se nos casarmos, terá que se mudar para o castelo, onde conviverá com cristãos. Creio que a vida longe desta aldeia feliz a faria bastante infeliz. Estou certo?

Sorrindo-lhe, ela respondeu:

– Não necessito estar o tempo todo a seu lado, Ildwyn. Basta nos comprometermos perante nossos próprios corações e perante meu pai, e nosso casamento estará selado. Sua palavra vale mais que a de um padre.

– Mas se desejar, meu Ildwyn, poderá viver no castelo e eu aqui. E nos veremos quando desejarmos. Não lhe parece bom também?

– Se assim é, considere-me comprometido com você, Cewyllyn. Eu lhe entregarei meu coração partido e desejo que cuide dele. Gostaria de poder amá-la como amo Bethien, pois sei que você é merecedora de meu inteiro amor. No entanto, não posso lhe prometer isto.

– Bethien, sempre Bethien... Ela teve tudo que não tive. Ainda assim, sinto que a amo. Mas pressinto que algo muito preocupante acontecerá com ela, Ildwyn. Algo inimaginável... Tenho pena, muita pena...

Ildwyn suspirou:

– Protegerei Bethien sempre, assim como o fazem o irmão e o marido. Não tenha esses pensamentos, Cewyllyn.

– De verdade, Ildwyn, nunca me incomodou saber que me trouxeram ainda recém-nascida para esta aldeia. Minha mãe não teve outra opção. Além disso, nos tornamos grandes amigas.

E acrescentou:

– Quanto a meu pai, nunca desejou saber de mim. Apenas tratou de levar sua vida como bem quis. Envolveu-se em batalhas e disputas sem fim, acreditando que assim esqueceria minha mãe.

Ildwyn agora conseguia compreender melhor alguns gestos de seu senhor. A generosidade dele com aquela gente bondosa, o respeito que tinha pela irmã e a ligação poderosa com Balynth.

Cewyllyn, que nunca apreciara ser o centro das conversas, prontamente mudou de assunto.

– Deixe o tempo curar seu coração, meu querido Ildwyn. Venha, vamos nos recolher.

No dia seguinte, refeito e mais animado com a própria vida, Ildwyn partiu com Balynth, carregando uma boa porção de ervas e unguentos. Ao entardecer, quando a floresta já ficava para trás, avistavam o castelo.

46. Na tarefa de socorro

Ao longo de todo o caminho às terras do senhor de Orwill, Balynth interagia com a floresta e seus habitantes. Saudava os animais e sorria para seres que, Ildwyn acreditava, só o velho via.

– Com todo o respeito, caro Balynth, me espanta vê-lo cumprimentando coisas que só você enxerga. Imagine então o que pensarão os que habitam o castelo do senhor de Orwill! Talvez seja melhor evitar conversas com elfos e fadas por ali, ao menos por enquanto.

Balynth deu uma gargalhada amistosa, mas forte a ponto de pôr a correr animais que os espreitavam por entre a mata.

– Você, Ildwyn, já esteve entre nós muito mais que uma dezena de vezes e bem sabe que todos podemos falar com os seres da natureza, inclusive com os que zelam por ela em silêncio. Aliás, quando cuidei de sua mãe que convalescia, há uns bons anos, ela contou que você, desde pequeno, já conversava com os bichos e também com esses seres. Por que esse espanto agora?

E explicou-lhe:

– Assim como você, as pessoas temem ser vistas como loucas ou, pior ainda, como hereges. Comunicar-se com a natureza assusta demais os padres porque os deixa em dúvida sobre suas crenças arraigadas. Para conforto próprio, preferem corromper a visão autêntica dos inocentes, primeiro semeando-lhes medos infundados e, mais tarde, acusando-os de heresia. Vociferam que aqueles que interagem com as outras criaturas de Deus estão endemoninhados e devem ser extirpados da igreja, senão do mundo. Pregam o medo como regra de conduta, a fim de criarem apenas homens que se curvem a sua autoridade, que recitem versículos em latim e que carreguem o coração ressequido como uma árvore fulminada por um raio.

– Mas, Balynth, sabemos que padre Thomas, que também pertence à igreja, não recorre ao medo para trazer os homens a Deus.

– Padre Thomas é uma exceção, filho. Uma fonte de luz entre os membros da igreja. Ele vive da prática irrestrita do bem, a ponto de esquecer-se de si em favor de seus irmãos. Homens como ele são difíceis de encontrar e cada vez mais o serão.

Retornando o olhar à floresta, prosseguiu:

– Nossa aldeia, assim como nossas práticas, consideradas todas pagãs, também estão fadadas a desaparecer em breve. Para as crianças que habitarão a Terra nos próximos séculos, só haverá duas alternativas maiores: ou o medo crescente da punição divina ou o completo afastamento do Criador, que são duas tristes formas de viver, que acabam por adoecer nosso corpo e nossa alma.

E concluiu:

– Só nos resta trabalhar, meu bom Ildwyn, e à boca pequena, espalhando cautelosamente entre alguns escolhidos os saberes ancestrais. No momento oportuno, e não muito longe destas terras, virão revelações maravilhosas, que servirão de consolo por toda a eternidade e darão frescor às palavras de Jesus. Um homem que já viveu entre os povos da floresta se prepara para tarefa ainda tão futura.

Durante o restante do trajeto, Ildwyn seguiu silencioso. Pensou que se um dia tivesse filhos lhes ensinaria a verdadeira compreensão de Deus e de toda a criação. Não os educaria pelo medo e sim pelo amor. E, certamente, lhes ensinaria o respeito à natureza e aos seres que dela cuidam.

Estava já gravada em Ildwyn sua missão nesta vida. Contudo, só bem mais tarde ele compreenderia a envergadura de sua tarefa.

Chegaram à fortificação.

– Bem-vindo, amigo Balynth! – saudou-o o senhor de Orwill. – Que gratos somos por sua generosa visita. Mas vamos, por favor. Nosso doente tem urgência.

Conduziu-o prontamente até onde estavam o senhor de Hulder, Bethien, Percyberth, Merthia e o pobre Otwan. Mãe Edwayne já retornara ao mosteiro.

Nenhum deles pareceu estranhar ao ver aquele homem de barba grisalha e olhos penetrantes entrar no recinto, exceto Bethien, que se retraiu em desconforto. Ela tinha certeza de que ele podia ler seus pensamentos.

Reconheceu no visitante, ainda que de modo inconsciente, o prestimoso médico Esahu. A presença de Balynth, cuja idade ela não saberia precisar, a acalmava. Não se recordaria, porém, que em encarnação passada ele a levara ao deserto a fim de reeducar seu espírito, redimindo-a do insano amor que ela nutrira por Jamaludin. No momento presente, Bethien tinha apenas a sensação de que podia confiar nele.

– Eu os saúdo, irmãos. Que a paz esteja com todos. Deixem-me examinar este homem.

Levantou a manta que o cobria e um odor nauseante tomou conta da sala. O ferimento era assustador, requerendo longo tempo até que Balynth conseguisse limpá-lo por completo. Em seguida, cauterizou a ferida com ferro quente e deu a ele uma bebida calmante. Ervas e unguentos completariam o procedimento nos dias seguintes, até a secagem.

Estava realizada a cura física. Restava aguardar que a vontade de Otwan fizesse o que era de sua própria incumbência.

Observar tal desvelo fez com que Bethien o visse com olhos mais generosos. Sentia até mesmo uma ponta de vergonha por haver julgado tão mal o povo da floresta. No fundo, percebia que eram almas generosas e apenas caluniadas por padres ignorantes.

– Senhor, agradeço por seus serviços. Meu esposo pagará por eles. Não se preocupe.

Bethien não falara por mal desta vez. Sabia que aquela comunidade passava por apuros e desejava de fato ajudá-los.

– Nem todos precisam de ouro para sobreviver, minha jovem. A cura de um irmão não tem preço e todo o dinheiro do mundo não vale uma vida humana. Considero-me pago com um pedaço de pão e uma boa cerveja.

– Deixe-me ao menos dar-lhe algumas sacas de grãos – dispôs-se o senhor de Hulder. – Otwan é não só meu mais valoroso soldado, mas meu amigo. Salvá-lo tornou-me seu eterno devedor, Senhor Balynth.

– Nada me deve, Senhor de Hulder. A Terra me dá o que preciso para meu sustento. Fique tranquilo.

Voltaram todos então a suas incumbências. Os senhores se retiraram para planejar estratégias de defesa contra inimigos que proliferavam nas terras vizinhas e Merthia ficou ao lado de Otwan, atenta a seu ferimento.

Balynth olhou então para Bethien e indagou-lhe:

– Deseja falar-me em particular, não é, Senhora Bethien?

– Como sabe, Senhor?

Ele respondeu apenas com outra de suas poderosas risadas.

Ainda atônita com a habilidade daquele homem em adivinhar-lhe os pensamentos, acenou afirmativamente com a cabeça e acompanhou-o até uma pequena janela ladeada por dois assentos de pedra, onde abriu seu coração, sem reservas. Ela sentia poder confiar a ele o que a afligia.

– Senhor, sou-lhe grata. Desculpe-me se lhe dirigi palavras duras, algumas com meu pensamento, pois sei que nosso pensar também pode ferir. Mas algo me intriga. Minhas crenças parecem estar de algum modo me algemando à intolerância. Isso tem me deixado intranquila. Sempre aprendi que nós, que fomos criados, não devemos desejar curar mais que Deus, que nos criou. Sei que devemos nos resignar à vontade divina, ainda que isso envolva nossa própria morte ou a daqueles que amamos, mas não deixo de me indagar constantemente: como ver um ente querido sofrendo e nada fazer para lhe aliviar a dor? Será que é realmente isto que Deus nos pede?

– Entenda, Senhora, que todos temos o dever de balsamizar as feridas daqueles que sofrem, como fez Jesus em seus passos neste mundo. Não seria pouco cristão observar um irmão padecer de dor lancinante enquanto temos em nossas mãos o unguento precioso do amor que salva e da fé que vivifica?

– Então... o Senhor é *cristão*? Mas...

– Senhora Bethien, pertenço aos antigos povos da floresta, mas minha crença não difere, senão superficialmente, daquela dos cristãos. Amo a Deus acima de todas as coisas e todos os seres, e sirvo a meu próximo, como sei que a Senhora o faz nas aldeias que visita. Muitos estão alimentados graças a sua bondade.

Notando que no olhar de Bethien havia receptividade ao que ele descrevia, prosseguiu:

– Sei que nosso Senhor Jesus é um emissário do nosso Pai, como outros o foram, ainda que não o tenham sido na mesma medida de sua grandeza, que considero única. Não acredite em tudo o que os padres dizem sobre nós, mas ouça seu coração. Os homens se fiam demais nas aparências e ela pode nos enganar. Sejamos irmãos, como mestre Jesus ensinou, ainda que sejamos diferentes.

Mas alertou-a, embora sereno:

– Cuidado, Senhora, pois pode estar desenvolvendo uma adoração pela igreja maior que aquela devida a Deus. Afaste de si esse cálice de orgulho, que gera sectarismo, pois ele poderá transbordar em dor e causar-lhe amargos dissabores.

E complementou:

– Digo mais, Senhora: sabe muito bem que essa adoração é apenas aparente e tem lhe servido de rota de fuga para evitar os sentimentos que lhe assolam o coração e a fazem sentir-se pecadora. Estou certo?

Bethien baixou os olhos, lembrando-se de Ildwyn. Balynth a alentou:

– Não se sinta desta forma. Deus não condena o amor verdadeiro. O amor é uma benção, Senhora Bethien. No entanto, ele se revela puro somente quando não se prende aos limites de nossos desejos imediatos e pode ser contemplado à luz do dia pela consciência que carregamos.

Bethien compreendia cada palavra dita pelo visitante caridoso, percebendo nelas um sentido libertador. Sabia que seu amor por Ildwyn não tomaria forma física na presente existência, mas mesmo assim sentia vergonha por desejá-lo. Sonhava com ele noite após noite. Procurava por seus olhos nos salões e respirava diferente quando ele se aproximava.

Apiedado de Bethien, Balynth aguardou enquanto ela processava tais pensamentos.

– Mas sei que deseja perguntar-me outra coisa, Senhora – disse-lhe então.

– Sim, é verdade. Estou casada já há algum tempo e ainda não engravidei e...

– Senhora, vejo que há dificuldades em seu corpo para que seja mãe. Permita-me explicar-lhe: a Senhora bloqueia o curso da vida inconscientemente, como se houvesse algum tipo de revolta contra o Criador por não lhe permitir usufruir do amor que acredita lhe ser devido.

Ela corou novamente, embora conhecendo em seu íntimo suas questões com Deus. Sabia exatamente a voz e a cor de sua revolta e, sem mais poder mentir a seu interlocutor, relatou-lhe:

– Uma de minhas servas contou-me que o povo da floresta poderia me ajudar, já que conhecem plantas curativas, e não creio que seria pecado tomar algum remédio que me ajudasse a dar essa alegria a meu marido. Ele jamais me cobra, mas sei que também precisa de um herdeiro.

Balynth, mantendo-se algum tempo em silêncio, tomou as mãos de Bethien entre as suas e perguntou-lhe:

– Sabe que uma gravidez poderá tirar-lhe a vida? Ainda assim deseja ter filhos?

– Sim, desejo. Estou decidida a este sacrifício por meu marido, se preciso for.

– Pois bem, Senhora, mas saiba que nem nós, nem padre algum, poderemos influenciar o curso de sua vida ou mudar sua escolha depois que ela for feita.

E revelou-lhe:

– Vejo que dará à luz duas crianças, mas a Senhora provavelmente sucumbirá a esse parto.

Ela respondeu, resoluta:

– Estou disposta ainda assim.

Ele prosseguiu:

– Também vejo, Senhora, que ambas as crianças trarão consigo a incumbência de tarefas muito apreciáveis, pois são almas antigas e predispostas ao bem.

Olhou-a novamente, desta vez procurando enxergar o passado da jovem a sua frente, caso lhe fosse permitido pelos bons guias que o acompanhavam.

– É bem mais forte do que pensei, Senhora Bethien, e talvez seja quem realmente pensei que fosse, assim que a vi. Saiba que, apesar de uma vida breve, deixará para o mundo, como o fez séculos atrás, um legado através de seus filhos.

Bethien pouco entendeu aquelas palavras. A imersão no corpo físico nos faz com frequência olvidar nossa verdadeira missão.

– Em breve enviarei minha filha Cewyllyn, que lhe trará ervas. Tome a poção que ela preparar e poderá engravidar, mas lembre-se: seu corpo é frágil e correrá grande perigo nessa gestação. Não se esqueça disso.

E despediram-se. Bethien não somente simpatizara com o visitante, mas sentia-se aliviada por saber que geraria duas crianças.

– Creio que fui estúpida – disse ela mais tarde a tia Merthia. – O povo da floresta não oferece perigo nenhum a nossa fé. São apenas diferentes de nós: no fundo, amam e temem a Deus da mesma forma.

– Sim, querida sobrinha. E o que conversaram em particular?

– Nada, titia. Nada demais.

– Bem, vamos preparar os aposentos de mãe Edwayne. Ela nos visitará em breve.

47. Vencendo a si mesma

Em alguns dias, Otwan se recuperara e já se preparava para o retorno à vida de soldado. Passava bom tempo na capela orando e agradecendo por sua recuperação. Acreditava que seu amor por Merthia e o desejo de continuar a vê-la haviam estimulado sua cura.

Certa noite, estavam todos reunidos à mesa, na única refeição mais formal que faziam durante o dia.

– Vejo que está muito bem, Otwan! – comentou Percyberth. – Já podemos buscar mais lobos para enfrentar?

– Pare com isso, Percyberth. Que modos à mesa! – ralhou sua tia.

Ele jamais afrontaria a ela ou a qualquer membro da igreja e calou-se constrangido.

– Devemos agradecer por Otwan estar são e salvo, meu sobrinho. Nada de lutas por enquanto!

Ao mesmo tempo, enquanto os senhores de Hulder e de Orwill confabulavam à mesa sobre os recentes ataques aos vilarejos mais afastados, Ildwyn adentrou a sala.

Orwill saudou-o, amistoso como sempre.

– Sente-se conosco, meu amigo Ildwyn. Venha contar suas aventuras ao senhor de Hulder.

À visão do recém-chegado, Bethien baixou os olhos em recato, embora corando repentinamente. Seu esposo apenas sorriu e segurou-lhe a mão, sem nenhum sentimento de rancor, como se soubesse que aquele amor não podia ser contido pela vontade de ambos.

O senhor de Hulder, percebendo algo estranho no ar, buscou entreter o visitante:

– Gostaria de conhecer suas façanhas, Ildwyn. Sei que venceu muitos inimigos do sul, não é?

– Contarei todas as aventuras que desejarem, se é o que lhes agrada, mas temo que tais histórias não sejam aprazíveis para as damas presentes.

– Ora, Senhor Ildwyn – interveio Bethien –, fui criada por homens enérgicos e eu mesma aprendi a me defender. Raramente algo me assusta. Conte, sim, suas façanhas, a não ser que minha tia prefira não ouvi-las.

– Minha irmã diz a verdade, Senhor Ildwyn – comentou Percyberth. – Já a acompanhei em mais de uma perseguição a javalis na floresta e seus temores eram menores que os meus!

Sem buscar encontrar novamente o olhar de Bethien, Ildwyn tomou fôlego, estufando o peito, e começou sua narrativa, fazendo antes um brinde pelo restabelecimento de Otwan.

– Vou lhes falar sobre a última batalha que travamos em Monte Rannesforth, perto dos muros do convento. Mãe Edwayne não está conosco, mas poderá dar testemunho desses fatos. Mas antes de começar, gostaria de fazer um pedido a meus senhores.

– O que desejar, meu amigo – respondeu Orwill.

– Desejo me casar, meu Senhor, muito embora não saiba dizer se minha escolhida seria de seu agrado, já que ela não foi batizada. Saibam que ela não se oporia a sê-lo.

– Mas que felicidade sabermos que uma bela jovem pagã conquistou seu coração, amigo Ildwyn! – respondeu Orwill. – Fico mais feliz ainda em saber que seu amor a converterá em boa cristã. Tem nossa benção.

Todos brindaram a aprovação de Orwill, que estava sinceramente feliz por haver o amigo encontrado uma companheira.

Ildwyn preferiu omitir o nome de Cewyllyn, a mulher que desposaria, sabendo que a revelação poderia causar alguma comoção.

Bethien sentia o naco de carne que engolira subir-lhe novamente à boca. Tentou um gole de cerveja para fazê-lo descer, inutilmente. Tossiu então, a ponto de seu irmão se assustar e fazê-la ingerir um pedaço de pão. Vermelha pelo embaraço do engasgo, pediu licença e retirou-se ao jardim.

– Melhor eu acompanhá-la? – indagou Percyberth, assustado.

– Não é preciso – respondeu Orwill. – Creio que minha esposa precisa de algum tempo sozinha. Talvez Ildwyn possa ir até ela e receber os cumprimentos pelas bodas vindouras.

Ninguém acrescentou qualquer comentário. Apenas voltaram à refeição antes que esfriasse, mas que já deixava os cães ao redor da mesa impacientes.

O senhor de Orwill, que um dia fora Kabhir, confiava na esposa e no amigo e sabia, em seu íntimo, que a questão precisaria, mais cedo ou mais tarde, estar definitivamente resolvida entre ambos. Sabia que os dois haviam conquistado os atributos da virtude da honestidade e jamais o enganariam, mas a prova se apresentaria, cabendo a eles vencer mais esta etapa de sua evolução.

No pequeno pátio, em que a Lua se revelava radiante, Bethien sentou-se calada, tentando absorver a notícia que recebera, ao mesmo tempo que pedia a Deus que a sustentasse nesse momento de vacilação. Pedia forças para não sucumbir à tentação da ira ou da inveja.

– Senhora, sente-se bem?

Era Ildwyn que estava a seu lado.

Iluminado pela Lua, ele lhe parecia mais familiar. Lembrava-lhe alguém, algum lugar, sem que ela conseguisse decifrar de onde provinha tamanha carga afetiva.

– Estou muito bem, Senhor. Sim... estou. Felicitações... por seu casamento. Já era bem tempo, não acha? Embora eu creia que haja excelentes moças cristãs que poderiam ser muito boas noivas.

E, esforçando-se em soar natural, continuou:

– Irá se casar, suponho, com minha irmã. Quem diria que nos tornaríamos parentes de uma forma ou de outra?

Ele preferiu tom mais direto:

– Deixe de ironia, Bethien. Não me torture mais com seu desprezo. Nossos olhos não podem mais nos enganar e nossos corações nos traem com batidas que mais parecem trovões. Sofro tanto em não poder tê-la a meu lado, que mais de uma vez procurei a morte amiga. No entanto, como me alertou padre Thomas, ela não me traria alívio nenhum.

– Não dirija tais palavras a mim, Senhor. Não saberei onde guardá-las em meu coração. Sabe que pertenço a Ailen.

– Eu o respeito da mesma forma que a você, Bethien. Amo-o como a um irmão e jamais desejei nada do que ele possua: nem terras, nem cavalos, nem castelos. Sucumbi unicamente a seu olhar, Bethien. Amo-a como jamais amarei outro ser.

E completou:

– Sabe que me casarei para que jamais a deseje novamente, Bethien. Não posso mais conviver com o pecado de amar a esposa de meu amigo. Sinto-me um traidor, um indigno...

Ildwyn nunca a chamara pelo primeiro nome, como fazia agora. Ele entrara em um jogo perigoso, o mesmo que o prejudicara na encarnação como Jamaludin.

– Como pode me revelar tais coisas? Que insensatez a sua, de abrir-me seu coração justamente no dia em que me faz saber que desposará outra mulher!

E comandou-lhe:

– Retire-se, Senhor. Não quero jamais revê-lo. Vá e case-se com aquela pagã! E deixe-me a sós com a tristeza de amá-lo também de forma pecaminosa...

Ildwyn, porém, aproximou-se dela ainda mais, tomando-a pelos ombros e elevando-a até a altura de seu peito:

– Se quiser, fugiremos agora, Bethien. Partiremos para longe e viveremos em paz todo o nosso amor. Nunca nos encontrarão, lhe garanto, mas é preciso que seja agora, neste momento, em que todos estão embriagados pela cerveja. Eu carregarei nossa culpa, Bethien. Carregarei para sempre e, se o inferno nos esperar, assumirei sozinho perante Deus a culpa por nosso amor. Apenas me diga que sim e fugiremos para sempre.

Por alguns segundos, olharam-se, em um momento decisivo. Séculos de conquistas poderiam ser perdidos nesse instante. Nenhum espírito amigo influenciaria a decisão de ambos. Em contrapartida, o mal e seus emissários plasmavam na mente de Bethien palavras de encorajamento.

Ildwyn jogara sua última moeda na mesa de apostas da vida e estava agora inteiramente nas mãos de Bethien.

Nesse momento, ela sentiu profundo carinho pelo esposo e foi tomada pelo dever moral. Dolorosa vergonha a invadiu, por ver-se leviana para com seu esposo, seu pai, o irmão e a irmã.

Lembrou-se das palavras gentis do marido ao se

desposarem. Naquele dia, Orwill lhe pedira apenas respeito a seu nome e a sua casa. Disse que lhe daria amor incondicional e que jamais lhe cercearia a liberdade de fazer o que desejasse.

Tais palavras de Orwill martelavam-lhe a cabeça: "Confio-lhe meu coração, Bethien. Sei que cuidará dele com desvelo...".

Não, ela não o faria. Maior que o medo do inferno era a vergonha de encontrar os olhos de Orwill no mundo dos mortos. A traição lhe era ideia odiosa. Não encontrava um deslustro sequer, um ato repulsivo de seu esposo que lhe incentivasse a fuga. Afastou-se desse abraço tentador.

– Desejo-lhe felicidades em seu casamento, Senhor Ildwyn. Jamais seremos um do outro, pois Deus assim não o quis. Seja feliz com sua esposa e farei de tudo para fazer feliz meu devotado marido. Não espere de mim nada além de cortesia e educação. Esqueça este amor que não é digno e dedique-se a sua futura esposa, como deve ser. Além do mais, ela é minha irmã e merece minha consideração.

– Sim, Senhora – disse ele, baixando respeitosamente a cabeça. – Jamais a importunarei novamente, mas saiba que meu coração lhe pertence para todo o sempre.

Ildwyn retornou ao salão e, com ajuda de alguns serviçais, carregou os homens para suas camas, exceto Orwill, que se mantivera sóbrio como sempre e voltava da capela, posicionando-se frente a uma janela lateral. Ele ouvira a conversa de ambos, mas, respeitosamente, mantivera-se afastado e em silêncio, feliz por haver a esposa feito a escolha pelo casamento.

Sentia-se agora realmente ligado a Bethien. Seu receio de ser por ela abandonado ou de ser traído por ambos, temor este que jamais revelara a ninguém, extinguia-se por fim, completamente.

Orwill, espírito de muitas conquistas, interiormente altivo e decidido, alçava agora mais um degrau na própria escala evolutiva.

Dirigiu-se ao jardim e abraçou a esposa, convidando-a ao repouso, fingindo não lhe ver os olhos marejados.

Caminharam silenciosos pelo frio corredor iluminado por velas e repousaram satisfeitos.

48. A visitante

Alguns dias depois, Bethien recebia a visita de Cewyllyn, que lhe trazia uma poção de ervas e que a ajudaria a gerar um filho.

Mãe Edwayne, sabendo que Cewyllyn viria até o castelo, aproveitou a oportunidade para rever a filha.

– Grata pela visita – saudou Bethien, cumprimentando a meia-irmã com a cabeça, sem constrangê-la com perguntas sobre sua origem. Apenas sorriu, expressando gratidão pela visita, e recebeu dela o mesmo aceno.

Bethien não sentia animosidade pela irmã, mas não havia um laço de afeto que as ligasse de imediato, visto que ambas, por séculos, amavam o mesmo homem. Era sempre Cewyllyn, no entanto, quem abria mão de seus sentimentos em prol da felicidade de Bethien.

Recebendo a poção da visitante, Bethien pensou que, pela quantidade, poderia ser usada mais de uma vez. Decidira-se a dar mais de um herdeiro ao marido, já que a maioria das crianças, na época, não vingava após o nascimento. "E se fosse uma menina?", indagava-se. Seu esposo tinha urgência de um herdeiro masculino.

Acreditando que Cewyllyn não percebia suas intenções de usar a poção mais de uma vez, separou-a em duas partes, guardando uma delas em um pequeno frasco em um armário.

– Sabe que poderá morrer ao dar à luz, não sabe? – relembrou-lhe Cewyllyn. Meu pai já a terá alertado, mas ainda assim insiste em ir contra a mãe Natureza?

– Jesus me guia pela escuridão – respondeu Bethien.

Cewyllyn insistiu:

– Ainda assim, cristã como se diz, aceita a poção que tantos consideram feitiçaria? Não me parece que Jesus tenha moradia tão sólida em seu coração.

Bethien baixou a cabeça, como que sentindo culpa por não poder procriar sem tal recurso. Tal reação inibida fez Cewyllyn perceber que tocara desnecessariamente em um ponto doloroso da irmã.

– Sinto muito ter sido assim ríspida – desculpou-se Cewyllyn. – Não devia ter lhe falado assim. Não imagino quanto é triste para uma mulher esperar mês a mês uma gravidez que nunca chega.

– Eu também me desculpo, Cewyllyn, por minha petulância. Sei que seu pai me preparou uma única dose da poção, mas receio que, se nascer uma menina, meu marido não tenha a continuidade de que necessita. Não temo a morte, Cewyllyn. Partirei de bom grado se for a vontade de nosso Pai.

Olhou então para a irmã e disse-lhe, desta vez com sincera afeição:

– Sua mãe a aguarda na capela. Sei que somos irmãs, Cewyllyn, e me condoo pelo destino que teve ao nascer. Desejo realmente que seja feliz ao lado de Ildwyn.

– Deseja de verdade, Bethien? E seu coração não sangra ao dizer isso? Quanto ao destino que tive, não poderia ter vivido melhor vida, pois as mulheres de meu povo são livres e felizes, podendo escolher quem desejem para amar e compartilhar o leito.

Desta vez, Bethien invejou a irmã e a liberdade em que vivia, porém não mais sentia vergonha de seus sentimentos.

– Meu coração sangra, sim, Cewyllyn. Sangra desde que vi Ildwyn pela primeira vez. Toda a felicidade que encontrei na vida veio dos olhos dele. Sei que nada posso esconder do povo da Timnell, que lê nossos sentimentos, mas peço-lhe que acredite que jamais violaria o compromisso que firmei com meu marido.

Desta vez foi Cewyllyn que se calou envergonhada. Bethien prosseguiu:

– Tive medo, muito medo, de que o amor de Ildwyn por você me afastasse dele para sempre. Mas vejo que você tem boa alma e peço perdão pelo descontrole de minhas palavras, irmã.

– Tenha cuidado com a poção, Bethien. Ela é muito poderosa e poderia causar-lhe a morte mesmo antes do parto. Use-a somente como meu pai instruiu.

E despediu-se, pedindo-lhe licença.

Bethien sentou-se então sozinha com seus pensamentos recorrentes "Que surpresa do destino... Tive tudo durante minha vida inteira e ela, até o fim da sua, terá tudo o que mais desejo. Como posso dizer-me feliz por ela? Como?".

Cewyllyn, por sua vez, pensava: "Ildwyn nunca a esquecerá. Tenho certeza de que Bethien será uma faca cravada no peito dele para toda a eternidade. Ela é tão sem vida. Como pode Ildwyn amá-la?".

Passaram inconscientemente, ambas, a produzir um perigoso campo mental, repleto de formas-pensamento perniciosas e destrutivas. A invigilância das irmãs alimentava a animosidade mútua. Os pensamentos de uma atingiam a outra e vice-versa, criando uma atmosfera pesada e revoltosa.

Se conhecêssemos o poder de nossos pensamentos e de como somos responsáveis eternos por cada um deles, certamente os cultivaríamos em solo mais bem cuidado.

A repulsa que Bethien passou a desenvolver por Cewyllyn alcançou o insidioso desejo de esganá-la. Conteve-se, ao menos aparentemente. Não fosse por seu medo do inferno, certamente teria perseguido a irmã quando ambas estivessem em desdobramento durante o sono e agido com violência.

Cewyllyn não ficava atrás e pensava em inúmeras formas de frustrar o desejo da irmã de engravidar.

Separadas pela noite escura, adormecidas cada uma em seu aposento, foram devidamente chamadas à colônia astral a que pertenciam e claramente alertadas sobre os perigos de cultivarem tais sentimentos. Eram irmãs e precisavam desenvolver respeito, compreensão e, se possível, afeição mútua, ainda que amassem o mesmo homem.

No dia seguinte, ambas se sentiam envergonhadas pelos pensamentos mesquinhos, após a oportuna intervenção de seus verdadeiros amigos espirituais, que lhes mostraram que estarem encarnadas como irmãs naquele âmbito familiar, bem como na sociedade de então, era-lhes mais que tudo um mérito, dadas as oportunidades regeneradoras que lhes seria concedido vivenciar. Seus orientadores também garantiram que a encarnação de ambas fora por eles avalizada. Cabia a elas fazerem por merecer essa preciosa oportunidade.

Prestes a retornar à floresta, Cewyllyn reiterou:

– Bethien, perdoe-me se lhe fui dura demais. Meus pensamentos me fugiram ao controle e permiti que uma serpente se aninhasse em meu coração. Precisarei expulsar essa invasora por minha própria vontade. É a mim que cabe o primeiro passo.

Silenciando-se por um momento, acrescentou:

– Sei que um dia estará ao lado de Ildwyn, cujo destino está infinitamente ligado ao seu, mas, apenas nesta vida, minha irmã, peço que me permita ser um pouco feliz ao lado dele.

Uma lágrima lhe descia e suas palavras comoveram Bethien.

E continuou:

– Vejo a seu lado uma mulher de beleza incomum. Não sei que nome tem e mal consigo fitar seus olhos, mas ela me diz ter sido uma sacerdotisa de povos que se perderam na imensidão das eras. Diz que a acompanha desde tempos remotos e que nunca deixou de estar a seu lado. Ela pede que seja firme em suas decisões em relação ao bem e que fortaleça sua fé, mas sem tornar-se uma mulher inflexível e intolerante. Pede também que se lembre dela nos momentos de dor e sofrimento, pois estará a seu alcance amparando-a nas hesitações.

Nesse momento tão esperado de pacificação entre ambas, finalmente aquele espírito generoso poderia se manifestar. Bethien percebia que o rosto de Cewyllyn se iluminava e ela falava de forma diferente. Um perfume suave invadia todo o ambiente, formando uma atmosfera tão serena que ambas se comoveram.

Bethien tomou as mãos da irmã e disse-lhe:

– Sim, sim... Perdoe-me também, minha irmã. Sei bem de quem fala, pois sinto essa mulher a meu lado. Em meus sonhos, ela fala comigo.

Pela voz de Cewyllyn vieram então estas palavras:

– Amada filha, você tem grande coragem e infinita capacidade para amar. Um dia guiará muitos de volta ao mestre Jesus. Você foi escolhida entre muitos para ser um farol na escuridão, mas esse tempo ainda não chegou. Contente-se agora em aprender a ser uma esposa digna e uma filha amorosa. Encontre alegria em doar aos que lhe são estranhos e a amar sem restrições mesmo os que não lhe correspondam a fé. Cultive aos poucos em seu coração a semente do amor verdadeiro, que florescerá magnânima e radiosa no devido tempo. Despeço-me aqui, deixando meu desejo e alento de coragem.

Sentindo-se envergonhada consigo mesma e infinitamente pequena perante aquela que lhe falava, despediu-se de Cewyllyn, abraçando-a.

– Prometa-me, Cewyllyn, que quando eu der à luz você estará a meu lado!

A irmã consentiu com um sorriso e se despediu.

Estava consolidada a amizade de ambas, que seria imorredoura. Um dia, Bethien nasceria como filha de Cewyllyn e a auxiliaria devotadamente em seus propósitos no bem. Mas isso é uma nova história...

49. A luta íntima

Meses se passaram desde aquele dia.

Dentre todos os espíritos que se redimiam nesta existência, Dalbir, agora encarnado como Bray de Hulder, era o que opunha maior resistência a vivenciar alguma paz interior. Sentia-se um intruso, um indesejado onde quer que estivesse. A seu ver, tudo o que amava lhe fora subtraído por homens mais poderosos.

Ele não confidenciava tais pensamentos a ninguém, nem mesmo a padre Thomas, seu confessor e amigo. Tais mentalizações recorrentes o mantinham sisudo, desconfiado e até mesmo mais rude que o observado em homens da época.

Ruminava que Edwayne lhe fora tomada pelo Senhor Jesus, ao invés de se tornar sua esposa. Sua mulher também lhe fora subtraída após o nascimento da filha. Sua irmã Merthia também vinculara seu coração ao convento e Bethien estava agora nos braços do senhor de Orwill.

O sentimento de abandono, muitas vezes exteriorizado pela intolerância, aspereza excessiva e dificuldade em externar qualquer alegria, eram percebidas por padre Thomas, grande observador de almas.

Certa noite, em que as chuvas se faziam intensas, sentava-se sozinho o circunspecto morador à longa mesa, sob luz bruxuleante, com uma caneca de cerveja à frente. Alguns nacos de carne repousavam intocados em seu prato.

O poderoso senhor deixava-se cair sobre a grande cadeira de carvalho, disfarçando a revolta que já lhe assumia proporções perigosas, quando foi oportunamente interrompido em seus pensamentos pelo padre Thomas, que chegava.

– Posso me sentar, meu amigo? Quem sabe possa dividir um pedaço de pão com este velho cansado.

– Padre, sempre me traz contentamento tê-lo a meu lado. Acomode-se.

– Bray, meu amigo, em breve partirei para estar com sua filha no momento em que nascer a tão aguardada criança. Antes, porém, gostaria de lhe falar. Quem sabe não deseja partilhar comigo o que vai em seu coração?

– Sim, Padre, quem sabe me trará algum lenitivo para a solidão, que nenhuma cerveja ou mulher pode aplacar.

– Vejo-o taciturno, Bray, e isso me preocupa, pois é uma das muitas ovelhas que me foram confiadas por nosso Senhor.

– Padre, Padre... O mundo me enfastia. Sinto-me roubado, ultrajado, vilipendiado o tempo todo. Nem a prece conforta meu espírito. Nada me traz ânimo. Às vezes penso que todos os meus amigos vivem em outro mundo, não sei se no céu ou no inferno, e que estou sozinho nesta vida. Sinto, Padre, que tudo o que amo me será tirado, e isso por vezes faz crescer em mim, aos poucos, alguma revolta contra nosso Senhor.

E pediu:

– Não me puna por esses pensamentos, Padre. Já me submeto às penitências que padre Hollander me recomenda... mas sinto-me cair em um vasto abismo de solidão. Nem mil orações me confortam mais.

– Bray, sabe que conheço suas dores e peço que abra seu coração para o que lhe direi, sem que me ache um velho louco ou um herege, como alguns de meus colegas o fazem.

Parou por alguns segundos, suspirou e por fim disse ao homem infeliz que tinha à frente:

– Paulo, o disciplinado apóstolo, afirmou que nosso Pai nos deu a vida para a edificação, e não para a destruição[21], nem das coisas nem de nossos irmãos e, muito menos, de nós mesmos, pois somos Seus filhos amados. Se somos Dele, precisamos encontrá-Lo em nós mesmos e amá-Lo

[21] Paulo (II Coríntios, 13:10).

em todas as circunstâncias, não acha?

Deteve-se novamente, percebendo que Hulder acompanhava suas palavras. Então prosseguiu:

– Ele vive conosco e dentro de nós, Bray, acredite-me. Destruir nossa vontade, nosso bom ânimo e nossa alegria é a mesma coisa que negar a existência Dele em nós e recusar Seu amor. É a maior orfandade possível e você está perigosamente perto dela.

– Será que Deus nos ama mesmo, Padre? Nem mesmo eu, que nada sou, deixei meus filhos sem meus cuidados, nem sequer quando fiquei viúvo. Por qual motivo Deus assim procede e nos deixa ao relento neste mundo infeliz, cheio de dores e misérias? Por que tantos sofrimentos e tristezas de todo tipo, que servem apenas para igualar ricos e pobres neste mundo?

– Bray, a vida não nos foi dada para que vivenciemos o ócio de um paraíso temporário ou uma falsa paz no coração. Quem de nós poderia pleitear a vida plena sem que a consciência nos reclamasse alguma reparação? Como clamar felicidade, sabendo que muitas vezes ela significa subtrair de um irmão a mesma plenitude? Como poderia você ser feliz ao lado de Edwayne, sabendo que ela atende a dezenas de moças pobres, colocando-as nos braços de Jesus? E por que manteria Willyna neste vale de sombras, subtraindo-a da ventura verdadeira que é estar no seio do Criador?

Nenhuma dessas indagações deixava de suscitar ponderações em seu interlocutor.

– Veja por toda parte, Bray, como a felicidade de uns pode com frequência ser a desgraça de outros. Nossos queixumes são ouvidos por Deus e somos consolados por Seus anjos, mas Ele jamais viola a Lei que Ele mesmo criou para nós. Temos que confiar em Seu amor infinito e em Sua Justiça. Pense, Bray, o que fizemos para merecer benção, senão nada além de nossas obrigações morais? Lembre-se de Jesus, que após uma vida irrepreensível, repleta de caridade e amor, foi supliciado mesmo sem pecado algum.

Expôs então:

– Deus é todo amor e justiça. Portanto, não pode nos recompensar pelo bem que não fizemos, assim como não permite que Sua Lei nos venha cobrar por erros que não tenhamos cometido. Seria injusto, não? Seria o mesmo que você, caro amigo, doar metade de seus bens a seu mais indolente servo apenas porque ele lhe pede de joelhos e com lágrimas nos olhos. Isso lhe pareceria justo?

– Entendo, Padre. Não exijo recompensas. Apenas queria não sofrer tanto.

– Deus não nos recompensa imerecidamente, Bray, pois nós mesmos sabemos de nossas falhas e o quanto pecamos todos os dias, muitas vezes apenas em pensamento. Como premiar com venturas eternas homens ainda pecadores como nós? Mesmo que recalcitrantes no erro na longa esteira dos séculos, o Pai nos ama incondicionalmente e nos dá o Sol que nos ilumina, o céu estrelado, a chuva benfazeja, a colheita abundante, entre tantas outras coisas. Sua misericórdia é incompreensível para nós, seres egoístas. Por que Ele então, que é amor puro, justiça e bondade sem fim, nos colocaria em situações imerecidas e injustas? Por que nos faria enfrentar dificuldades se não fosse para nosso próprio bem, como forma de encurtar o caminho até Ele?

E lembrou-lhe:

– Como você mesmo disse, como pai zeloso que é, sempre cuida de seus filhos e lhes provê o que necessitam, não é? O que dizer então do Pai Supremo em relação a nós?

– Começo a entender, Padre. Continue, por caridade. Creio que está me recomendando que pare de choramingar e sirva a Deus sem nada exigir. Não é isso?

Padre Thomas consentiu com um leve sorriso e continuou:

– Existe algo, meu amigo, algo em cada um de nós, e não fora de nós, que precisa ser dominado e vencido. Mil invasões de inimigos do norte não são tão terríveis e não exigirão tantos cuidados quanto as serpentes que escondemos nos recônditos de nossa alma. Falo de nosso orgulho e de nossa falta de amor por nós mesmos e por nossos irmãos, além de uma risível vaidade e um tolo egoísmo que corrompem nossa existência. Tais chagas assolam todos os homens e mulheres deste mundo e só podem ser removidas com nossa compreensão da Lei Divina, de forma definitiva e incondicional. Estude as escrituras com o coração aberto, pois nelas tudo está dito. Não aceite apenas o que disserem os padres. Leia e entenda com seu próprio coração. É o único que você tem.

Os olhos de Hulder começaram a adquirir um brilho inédito. Aprumou-se em sua cadeira e um leve sorriso lhe completava a fisionomia, até então pesada.

– Sabe que não sei ler, Padre. Poderia estudá-las comigo?

– Sempre, meu amigo!

E completou:

– Sempre nos será exigido o suor do rosto e o sacrifício de nossos sentimentos, que ainda são egoístas e revoltosos. Nossa vigilância precisa ser constante. Não podemos mais nos associar com as forças menos esclarecidas que ainda residem em nós mesmos, que jazem em nossa alma como uma serpente que nos observa sorrateira. Ore com humildade e vigie sempre, mas que essa vigilância possa começar dentro de si mesmo. A felicidade, então, virá por si só.

E reiterou:

– O apóstolo Paulo nos diz que recebemos dons divinos do Senhor, como a inteligência, a razão e a fé, para edificarmos; jamais para destruirmos. É, portanto, nossa incumbência renovar aquilo que não mais é necessário em nós e no mundo, sem porém destruir, pois não temos tal direito. Devemos guardar, entretanto, o ânimo de quem sabe esperar o tempo certo para colher os frutos de nosso trabalho construtivo. Lembre-se sempre, Bray, que o apóstolo nos recomenda o amor em todas as circunstâncias, pois sem ele nada somos e, se Deus é amor, sem Ele também somos nada. Ame e permita que Deus cure as dores de seu coração. Ame seus irmãos e não terá tempo de sentir-se órfão.

Aquelas palavras foram decisivas para o senhor de Hulder, ainda mais tendo-se em vista as árduas provas que enfrentaria tempos depois. Algo mudava aos poucos em seu íntimo, como deve ser. O bem opera constante e sereno.

50. A batalha das chuvas

Percyberth apaixonara-se perdidamente por Elona e sofria pelo amor tampouco concretizado no plano físico. Confessara isto ao pai e a padre Thomas, que o desaconselharam a insistir naquele sentimento arrebatador – seu pai, por experiência própria.

O jovem a pedira em casamento semanas atrás, dirigindo-se ao convento sem que ninguém o soubesse. Recebeu a firme negativa amorosa de Elona.

As chuvas castigavam a região e, certa manhã, um cavalo exausto tombava próximo à fortificação de Hulder. Sobre ele, um corpo feminino jazia ferido.

Assustados, os servos correram até o animal, recolhendo-o ao estábulo e amparando a jovem. Um dos homens então gritou em direção à torre:

– Senhor! Uma das irmãs do convento está ferida e pede ajuda!

Era Elona, que, mesmo lacerada, tentara cavalgar até o senhor daquelas terras, por horas a fio. O clima sombrio, porém, havia exaurido o animal e esgotado as forças da religiosa.

Os homens desceram imediatamente e Bray de Hulder pediu a Loromir, um servo jovem, que providenciasse ajuda:

– Chame Bertholo na vila. Ele saberá o que é preciso fazer.

Bertholo era um ex-sacerdote de Timnell, que se casara

com uma jovem cristã. Com ela e os filhos, produziam unguentos para curar os mais pobres, que lhe pagavam como podiam. Era chamado sempre que alguém adoecia na casa de Hulder, ainda que sob protesto do padre Hollander, que o considerava feiticeiro desmerecedor de confiança.

Bertholo fora em Roma o soldado Petronius, designado por Gaius para proteger Lélia e que se convertera ao cristianismo. Agora, atuando como curador, dava continuidade a sua busca por redenção. Padre Thomas muito apreciava conversar com esse espírito que, agora vivendo em terras inglesas, havia sido, na encarnação em Timgad, sua devotada esposa Astarte.

Não demorou até que Percyberth percebesse que a irmã que pedia socorro era Elona. Estava mortalmente ferida. Ele se desesperou.

– Elona?! Que ocorreu no convento? Que lhe fizeram? Como estão as irmãs?

Sem verter nenhuma lágrima e mostrando profunda força de caráter, Elona voltou-se a ele e disse-lhe:

– Percyberth, amei-o desde sempre, mas não é a vontade de nosso Senhor que fiquemos juntos neste mundo. Não devo me iludir com o amor dos homens, pois nosso bom Jesus preparou-me outro caminho para trilhar.

E relatou:

– Dias atrás, senti-me fraquejar em minha fé e havia me decidido a ceder a seu amor. Preparei-me para abandonar o convento, aceitando seu pedido. Ontem à noite, estrangeiros armados invadiram o convento e cometeram atos inenarráveis. Todas as irmãs foram mortas ou violadas. Algumas foram levadas por eles, junto com animais e mantimentos. Não sei dizer quantos homens adentraram nossos portões. Eram mais de cem.

Ela virou o rosto ferido e chorou copiosamente. Percyberth entendera que ela fora vítima da ignorante violência masculina.

– Já não lhe sirvo mais como esposa, agora que minha pureza foi ultrajada. Mas não cultive ódio em seu coração. Não alimente a vingança. Apenas me faça companhia nestes momentos que me restam neste mundo.

Percyberth não se importava com o que ocorrera. Em seu coração, Elona continuava casta e intocada.

Os olhos dela não revelavam o menor traço de revolta.

– Não, Elona! Jamais permitirei que morra! Amo você

acima de tudo. Não me importa o que lhe causaram. Ainda assim, quero você como esposa. Não me abandone neste vale de sombras. Eu não suportaria um mundo em que você não exista!

Vendo a cena pesarosa, que os relâmpagos intermitentemente iluminavam, Bertholo aproximou-se e aplicou unguentos sobre suas feridas, mas sabia que o longo trajeto no frio da tempestade agravara o estado da religiosa. Percyberth suplicava a ele:

– Eu lhe rogo, Bertholo: cure-a e lhe serei eternamente grato. Eu lhe darei tudo o que possuo!

O curador, a quem não importavam as ofertas materiais, apenas pediu-lhe que aguardasse fora do aposento, enquanto, com a ajuda de uma serva, as vestes de Elona eram removidas, sujas e ensopadas de sangue que estavam.

No corredor, Percyberth esmurrava a pesada porta de madeira, inconformado com o próprio destino.

Virou-se para o pai, que estava comovido em ver o filho vivenciar a mesma desilusão afetiva que ele vivera, e clamou:

– Vingança, meu pai... Somente a vingança aplacará minha dor.

Em Hulder ainda ressoavam, assim como no filho, as sombras dos antigos guerreiros que foram outrora. Respondeu então:

– Filho, jamais poderei permitir que se case com esta mulher, não por haver abandonado o convento, pois eu mesmo amei uma noiva de Jesus certa vez. Você bem ouviu seu relato: ela foi violada e sua descendência estará sempre comprometida.

Ouvindo essas palavras, Percyberth irrompeu:

– Que me importa, pai? Amo Elona e me unirei a ela seja como for.

A veracidade presente na voz de Percyberth foi tamanha, que comoveu Hulder, a ponto de ressoar-lhe nas fibras do coração. Este não podia negar a si que sabia o que era amar e frustrar-se. Não teve forças para negar-lhe a decisão.

– Temos que esperar até que ela se recupere, Percy. Enquanto isso, nos cabe ir atrás dos criminosos que invadiram a casa de Deus e exigir nada menos que suas vísceras como vingança!

– Vamos, pai. Juntemos todos os homens disponíveis. Teremos muitos, com certeza.

Enquanto Bertholo cuidava de Elona, o senhor de Hulder reunia seu exército para atacar os invasores onde estivessem acampados.

Os salteadores eram bandidos da pior espécie, frequentes naqueles tempos. Não reconheciam hierarquias, princípios morais ou a autoridade divina. Saqueavam, violavam, matavam.

No dia seguinte, antes da investida contra os salteadores, partia desta vida a jovem Elona, grata por haver morrido nos braços de seu Percyberth.

Ele teria trocado tudo – a vitória sobre o inimigo, toda a sua fortuna e até mesmo a vida – pela vida de Elona, mesmo que ela não se tornasse sua. Naquele momento de dor suprema em sua existência, Percy acessava em sua mente os ensinamentos que desde a infância recebera de padre Thomas. Aprendera, muito cedo, a não questionar os desígnios de Deus, acolhendo-os com o coração sereno. Tal sentimento era para ele um mistério, ao menos até agora. No entanto, somente a certeza de que Deus tinha seus motivos, mesmo que desconhecidos, o mantinha vivo, sem cair em insensatez.

Nimit, espírito irracional e negacionista da bondade divina, dera agora um salto rumo à própria evolução, salto este que não teria volta. Uma vez instalado em um coração, ninguém corrompe o Amor Divino, nem nós mesmos.

Usando da altivez e de energias peculiares a seus espíritos, o senhor de Hulder e seu filho, acompanhados de seus homens, invadiram o acampamento dos invasores, aniquilando-os sem vacilar, exceto os dois filhos mais velhos do líder do bando, que, escapando, juraram vingança a Hulder e sua família.

A batalha fora difícil mesmo para os mais fortes. A chuva que caíra impiedosa por dias a fio tornara o campo de batalha mais traiçoeiro.

No final, corpos se espalhavam entre poças de água, sangue e lama. As feras famintas e as forças da natureza se encarregariam de recompor a triste paisagem.

Percyberth, desolado pela perda de Elona, partiu em visita à irmã, prestes a dar à luz o primeiro filho do senhor de Orwill. Bethien sempre o consolara, fazendo-o sentir-se melhor, não importando a situação. Era como se compreendesse o espírito rebelde do irmão, que ressoava nela na mesma intensidade.

Seu pai permitiu que ele fosse, desde que acompanhado de Otwan, que se alegrara ao saber que veria sua amada Merthia.

Poucos dias após a partida de Percyberth, os irmãos assassinos que haviam escapado da emboscada reuniram novo bando e, em silenciosa mas feroz incursão, atacaram o castelo, matando a todos sem clemência, incluindo o próprio senhor de Hulder, padre Hollander e Bertholo, que cuidava de uma serva que adoecera.

Ainda com sede de sangue e em contingente ainda maior, decidiram ir atrás de Percyberth e do senhor de Orwill, por quem alimentavam longo desprezo.

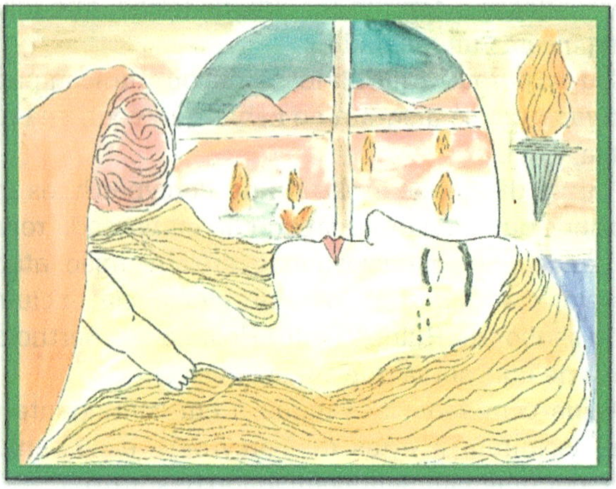

51. O sacrifício

Bethien atravessara agruras contínuas durante os nove meses de gravidez. Ainda assim, não abandonou as tarefas cotidianas. Cardava, fiava, tecia e auxiliava na manutenção de todo o castelo.

Cewyllyn, em sua última visíta, confirmou-lhe a primeira visão de Balynth, de que ela realmente esperava gêmeos.

Se a gestação e parto de uma única criança eram por vezes difíceis naquele período, que dizer de uma gravidez dupla. Por razões desconhecidas, dores ininterruptas castigavam seu corpo e hemorragias eventuais a deixavam sem forças. A anemia a debilitava.

Nas semanas que antecederam o parto, seu sofrimento aumentou agudamente. Ela permanecia o tempo todo sentada, por respirar com dificuldade ao deitar-se.

A poucos dias do nascimento, chegava Percyberth, trazendo a notícia da morte de Elona. Esse profundo abalo emocional agravou o estado já tão debilitado da gestante. Ela não mais quis deixar seus aposentos. Inchaços permitiam-lhe manter-se apenas brevemente em pé.

Ainda não chegara até eles a notícia do ataque a fortaleza de Hulder, nem de sua morte.

Só bem mais tarde o fogo ateado ao castelo e à vila seria avistado por patrulheiros. Os poucos sobreviventes da aldeia próxima ao castelo de Hulder, que também fora atacada, mal conseguiam recolher os cadáveres.

O senhor de Orwill estava ansioso pelo nascimento que se aproximava. Os constantes ataques aos vilarejos próximos, no entanto, o deixavam em permanente alerta. As chuvas recentes também haviam desalojado muitos aldeões, causando prejuízos que precisavam ser sanados, ou novas revoltas ocorreriam. Sua consciência jamais permitiria que ele ficasse alheio aos problemas da vila. Tudo o mantinha constantemente ocupado.

Ildwyn, por sua vez, havia se retirado para Timnell, vindo ocasionalmente visitar o amigo.

Bethien sentia-se oprimida e sufocada. Não lhe pareciam normais aquelas dores incessantes, tão intensas que fizeram com que se ajoelhasse na capela rogando para que tal sofrimento lhe fosse removido. Seu pesar abatia a todos, principalmente ao marido, que se arrependia de haver tanto desejado um herdeiro.

Não suportando mais presenciar o ininterrupto sofrimento da esposa, que gemia agoniada, instruiu um servo a buscar Ildwyn com urgência, junto trazendo Balynth e Cewyllyn.

Mais de dois dias haviam se passado e Bethien estava esgotada. Perdia muito sangue e sentia a vida se esvair aos poucos. No entanto, mantinha-se firme em seu propósito de salvar as crianças, mesmo tendo que suportar as piores aflições.

Assim que Ildwyn, Balynth e Cewyllyn chegaram, encontraram Bethien prostrada na cama, cercada por mãe Edwayne e Merthia. Balynth afirmou que as crianças estavam vivas, mas deveriam ser imediatamente retiradas ou morreriam.

Virou-se aos presentes, que aguardavam seu sempre sábio parecer, e disse-lhes que não havia mais esperança de vida para Bethien. Ou as crianças eram removidas ou os três morreriam em breve.

– O corpo da senhora Bethien já foi consumido. Infelizmente, nada mais há a fazer. Vejo que a mãe da senhora está aqui presente para buscá-la, cercada de outros espíritos que anseiam por abraçá-la. Ela não está sozinha; muito menos desamparada.

Ouvindo isso, o desespero tomou conta de Ildwyn.

– Chame o senhor de Orwill! – gritou em descontrole, acabando por despertar Bethien.

Seus olhos mostravam desolação ao vê-la nesse estado.

Cruzaram então os olhares, desta vez sem nenhum traço de culpa pelo que sentiam mutuamente. Tornou-se impossível disfarçarem seus sentimentos autênticos, que, de fato, nunca foram segredo para os presentes.

Orwill chegou ao quarto, chocado com a palidez, agora extrema, da esposa. Aproximou-se de Balynth, suplicando que a salvasse.

Caminhou então até um pequeno banco de pedra, próximo a uma janela e ali sentou-se, orando compenetrado para que o sofrimento da esposa tivesse fim. Não era de sua natureza revoltar-se. As existências anteriores lhe haviam sido plenamente proveitosas e fizeram dele um novo homem, empenhado na evolução do grupo de espíritos ao qual pertence até os dias atuais.

– Perdoe-me, Senhor – orou em baixa voz. – Fui egoísta em desejar mais do que me foi dado... E agora Bethien pode morrer. Poupe-a, se for esta Sua vontade, que jamais questionei. Se deseja tê-la novamente a Seu lado, Senhor, dê-me coragem para suportar a perda da esposa amada e força de seguir pela vida sem ela, até que Sua voz me chame também para Sua casa no dia de Seu juízo. Dê a todos que aqui estão a força necessária para que nossa confiança em Sua bondade jamais seja abalada. Peço podermos enxergar Sua luz mesmo onde acreditemos haver apenas sombras e ouvir Sua divina melodia onde o som dos trovões nos apavore. Auxilie-nos a sempre perceber Sua misericórdia redentora, até nos eventos que nos pareçam injustos.

– Senhor de Orwill – falou-lhe Balynth, comovido com a prece resignada que entreouvira –, não creio que possamos salvar Bethien e as crianças ao mesmo tempo. Talvez lhe caiba tomar uma decisão muito difícil. Sua esposa não aguentará prosseguir no padecimento que a consome.

Cewyllyn, também comovida, explicou:

– As crianças precisam sair, mas não podem fazê-lo sozinhas. Precisaremos cortar o ventre de Bethien. Saiba que ela certamente sucumbirá.

Orwill a ouvia indeciso. Ela acrescentou:

– Posso dar a ela um preparado que lhe abrandará as dores enquanto removemos as crianças. Mas temos que ser rápidos.

Apesar do auxílio que trazia, Cewyllyn estava verdadeiramente aflita. Todo o seu conhecimento não bastaria para salvar a irmã, de quem se compadecia não apenas pelos laços de sangue, mas por serem ambas mulheres em um mundo em que a elas pouco mais estava reservado além de submissão e dor.

Consentindo com a remoção imediata das crianças, Orwill ajoelhou-se ao lado da esposa e com lágrimas nos olhos disse-lhe:

– Bethien, minha preciosa Bethien... Tive a seu lado momentos de infinita felicidade. Você me trouxe a alegria possível neste mundo de tristezas e dores. Seu sorriso angelical me consolou e seus braços me acolheram nas noites geladas. Se é o desejo de nosso Senhor Jesus que nossos filhos sejam criados sem uma mãe a seu lado, eu me curvo a Sua vontade e aceito a tristeza que agora habitará meu coração. Saiba que um céu luminoso a espera, minha querida Bethien, e que em breve estarei a seu lado.

Embora tão debilitada, Bethien ainda conseguiu sorrir. Via mais que apenas os encarnados a sua frente e a presença de sua mentora alegrava-lhe o coração.

– Salve as crianças... Eu lhe suplico – balbuciou ela. – Permita que nossos filhos vivam e que eu me vá. Eu o esperarei no céu, se Jesus perdoar meus pecados.

– Que pecados pode ter seu coração Bethien?... Cerre seus olhos. Fique em paz.

Ele sabia que ela falava do amor que sentia por Ildwyn, mas jamais a condenaria por isso. Ele queria Ildwyn como a um irmão e, a seu ver, ambos os sentimentos eram apenas dois ramos da mesma árvore chamada Amor.

Cewyllyn, entre lágrimas, despediu-se da irmã, pedindo-lhe perdão, sem que ninguém mais a escutasse:

– Bethien, irmã, eu trocaria de lugar com você de bom grado. Sinto-me culpada por haver tirado Ildwyn de seu caminho... Fui tola. Perdoe-me.

Bethien respondeu-lhe, baixinho:

– Cuide deste amor, minha irmã. Cuide como a coisa mais preciosa do mundo. Seja feliz por mim e cuide de Ildwyn. Nunca entendi o que me une a ele. Mas agora não mais importa.

E pediu:

– Não abandone meus filhos, irmã minha. Jure-me que cuidará deles como se fossem seus próprios. Jure.

– Não posso levar seus filhos, Bethien. Seu marido jamais consentiria.

– Jure-me que cuidará deles, irmã, que os ensinará a

serem bons, tolerantes e generosos. Ensine-os a amar o Deus verdadeiro, não o Deus que pune e se vinga.

Cewyllyn aquiesceu com a cabeça, ainda que para não contrariar a irmã.

Ildwyn estava paralisado. Um misto de desespero e terror o dominou assim que se deu conta de que nunca mais reveria Bethien. Sua mão procurou indecisa pela espada na cintura, decidido a tirar a própria vida no momento em que Bethien partisse. Orwill, porém, em mais um gesto de nobreza, deteve-o firmemente, pedindo que não o abandonasse.

Lágrimas brotaram dos olhos de Ildwyn, incontroladas. Em sua mente, ele rogava a Deus que não o deixasse em um mundo sem sua amada, pois esta ausência lhe seria por demais dolorida.

Merthia amparou mãe Edwayne até fora dos aposentos, bem a tempo de que não visse a retirada das crianças e o último suspiro de Bethien.

Nesse momento, gritos persistentes foram ouvidos no castelo.

Percyberth entrava no quarto em que Bethien era amparada ao retirar-se do corpo físico pelos auxiliares espirituais.

Permaneceu paralisado por alguns segundos ao contemplá-la sem vida, com as pálidas mãos entre as do esposo. Olhou os bebês no colo de Cewyllyn e notou que o farto sangue nos lençóis não deixava dúvidas sobre o que precisara ser feito para poupar as crianças. Seu espanto, porém, teve que dar lugar à urgência em alertá-los que o castelo estava sendo invadido. Era necessário defendê-lo.

– O castelo está sendo tomado pelos invasores que atacaram o convento! E eles aumentaram suas forças!

Antes de correr buscando reunir os homens e armas disponíveis, não pôde deixar de deter-se, ainda por um átimo, e pedir:

– Cuide, Senhor Deus... Cuide de minha irmã.

52. Fatídico desfecho

Percyberth correu ao topo da fortificação, onde a visibilidade lhe daria noção do número de invasores. A cena que avistou foi aterradora. Bem à frente, o líder do bando portava uma lança cuja ponta trazia espetada a cabeça de seu pai.

Reconheceu entre aqueles homens vários que eram dos povos vindos do mar, de cabelos loiros trançados e roupas de peles de animais. Usavam elmos com chifres e urravam assustadoramente.

O contingente do castelo agora se preparava para a defesa, embora todos soubessem que a resistência seria inútil. No entanto, morreriam lutando.

Percyberth, Ildwyn, Otwan, Orwill e outros sob seu comando tentavam impedir a invasão, mas a força do inimigo tornava-se incontrolável e muitos já estavam infiltrados, quase que alcançando o recinto em que Bethien morrera.

Mãe Edwayne, ao ver a cabeça do único homem que amara suspensa em uma lança, ajoelhou-se e chorou, pedindo forças a Deus em seus momentos finais, que, ela sentia, estavam próximos. Padre Thomas, ao lado da religiosa, também iniciava sua oração, pedindo que todos ali fossem recebidos no mundo celestial. Mal começaram sua rogativa, foram ambos trespassados pelas espadas dos selvagens, que seguiam seu intento ceifando a vida de quem encontrassem pela frente, qualquer que fosse a idade.

Perto dali, a vila também era saqueada e incendiada.

Percyberth, Otwan e Orwill continuavam em missão infrutífera de defesa. Para Orwill, no entanto, matar não fazia mais sentido. A partida recente da esposa o debilitara e ele pouco se importava com a própria morte, da qual nunca tivera medo.

Em pouco tempo, seria mortalmente ferido.

Tombou o nobre senhor e, agonizando, pediu a Otwan, que lutava a seu lado, que chamasse Ildwyn. Este defendia desesperadamente o corredor que levava ao quarto em que se abrigavam Cewyllyn, Balynth e os recém-nascidos. Otwan tomou prontamente o lugar do amigo que lutava.

– Irmão... – pediu Orwill a Ildwyn. – Quero que fuja agora daqui. A árvore da esperança morreu junto com Bethien, mas deixou duas sementes puras: meus filhos amados...

Com as forças que lhe restavam, disse-lhe ainda:

– A destruição é necessária para que o novo surja entre os escombros. Esta velha nação chega a seu fim e os homens que viveram pela espada, como nós mesmos, morrerão também pela espada, enquanto não descobrirmos em nosso coração o amor de nosso Senhor, que sempre lá esteve aguardando ser despertado para nos inspirarmos em perdão salvador. Esta batalha é apenas uma das muitas que marcarão uma nova era, a fim de que estas terras divididas tornem-se um dia uma grandiosa nação...

E, com voz inesperadamente forte, ordenou-lhe:

– Leve meus filhos, já, e crie-os como seus! Eu assim desejo. Quando for o momento, conte-lhes sobre seu pai e sua mãe, que não puderam conhecê-los, mas que, se Deus permitir, acompanharão todos os seus passos. Vá, meu amigo. Eu lhe suplico.

Movido por dilacerante pena, mas intensa solidariedade, Ildwyn recobrou-se da intenção de morrer na batalha ao lado do corpo de Bethien. Correu ao quarto em que estavam as crianças e instruiu Balynth e Cewyllyn por onde fugirem, pois a defesa do castelo era já inviável.

– Peguem as crianças e vamos por aquele corredor. Ele conduz a uma passagem sob a terra, que emerge nas cercanias. De lá estaremos livres para fugir entre as árvores. A floresta não estará longe e ninguém melhor que vocês para saber como nos camuflar na natureza. Não há tempo a perder.

Mal disse essas palavras e ouviu Merthia gritar. Olhou de uma estreita janela e viu que ela caía da torre de vigilância.

Pereciam ainda Otwan e Percyberth.

Bethien jazia em seu leito, cercada de sangue, mas seu rosto permanecia sereno. Ildwyn conteve suas lágrimas e beijou as mãos da mulher que amara a vida toda, envolvendo-a com uma grossa manta e levando-a para ser enterrada na floresta.

Em menos de uma hora estavam a salvo e a caminho de Timnell. Balynth carregava os dois bebês, enquanto Cewyllyn abria caminho entre as árvores, amigas desde sempre e que lhe diziam por onde seguir.

De algum modo, as duas crianças pareciam saber responder sabiamente ao terror a redor, mantendo-se adormecidas, como que por encantamento.

Ildwyn, em profundo pesar, enterrou Bethien, marcando o lugar com algumas pedras.

No dia seguinte, alcançavam a aldeia de Timnell em segurança. Os bebês, um menino e uma menina, receberam os nomes Duncan e Edda e seriam criados por Cewyllyn e Ildwyn como seus próprios filhos. Duncan, que teria a tarefa de unificar parte daquelas terras, bem como de consolidar o cristianismo, era reencarnação de Agha, filho de Nalini e Chandan na Ásia.

Enquanto as crianças cresciam, Ildwyn retornava algumas vezes ao castelo, agora reduzido a um amontoado de pedras derrubadas pelos invasores, povos que dariam início a uma nova era na Inglaterra.

O túmulo singelo de Bethien agora se cobria com um espinheiro delicadamente florido, cuja semente viera não se sabe de onde. Nos anos seguintes, ao encerrar-se cada inverno, árvores de origem também desconhecida cresceriam, repletas de folhas e flores rosadas, formando o que ficaria conhecido como Jardim de Bethien.

Todos os meses, Ildwyn visitava o túmulo da mulher que nunca deixaria de amar e conversava com ela em pensamento.

O tempo, um dia, esconderia não só esse túmulo e o castelo, mas também as histórias desses espíritos rebeldes, mas em franco caminho de progresso.

Nesses momentos finais em que estiveram no corpo físico, Bethien, Ildwyn, Percyberth, Hulder, Edwayne,

Elona, Orwill, Otwan, Merthia, Thomas, Cewyllyn, Balynth e tantos outros aprenderiam muito sobre si mesmos e sobre a fé pacífica e verdadeira que deveriam cultivar. Firmariam a ideia da persistência na própria evolução, na tolerância, na abnegação e no sacrifício e estariam preparados para novo reencarne, ainda no seio da velha Europa.

53. Os visitadores

– Veja, Edda! Que lindo está o túmulo de nossa mãe! As flores o cobriram por inteiro.

O jovem Duncan e sua irmã gêmea eram muito parecidos com Orwill. Radiavam a mesma nobreza de caráter e generosidade da família paterna.

Ambos se casariam com descendentes de normandos e formariam uma famosa linhagem naquele país, que até hoje se mantém.

Ildwyn, agora desencarnado, encontrava Bethien, muitas vezes sentada naquele tocante jardim, ilha florida em meio à floresta de Cormorant Nest.

– Bethien! Sabia que estaria aqui. Veja quem me acompanha hoje.

Era Ailen de Orwill, que retornara à forma espiritual de Kabhir.

– Mestre Kabhir! Ildwyn! Que alegria os ver!

– Já lhe disse tantas vezes, Bethien, que Mestre só existe um. Permitia que assim me chamasse na ausência do merecedor verdadeiro, mas agora temos Jesus para ocupar esse posto em nosso coração.

– Kabhir, então! – disse ela, sorrindo. – Meu eterno amigo Kabhir.

Ildwyn a abraçou e, sob o olhar carinhoso do estimado orientador, transportaram-se no tempo e no espaço, experiência permitida somente sob os auspícios de Mali e de outros espíritos de igual escol, vivenciando novamente o singular jardim do palácio do rei Chandan, que agora só existia em suas mentes. Os perfumes do flexível jasmim e do imponente sândalo os invadiram, mesclando-se aos aromas do cedro e da mirra exalados por Kabhir.

– Amigos – disse o antigo astrólogo real –, foi-nos permitida esta viagem dimensional não para nossa diversão, mas porque estas lembranças nos serão facilitadoras da aprendizagem e ficarão retidas em nosso campo mental por muito mais tempo. Chegou o momento de adquirirmos novos conhecimentos, de nós mesmos e do Universo, e para isso novas vivências em novos cenários, com êxtases e com lutas, serão apresentadas a todos nós.

E lhes expôs:

– Deveremos nos preparar para uma próxima encarnação na Terra, ao norte da região que chamam de reino da Lombardia. Não tenho como saber ao certo, mas sinto que não será uma prova tranquila.

– E alguma das outras foi, amigo meu? – indagou Ildwyn sorrindo o sorriso da Aventura Divina.

Bethien sentou-se ao lado daquele que sempre foi e sempre seria seu amor verdadeiro e perguntou-lhe:

– Será que poderemos nascer novamente juntos?

Ela também tinha outro anseio:

– E você, Kabhir? Na próxima existência poderemos usufruir de sua companhia a nos orientar?

– Ainda não sabemos ao certo as ponderações de Mali, nossa guia desde que chegamos à Terra. Precisaremos aceitar de bom grado a experiência que nos será ofertada, mas digo-lhes que o freio da religiosidade, ainda que exagerada, manteve-nos, como uma bênção, dentro dos limites éticos e morais na última existência. Sem ela, estaríamos perdidos.

Mas contou-lhes o que lhe era dado saber:

– Agora nasceremos em um âmbito em que poucos se importam de fato com a moral e a dignidade. As aparências procurarão se sobrepor ao bom caráter; o abuso das práticas exteriores será constante, infelizmente com o aval do clero e de seus seguidores. Será para nós um desafio esse renascimento. Ainda não estamos firmes em nosso ânimo em seguir o Mestre. Se olharmos sinceramente para dentro de nós, perceberemos que em nada diferimos desses irmãos.

Confortou-os, porém:

– Você e Ildwyn estarão sempre amparados por nossos mentores, mas precisarão de grande firmeza de caráter para não serem arrastados a um mar de iniquidades que permeia as riquíssimas famílias com que conviverão. Principalmente você, cara amiga. Ildwyn vivenciará desde cedo a prova do abandono e enfrentará duras provações, mas galgará posições importantes na igreja, e aí também estará seu desafio.

– Kabhir – quis saber Ildwyn –, como conseguiremos evoluir em meio a um cenário tão perturbador?

– Precisaremos conservar em nossa mente a consciência, e em nosso coração o sentimento, de que tudo na vida é passageiro. O poder, a fama, o dinheiro... Nomes, posições, beleza... Tudo isso é deixado no túmulo quando partimos para este plano em que agora estamos. Se nos mantivermos firmes na consciência da imortalidade do espírito, se acreditarmos na necessidade incontornável da evolução e se não nos impusermos apego nenhum, teremos, sim, grande chance de sucesso.

E esclareceu:

– Precisaremos fugir dos julgamentos pessoais e entender que cada um aspira de acordo com seu próprio grau de evolução. Sejamos tolerantes, pacíficos, caridosos. Tenhamos consideração pelos que sofrem e aceitemos com alegria os revezes que a vida nos traga, pois já sabemos que eles têm uma razão, que quase sempre desconhecemos.

Alertou-os também:

– Observem se os que pregam em nome de Deus se mantêm fiéis aos verdadeiros ensinamentos de Jesus. Saibam sempre que a caridade é a maior virtude a ser praticada.

Dirigindo-se então a Bethien, disse-lhe:

– Você principalmente, deve compreender que a consciência, quando está desperta, não necessita de outros lembretes para agir no bem. Portanto, você não precisa ter Ildwyn sempre a seu lado para vencer as dificuldades que lhe sejam apresentadas. Deus acolhe o amor sincero, mas não podemos cair na ilusão de criar redutos afetivos, amando somente aos que já são nossos.

E frisou:

– Por muito pouco, na última existência, vocês não caíram mais uma vez nas armadilhas do orgulho. Lembre-se, Bethien, que você abriu seus olhos em tempo e manteve-se leal a nosso casamento, mas o fez principalmente por acreditar que Deus a puniria e não pela consciência desperta, livre das algemas do medo. Desta vez, a moral da família em que você nascerá dará margem a inúmeros desregramentos e até a estimulará, em nome da aquisição de poder. Tome extremo cuidado, pois o testemunho de suas escolhas lhe será mais tarde pedido. Quanto a você, Ildwyn, já é tempo de refrear tais sentimentos por ela, pois não estará em uma situação que o direcione ao casamento, cabendo-lhe também suprimir seus pensamentos mais revoltosos por não tê-la para si.

Seus ouvintes permaneciam calados, absortos em digerir as palavras que ele trouxera.

– Os detalhes ainda não me foram revelados, mas me é possível agora, com permissão de Mali, trazer-lhes meu apoio e orientá-los para os tempos que virão. Eu deverei ir antes de ambos e me prepararei para recebê-los em meu rebanho.

Disse-lhes também:

– Saibam ainda que, há algumas décadas, espíritos trevosos, com fortes ligações com as hostes do mal, estão sendo conduzidos ao reencarne e depararemos com eles em nossa próxima existência. Não somos, no entanto, nem melhores nem piores que eles e lhes devemos o mesmo auxílio que tivemos quando para cá fomos trazidos pela bondade de Jesus, que nos recebeu neste orbe de harmonia inigualável.

Ildwyn, no entanto, tinha o rosto pensativo:

– Mas por que motivo soltá-los agora, Kabhir? Não seria mais fácil conduzi-los imediatamente ao exílio, onde as dificuldades os burilassem, sem que pudessem afligir a tantos?

– Se isso bastasse, meu amigo, por que o Cordeiro de Deus teria tido a mesma piedade conosco e nos dado a oportunidade destes reencarnes? Somos acaso melhores? Dentro de uma prisão de malfeitores, como separar os que fizeram mal a cinco e os que causaram mal a dez? Somos todos devedores uns dos outros e somente o perdão nos redimirá!

E finalizou:

– Esta é a grande ilusão que nos aprisiona, amigos meus de todo o sempre: acreditamos ser merecedores da complacência Divina e que nossos irmãos merecem a danação eterna. Para nós, o perdão; para nossos irmãos desafortunados, o castigo. Deus não ama mais a um filho que a outro. Todos, sem exceção, Lhe somos preciosos no Universo.

Completava assim o caridoso orientador suas afetuosas instruções.

Iluminados por elas, seus amigos eternos conseguiriam encontrar no firmamento, quando os caminhos terrestres se bifurcassem, o discernimento necessário para um avanço mais seguro. A voz da Aventura Divina lhes soava agora mais convidativa no coração e não desejariam tardar-se em novamente experimentá-la. A Melodia do Universo, sempre sutil, mas incessante, tornava-se então mais magnetizadora ao contar mais esta vez com as notas insubstituíveis de cada um destes seres.

Fim do livro 2

Renascimentos dos personagens

Na Ásia (Livro 1, parte 1)	Na Ásia (Livro 1, parte 2)	Em Roma (Livro 2, parte 1)	Na Inglaterra (Livro 2, parte 2)
Nalini	Parijat	Lélia	Bethien
Chandan	Jamaludin	Gaius	Ildwyn
Nimit	Arjun	Augustus; Cassius	Percyberth
Kabhir	Hakesh	......	Ailen de Orwill
Kanti	Dalaja	......	Merthia
Janaka	Maha	Maximus	Otwan
Agha			Duncan
Harit	Hafez	Clódia	Willyna
Kalanthara	Daya	Prisca	Mãe Edwayne
Raavil	Dalbir	Neith	Bray de Hulder
Udesh	......	Linus	Padre Hollander
Hajinuri	......	Aristeus	......
Lakme	......	Milla	Cewyllyn
Agrit	......	Petronius	Bertholo
Rahela	Lali	Astarte	Padre Thomas
Taali	......	Lícia	Elona
Pavit	Esahu	Artemus	Balynth

O ESPINHEIRO EM FLOR
foi confeccionado em impressão digital, em agosto de 2025
Conhecimento Editorial Ltda
(19) 3451-5440 — conhecimento@edconhecimento.com.br
Impresso em Luxcream 70g – StoraEnso